On the Edge of the Law

在法律的边缘

第三版

舒国滢 著

中国法制出版社
CHINA LEGAL PUBLISHING HOUSE

第三版序

本书从初版到今天整整二十年，其间本人一直未对之做文字的调整，主要是因为我忙于其他篇什的写作（《法哲学沉思录》《法哲学：立场与方法》，诸如此类），翻译欧根·埃利希、古斯塔夫·拉德布鲁赫、阿图尔·考夫曼、罗伯特·阿列克西以及特奥多尔·菲韦格的作品占去了不少时间，近十年又痴迷于法学知识谱系的梳理，确实无暇顾及这本小册子的修缮。

有不少读者一直希望多些新鲜的文字加入其内。于今，上述诸务暂时告一段落，得半日之闲，来观照这本散思之作。

其实，任何作品一旦问世，就不再单单属于作者本人，读者已经有了自己的阅读感觉和记忆沉淀其间（有些读者甚至偏爱某一种版本，他们借助这样的介质，试图找寻一种特别的精神顾念）。故此，为了不割舍这一份精神记忆，第三版原则上不改动首版的篇目，而适当增加一些新的内容。其中，部分短小的篇目也是作者本人特留一丝偏爱的，诸如，“小月河边，有一所大学叫政法”“地图的故事”“文人的苦乐”“风，总是要飘散的”。新增这些篇目，期望读者从中能够获取一些不一样的阅读感受。

2020 年，百年一遇的庚子年春节，我们每一个人都注定不会平静。但我本人一如既往地在相对静谧的盛满书籍的房间里读书写字，听手指敲击键盘的声音，迎接新一天晨曦的来临。梭罗在《瓦尔登湖》中说：“唯有我们觉醒之际，天才会破晓。破晓的，不止是黎明。太阳只不过是一颗晨星。”

舒国滢

2020 年 3 月 4 日星期三凌晨

第二版絮语

这本小册子首版于 2000 年 6 月，至今已有 15 个年头。15 年人世沧桑，情势变换，心性沉浮，不变者唯有文字本身。该书读者多为年轻人，首版题献“谨以此书献给一生居住在八棵树村的父亲舒文学公和母亲余老启云夫人”一语，曾有不少青年读者每念及此，骤有戚戚之感，读者与作者有此共通之心，吾感慨系之，诚然相谢。父母已相继离世，但题献依旧，小村尚在，人心延存。

新版无意改动更多的文字，以不惑之年回望，首版文字虽然青涩，亦不乏些许少狂，但毕竟属早年思感之记录，偶尔读来，吾神朝暮相会，顿生“梅花三弄”之漫谈、“渔舟唱晚”之悠然。

鉴此，此版仅补充点滴新材，删减个别表述，勘校部分外国学者译名和生卒时间。吾深知，“寂静的旅途”仍未终结，愿寂静相随，孤灯相照。其时，坊肆声歇，万物静止，旭日远潜，晨风依稀，仅以寥寥数语记述之。

舒国滢

2015 年 10 月 1 日晨

寂静的旅途
（第一版代序）

任何一种法律思考都不可避免地带有它得以形塑的“历史气候”（historisches Klima）的印记；同样，处在“意义之网”中的著者们也从一开始就被不知不觉地限制在历史可能性和规定性的界限之内。时间，让我们这一代人有幸跨越千禧年的交会时刻，但我们并没有能够完全摆脱来自显现的（“明”的）或遮蔽着的（“暗”的）时间和空间背景的束缚。我们尽管可以借助思想的翅膀在“法的形而上学”的天空中翻飞翱翔，但终不能脱离大地的引力和持守，不能在纯粹的时间真空中伸展自由。两个世纪以前，卢梭——这位在思想的森林里孤独漫步的人类兄弟，在《社会契约论》的开篇，以上帝般的口吻断言：“人是生而自由的，但却无往不在枷锁之中。”这，就是一种诱惑，它使宅守书斋的人甘愿奉献毕生的心力来探知其中隐在的奥秘。

理论（Theoria）或“沉思”都是对永恒的体验，而这种体验注定又是对“当代性”的思考。不过，要认识我们当下所处的时代是困难的。因为我们自己还置身于时代的时间结构之中，与时代血脉相联，这就使我们不能突破受时间宰制的有限的“视阈”，像对待过去的“历史”那样对待正在发生的瞬间变化的“现在”。海德格尔说，这个时代是技术的时代，也是“世界黑夜的贫困时代”。在这个时代，神性的光辉已经在世界历史中黯然熄灭，贫困完全沉入了冥暗，它一味地渴求把自身掩盖起来，甚至连自身的贫困也体会不到了。当代著名的伦理学家阿拉斯代尔·麦金太尔（Alasdair MacIntyre，1929—）同样悲观地审视我们的时代，惊呼：在当代，人类传统道德的根基丧失了。我们所处的现实世界的道德语言，同自然科学语言一样，处于一种严重的无序状态。人类所拥有的只是（道德）概念体系的残片，只是一些已丧失赋予其意义的背景条件的片断。这意味着，我们处身于“世界黑夜”中的人类总体（无论东方人还是西方人，无论南部人还是北部人）正经受着“世界历史”的前所未有的考验。或者借用17世纪法国著名数理科学家、詹森派宗教哲学家巴莱西·帕斯卡尔（Blaise Pascal，1623—1662）的话说，此时，“人类并不知道要把自己放在什么位置上。他们显然是走入了歧途，从自己真正的位子上跌下来而再也找不到它。他们到处满怀不安地而又毫无结果地在深不可测的黑暗之中寻找它”。①

但生命并不因为精神的贫乏或思考的混乱而终结，世俗的生活也并不因为神性（或德性）光辉的缺乏而消亡。在这里，我们可能又回到了意大利著名经院哲学家托马斯·阿奎那（Thomas Aquinas，1224—1274）在13世纪所面临的问题的出发点。阿奎那说：“天恩不会取消本性而只会使本性完善（Gratia non tollit naturam sed Perficit）。”② 他的这种主张所表示的意思是：人类的价值和真理并不

① [法]帕斯卡尔：《思想录》，何兆武译，商务印书馆1995年版，第186页。
②《阿奎那政治著作选》，马清槐译，商务印书馆1982年版，第12页。

一定由于有了较高的价值和真理（神的价值和真理）的发展而丧失其意义，它们不论多么朴素和低级，总还是向实现“上帝之城”（De Civitate Dei）这一目标努力的长途攀登过程中的必要的一步。

循着非宗教的思路，我们可以把阿奎那理论视点作如下的转译，以概括人类当下面临的问题的出发点，即德性的追寻（After Virtue）不应取代法律的规制，而只会使这种规制趋于合理和完善。或者说，道德的世界不能代替法律的世界，道德的理想不能取消经验的法律现实。人类在贫乏的年代一刻也离不开法律的生活，至少它在目前仍然是我们奔向没有法律的“理念社会”之前所不可或缺的。事实上，法律的精神和制度已经深深地融入我们的生命经验之中，就像是我们的“每日之食”“渴饮之水”和“呼吸之气”，离开了它们就等于过早地结束生命本身。德国18世纪浪漫诗人约翰·路德维希·乌兰德（Johann Ludwig Uhland，1787—1862）在诗中唱道：

法，人类共同的善德
在每一个大地之子的身上栖息，
它流经我们的体内，
像心脏滚动的热血。[①]

尽管如此，每个人又都是以各自不同的方式在关注、观察和解释法律。哲学家总是站在哲学的立场来思考：“法律究竟是什么？”“究竟什么样的法律才是符合理性的？”职业法学家则信守“专业化”的戒条，刻板而冷峻地在法律术语和概念间寻找微言大义，他们关心

① Adolf Bachrach，*Recht und Phantasie*，Leipzig/Wien 1912，S.10.

的问题是："到底什么样的法律规则是有效的？""如何才能避免法律规则之间的矛盾和冲突？"政治家们更愿意把复杂的法律问题简化，以至于到没有任何掩饰的"裸露"程度："法律到底有什么实际用途？""什么时候法律才是主权者的一种命令和实行统治的一种工具？"普通民众则抱有更复杂的心情来观察和接受法律：一方面，他们企盼法律成为为民"申冤昭雪"的正义力量；另一方面，他们从心底里又抗拒法律对社会生活的无孔不入的渗透。萦绕在民众心头的问题是："法律到底与我有什么关系？""我怎么能够知道自己何时成为法律强制的对象？"

所以，法律的观点总是在具体的情境中与每个具体的人的生命经验息息相关的，它反映着不同观察者和当事者的不同的经验感受、不同的知识状态、不同的认识视角、不同的生命态度、不同的想象和期待。就每一个具体的人而言，其社会角色、活动空间、行为方式和感性情绪总是随着情境的变化而变化着。有时，所谓法律解释中的"精英话语"与"大众话语"并不是作为两种知识形态纯然对立地存在着的。例如，一个法律人（lawyer），在把法律活动作为专门的职业活动进行操作时，他就可能会以法律的"知识精英"的身份出现，来思考、解释和争辩法律；而当他脱离开"法律人的知识共同体"，或者当他本人身陷法律纠纷之时，他也会作为一个"大众"受其特定情境下的情绪或经验"常识"左右。

这样一种主体际（inter -subjective）态度的游移，对法律认识的影响是不可忽视的。我们总不能不考虑"人的条件"（汉娜·阿伦特语）而研究"纯粹的法律"，把法律的"中心地带"的问题（法律规则、法律的概念、法律的有效性等）看作法学研究的单纯客体或唯一对象。事实上，抽离掉一切"人的条件"的法律是不存在的，法律的中心的意义也离不开其边缘（周边）的界定。按照现代哲学家们的看法："在场的东西由不在场的东西构成，中心由周边构成。因此，在场的东西应由不在场的东西来界定其意义，中心应由周边来界定其意义；中心是周边的显现，离开了周边，中心是空洞的、无意义的；中心与周边不可分，而且周边是第一位的。"①

有鉴于此，法学家有时既需要在"法律的中心"之内，又需要置身于"法律的中心"之外，来选择观察法律的角度和距离。我们通常都有这样的认识经验，即我们不能精确地描绘距离过分遥远的细微之物，但也看不清距离太近的庞大物象。距法律太远或太近，都会使法律人不能正确地对待法律。或者说，在需要精确的地方，我们不能离开法律的语境太远，以致跌进法律语义射程之无穷无尽的边缘；而在需要做"法律续造"时，我们又不能拘泥于具体的实在法条文的规定，以至于被"白纸黑字"的规则宰制了我们的视野和心性。这个时候，我们认识法律规则，实际上是从远处（或边缘）不断走近对象（中心）的过程。故此，找到考察法律的适当角度和距离，就等于找到正确认识法律的路径。

毋庸置疑，任何一个法学家都渴望寻找到这样一个适当的角度和距离。但此时此刻，我却更愿意从"法律的中心"游走至"法律的边缘"，这一方面是因为法律的边缘生成的问题有待不断地搜集整理和深一步地探究，另一方面也是为了躲避目前在"法律的中心"论争的诱惑、喧嚣和纷扰。我期望通过这种视角的转移重新找到回归"法律的中心"的道路。

16世纪，尼德兰人文主义哲学家德西德里乌斯·伊拉斯谟

---

① 张世英：《进入澄明之境——哲学的新方向》，商务印书馆1999年版，第187页。

(Desiderius Erasmus，1466—1536) 在《愚人颂》(In Praise of Folly，1511) 中把那些忙碌的学者们归入“疯人”之列，指出：他们 (学者) 为了获得新的发明而极尽其能地探索幽深的自然，他们为了发现一些迄今为止仍未破解的秘密而在海洋和陆地上不停地穿梭来往。他们如此地渴望成功，以至于不惜一切代价，不怕一切痛苦地在失败的道路上艰难跋涉。① 但在多年求知问学的过程中，我却深深地理解“寂静”的含义。在一定意义上，也可以说，寂静构成了我生命经验的一个背景。我喜欢寂静，并保守这一份寂静。在一首无标题的小诗中我曾写道：

……

无尽的山峦静止

星光与颜色归去

上路的人

点燃烛亮缓行

森林断了，晨风依稀

这是来自心底的感受。推展开来看，问学之途亦大抵不过如此罢！

---

① [荷] 伊拉斯谟：《愚人颂》，刘曙光译，北京图书馆出版社 2000 年版，第 75 页。

目　录

Ⅰ 远观的法律

Ⅱ 法：诗与思

III 法哲（理）学：智慧的渴望

IV 法治思考片断

V 西域法学拾零

VI 人文札记

VII 编辑短札

I
远观的法律

我们这个时代需要什么样的法律精神？
——戴维·塞尔本新著《义务原则》的视角

（一）

“这个世界已经长大成人！”当德国基督教神学家迪特里希·邦霍菲尔(Dietrich Bonhoeffer，一译“潘霍华”，1906—1945）在20世纪早期作出此一论断时，我们生活在这个时代的人类似乎变得有些过于自信，以为早已承受了以古希腊、罗马为源头的西方文化和以印度、中国为代表的东方文明，又经文艺复兴和启蒙时代精神的润养，已经摆脱了人类原始时期的蒙昧、幼稚和文明初期的浪漫、狂想，而步入成熟的“理性时代”，懂得运用理性的法则来主宰自己的命运。

然而，在这个行将逝去的一个世纪里，人类并没有表现出应有的觉悟、理智和自控力。相反，却在躁动、焦虑、掠取与失望中演行着这个世纪的历史：

空前规模的世界战争，侵略者大肆屠杀无辜的平民，表明在高度文明的社会一样可以造就野蛮和残暴；

高科技的非道德利用，使这个世纪的人们感受到来自科学技术的异化力量给人类精神世界所造成的深层烦苦；

国际性的恐怖活动，黑社会集团的贩毒和袭掠，各国日益蔓延的其他形形色色的犯罪，作为当今世界巨大的恶势力，给和平的公民秩序造成越来越大的威胁；

高速发展的工业经济，像“潘多拉之盒”中的怪物，正侵蚀着我们赖以生存的这个地球的有限资源，也使自然的生存空间本身遭受到前所未有的破坏；

社会结构的失衡（大国与小国的失衡，知识与财富、地位的失衡，国家权力与个人权利的失衡，劳动投入与利益报酬的失衡，等等），导致经济、政治发展的动荡与失控，民族冲突的表面化，使民族、种族的迁移与流动更加趋向集团化、本族化与封闭性，阻塞了各民族、地区相互沟通的可能之途；

纳粹主义的死灰复燃，西方国家排外势力活动的加剧，以及各国青年中普遍存在的反规范、反传统道德的所谓“亚文化群体”的兴起，动摇着以基督教文化为根基建构的价值信仰体系；

……

带着个人、社会的精神矛盾和冲突，这个世纪的思想家们（胡塞尔、韦伯、弗洛伊德、海德格尔、雅斯贝尔斯、萨特、伽达默尔、马尔库塞、哈贝马斯等），在整整一个世纪里苦苦思索人类及其生存的根本问题，企图为人类寻找到摆脱异化的自由自在的生存世界。马克思主义的科学社会主义学说及其在 20 世纪的伟大实践，曾经给这个陷入彷徨的时代带来希望，使人们欣喜地窥见到物质地和精神地通达共产主义社会的曙光。然而，苏联及东欧体系的骤然解体，又使人类憧憬理想世界的信心大受挫折。1989 年，美籍日裔学者弗朗西斯·福山（Francis Fukuyama，1952— ）在《历史的终结》一文中悲观地宣称：人类已经进入了一个非常令人难熬的“史后时期”，长达几个世纪的没有理想、没有目标的厌烦的前景，将展现在人们面前。[①]

人类正呼唤着理想、秩序和法律。我们的时代期待着新的时代精神和法律精神。有责任感的哲学家、历史学家、政治学家和法学家们，无论他们在政治立场上是所谓的左派，还是右派，或是游离于现实政治时空的逍遥派，都必须面对这个时代及其未来走向所提出的各种严肃的问题，重新审视我们人类过去的全部历史与文化，探索人类潜藏着的精神世界及其外化的制度、法律、风俗、道德、习惯、语言、文字、行为和行为关系，提出各自的学说，从而反映和适应时代的呼声。

正是在这样的背景下，当代英国政治哲学家戴维·塞尔本（David Selbourne，1937— ），这个一度在英国牛津大学拉斯金学院（Ruskin College）任教后又被学院驱逐讲台的颇有争议的人物，耗时两个月，于1994年5月完成了一部政治哲学新著——《义务原则》，开始向西方长期以来形成的崇尚自由、权利的传统自由主义精神提出挑战，以图唤醒人们基于义务和责任感而确立的公民（平民）精神，整饬所谓的“公民（平民）秩序”（the civic order）。

（二）

在政治、法律精神发展史上，国家主义与个人主义，义务本位、

① 引自李永炽：《近现代的乌托邦世界》，载《当代》（中国台湾地区）1991年第5期（总第61期）。

团体（社会）本位与权利自由本位一直在矛盾地发展着，此消彼长。一般而言，在国家、法律产生的早期，政治法律的精神普遍侧重于国家、社会（家族）的利益，轻视对社会个体权利和利益的保护，个人只是社会（团体）整体结构的一个消极因子。文艺复兴运动和启蒙思想运动，尤其近代资产阶级革命以后，强调个人价值及权利的人文主义精神成为世界文化的主流话语，表现在法制层面，即一系列以个人权利为本位的法律原则（如“法律面前人人平等”“私有财产神圣不可侵犯”）、法律制度的确立。19世纪初期以来的“法典化”运动，将个人在政治、经济、社会生活诸领域的权利神圣化和具体化，使个人的权利（人权、公民权、财产权，如此等等），逐渐积淀为近现代政治法律的内在精神——自由主义精神，成为各种利益集团、国家之间在处理政治（民主）、经济事务乃至国际关系时相互较力的筹码。权利，越来越具有了某种拜物教的地位。也许正是因为这样一种地位，它与当代公民秩序的道德要求产生着一定程度的冲突。个人自由的绝对化与泛化，造就了一批无信仰、无义务责任感、玩世不恭的所谓“反社会公民”（the “anti social citizen”），即道德的离异者（the ethical stranger，或译“道德的边缘人”）。

戴维·塞尔本在《义务原则》一书中以相当的篇幅描述“腐败的自由主义秩序”（the corrupted liberal order）的弊端。他认为，我们当今的人类，其实都不过是“腐败的自由主义秩序”的后裔，深受“无义务的权利”（dutiless rights）文化的影响，这种文化仅仅指导人们重视自我的自由、财产和特权，闭目不见自我的义务和责任。因此，在他看来，现代秩序是自由主义理想的“私生子”。在这一秩序中，普通的公民很容易流落为反平民社会典型的“绝对氓民”（universal plebeian），其结果，目无法纪、寻衅滋事、愚昧无知与庸俗市侩之风得以盛行，公民秩序本身则日趋解体。大多数道德改革家的英雄们，面对高指数的家庭离异、城市犯罪、惰性消费、教育失准、精神疾病、环境恶化等现象，也感到束手无策，无计可施。塞尔本指出，关于个人道德责任的传统、经典学说已经破产或被人遗忘，所以当今人类道德再生的希望比以往显得更加渺茫。他撰写《义务原则》一书的目的，就是要取消那种他称之为“无义务的权利”策略，代之以基于公民与公民秩序双向责任的新的策略；指证当代自由主义社会的结构性缺陷，提出能够对此予以改革的各种积极措施。

《义务原则》重拾“义务”观念，恢复长期受权利观念主导的政治学说已丢弃的价值。依照塞尔本的观点，社会必须具有道德的指导，并将义务、责任意识作为现代公民（平民）秩序的基石。他指出，只有义务而无权利将造就的是奴隶，而只有权利没有义务则只能产生（道德的）离异者。正是这些道德的离异者，而不是那些种族的离异者（the ethnic stranger，“种族的边缘人”），构成了公民（平民）秩序的实际的或潜在的真正敌人。

为重建秩序，塞尔本在古希腊罗马哲学、政治传统观念和犹太—基督教教义中寻求理论支持，提出一套教育、防止与制裁等综合性措施。他对康德所论及的“人民自愿服从统治”的观点存有疑虑，主张对公民进行教育和诱导，使公民必须拥有社会公民秩序的价值和观念。这是因为，义务原则的道德主权的建立，取决于对它的遵守，无论这种遵守是出于自愿或诱导，或是纯粹的制裁的结果。教育的重要性在于，它使公民们在自主行使自己的权利时，也同时考虑他们应承担的责任，预见到这一行为可能给社会及他人带来的负面影响。在教育和预防失效时，制裁对于保证义务原则的实施将起着举足轻重的作用。塞尔本甚至大胆地提出，应当采取“公民的刑罚”（civic penality）手段来阻止各种威胁公民秩序的反社会行为。例如，可以制止那些游手好闲的人接近公共设施，禁止闹事的足球痞子进入足球赛场，对于那些亲手残暴虐待子女的父母，可以考虑剥夺他们的公民资格（权利）。刑罚应当与公民犯罪的形态相适应，但实施制裁须经公民秩序的审慎判断，也应当受地方的和高级的义务法院（Courts of Obligation）的管辖、裁判和监督。义务法院的任务就是在道德意志失去效能时确认和贯彻义务原则。制裁的长远道德与实践目标必须是在一切情况下，宣扬公民资格（身份）的观念，强化公民纽带（联系）和保护公民（平民）秩序。

（三）

黑格尔说，自古以来还未曾有一个人能大致认识其本身的文化或时代。如果说人最难认识的是他自己，那么一个时代最难做到的是发现这个时代的问题，深刻认识其自身的本质。也许库萨的尼古拉（Nicolaus Cusanus，1401—1464）是正确的，所有的哲学都不过是在研究和认识人类自身的“无知”。正因为我们对我们眼前已经发生、正在发生或将要发生的事件一无所知，对我们所处时代的总体特征还没有一个大致清晰的认识轮廓，我们才更有理由需要这个时代的哲学和思想，其实，真正幸福的年代是不需要哲学的（乔治·卢卡奇语）。我们这个世纪的人类既然不再有权利和机会选择浪漫而理想的“史诗世纪”，那么我们就应该静下心绪，在全部历史、人文、科技、经济、政治演进至今天这个现实的时空里，寻求摆脱由于个体和群体的精神异化而可能走向解体险途的方法。诚然，我们没有能力改变我们人类过去的历史，但我们应当有足够的智慧和经验选择我们历史的未来，校正我们人类精神与物质进化的轨迹，尽管有时历史的变迁本身是自发的而不依赖于我们人为的设定或校正。

在人类精神演进史上，法律精神的进化有着十分重要的意义，它使人类走出了原始时期蒙昧的沼泽，能够依靠对于法律、权利、义务、责任的深刻体认，在成文规范的层面上化解相互之间的冲突和征战，从而使自己避免过早地趋向崩溃。法律精神是文明时代的精神，是杂糅着人类的理性、智慧、经验、宽容、理想、渴望和平幸福的精神。所以，历史上每一个在困惑中生存的时代，首先（应当）寻求的就是该时代的法律精神。正是在这个意义上，戴维·塞尔本的《义务原则》的问世，从一个侧面反射出我们这个时代对以往法律文化进行思索并期待时代的法律精神得以产生的愿望和要求。正如英国《泰晤士报》的评论所指出的那样，《义务原则》是一部“主张在社会中作根本变革的震撼人心的著作”。①

当然，我们应当看到，义务的精神，绝不是也不应当再度成为我们这个时代的主流法律精神，“由义务到权利”乃是人类社会法律文化进化的总趋向。但是，塞尔本的义务视角本身，对于我们反思20世纪或更早一些历史时期以来的自由主义（个人主义）法律文化的负面价值，无疑是有所裨益的。今天，当我们高扬“权利—自由”这一伟大旗帜阔步迈进的时候，我们也应当稍稍停留一步，冷静地思考已经被我们遗忘的义务和责任。马克思在起草国际工人协会《临时章程》中曾给予我们这样的警示：“没有无义务的权利，也没有无

① 见《泰晤士报》（英国）1994年5月23日第7版。

权利的义务。”①

但愿生活在我们这个时代的人们能够从这一警示里体悟到超出法典诠释的精神内蕴。

①《马克思恩格斯全集》第16卷，人民出版社1964年版，第16页。

制度之“墙”

中国人无疑是世界上最善于筑墙的民族。我们有自古以来绵延千年不断修造的“巨墙”（the Great Wall，长城），它把一个偌大的中国圈划为一个封闭的院落。在这个巨大的院落之内，又有数不清的社群、单位、城市、乡村和家庭修筑大小不一、高矮不等和格式不同的隔墙，把占有的空间切分成更小、更封闭的院落，使长城之墙延展至“天之涯，地之角”。院墙划分出空间之内和空间之外，划分出“你的”（Dein）和“我的”（Mein）之界限，把一个所谓“差序格局”的人际关系距离以物体间隔的方式确定下来。

“墙”之符号含有多方面的意义。首先，墙具有防护性，它可以强化我们内在的一种本源的安全意识。墙体把可能的入侵、无名的混乱或喧嚣阻挡在我们的感觉空间之外，使我们在其防护之下可以安全地劳作或休养生息。在此意义上，“墙”使我们生成一种对抗的能力，一种对有限物控制的能力，一种自由伸展意志的能力。没有墙体阻隔的空间是混沌的，而在混沌的空间内活动是缺乏安全保障的：因为混沌既能使人拓延本能和欲望，也能使人遮蔽自我的范畴意识，不能把捉空间之内人与物体运动、变化的形态及规律，从而使自我陷入恐惧和惶惑。正是“墙”的分隔才使混沌变得清晰可辨。其次，墙具有型塑性，它的构造形式及其所圈定空间范围的大小，会对生活于斯空间的人群之习性和行为方式产生影响。墙标识出我们视力所及的范围和行为的空间界限，人们通过“墙”的边界看清和熟悉界限之内的人际、空间之物的方位及距离，以至于根据有限而“可靠的”经验知识，做出习以为常的、“合适的”决定和行为，与所熟悉的社群确立的秩序和法度融为一体。一般而言，墙所分隔的空间越小，生活在该空间内的组织程度越高，其制度和规范的社会整合能力越强。

但“墙”又不可避免地带有某种偏狭性。墙总是与“界”如影相随的。墙是防止“外人”入侵的，翻“墙”而入者，往往被视为“贼”。但“墙”也禁锢了墙内之人的活动。人们在修筑墙的同时，实际上是在限缩一种自由腾挪的空间，甚至是在人为设定一种有限的思想空间，一种视界，一种认识能力或想象力。“墙”阻隔了危险、恐惧和侵略，但也阻隔了人际自由的交往，信息的通达和意见的交换，阻隔了人与人之间相互的友爱、人类的基本信任和相互依赖。高垒城墙，在很大程度上体现着一种信心的缺失，一种能力的衰退和一种海纳百川的精神的消隐。人类的自由在伸展或拓延时正是因为可能撞上各种各样的“白墙”，而在同步趋向退化。不仅如此，人类层层筑墙，还有可能带来另外一些后果，那就是：人际积怨或仇恨由于墙的阻隔而不断延续，人类辩谈和对话途径出现中断，具有普适性的价值和原则受到扭曲，人类整体进入某种理念社会的梦想永远不能成为现实。那些时刻龟缩在围墙之内寻求安全的类群，甚至由于缩小自己的生存空间而逐渐趋于消亡。只有意识到围墙之危害的类群，才会主动打通墙体，寻找通往更大的自由空间的道路，在与其他类群和平交际的过程中求得安身立命的可能性。在此意义上，筑墙或拆墙，事实上是一种生存与发展的选择。

筑墙或拆墙，也同样影响着规则的形成，影响着法律和制度的风格和式样。因为，规则、法律和制度，在一定意义上，都是人类的观念的产物，自然也反映着不同社群的人们对“墙”之意义的认识和持守。一般而言，那些过分持守“防墙”意识的社群，可能更为看重本社群或防墙之内自然生发的“活的法律”（Lebendiges Recht）、活的制度或活的规则，把体现所谓“民族精神”“民族意志”或“乡理民情”的法律视为永恒不变的、最高的法律，并且以此为借口排拒跨越地域界限的法律观念、价值和原则。“制度之墙”由偏狭的民族意识所生，而又反过来塑造着封闭、偏狭的民族意识。职是之故，当我们检视人类制度发展的历史时，我们会惊异地发现：那些“族性”意识很强的民族在处于社会改制的危机时刻，总是激发出对本民族悠长的“辉煌历史”的记忆和向往，在先人留存的制度碎片中寻求更制的资源或精神动力的支持；而不是相反，把他们的目光投向更为遥远的地域空间去发现制度沟通和交往的道路。更为极端的是，当外族强敌兵临城下甚或割地赔款时，固守旧制的统治者仍然念念不忘“宁卖祖宗之地，不变祖宗之法”的遗训，以此作为阻止“维新变法”、抵抗外来制度文明的防墙。其结果，民族和国家将会因为一个腐朽的制度而付出更为惨重的代价。法律和制度不在变化中自变，就会因其不变而为社会革命所推翻。法律和制度不在立法程序之内修改，就会以非正式的、不依照立法程序的形式修改。这是制度的变迁史所告知的一个经验。

万里长城是我们的先辈留下的优秀文化的一部分，是先辈心智中最富创造力部分的表征。当我们为这样的文化奇迹惊叹的时候，我们也不应该过分地陶醉，把目光收敛于长城之内，而是要把视野投向更为遥远的地平线，拓展通往长城之外的道路。这是因为：

“不论你望得多远，仍然有无限的空间在外边；无论你能数多久，仍然有无限的时间数不清。”（美国诗人瓦尔特·惠特曼语）

法典的诱惑

人类社会“文字法”（成文法）的历史源远流长，但法典作为“文字法”的一种复杂的形式，它的出现却是相当晚近的事情。18世纪中叶以后，伴随着欧洲兴起一股强劲的法典编纂运动，在私法领域就形成了一批具有划时代意义的法典，主要有1794年的《普鲁士通用邦法》（Das Allgemeine Landrecht für die Preußischen Staaten，ALR）、1804年的《法国民法典》[Code Civil des Français，或《拿破仑法典》（Code Napoléon）]、1811年的《奥地利民法典》（Das Allgemeine bürgerliche Gesetzbuch für Österreich，ABGB）、1896年的《德国民法典》（Bürgerliches Gesetzbuch，BGB）和1907年的《瑞士民法典》（Das Schweizerische Gesetzbuch，ZGB）等。它们被普遍地认为是“当代法典形式的经典模式”。

法典的诞生，可以看作法律演进的一个新的历史性起点，它表征着人类近现代历史与思想的风貌。法典，是一个民族理性文化成熟的标志，它代表着人类通过精确的技术化的规制来调节自我生活关系的努力，代表着一种通过法律的计划来改变现有社会境况的企图，是法学家们把法律当作一门“可计算的数学”来研究所追求的结果。我们甚至还可以说，法典就是人类建造的另一座“巴别塔”（Tower of Babel），是人类力图克服由于“语言的变乱”而导致的交际阻隔，从而共同合作营造通天的路径，无限地接近“上帝之城”（The City of God）的那种冲动的记录。法典的宏大的结构，其精致完美的形式主义（formalism），其通过“逻辑的演绎”建构的法律概念体系，令所有的法律人和普通的民众着迷和沉醉。

所以，制定一部体系和技术上完美无缺的法典，几乎成为 19 世纪以来任何时期的立法家和法学家们的一个梦想。法典的独特魅力，诱使无数充满才智的立法家和法学家终身为之倾尽心力，他们企望通过自己的贡献而把个人的名字镌刻在这样一部宏伟的法律形式体系的扉页之上。也正因为如此，当年拿破仑曾不无自豪地说：“我的光荣不在于打胜了四十个战役，滑铁卢会摧毁这么多的胜利……但不会被任何东西摧毁的，会永远存在的，是我的民法典。”①

从本质上讲，法典永远不过是理想主义的产儿，是自古以来的“自然法”思想和理论片断的反映，也是启蒙时代之理性主义精神在法律中的映现。法典的制定者们确信：理性能设计出普遍有效的法律体系的全部细节；仅用理性的力量，人们就能够在任何国家发现和建立一个理想的法律体系。因此，法典编纂时代的立法家们均力图系统地规划出各种各样的自然法规则和原则，并把它们全部纳入一部法典之中。对理性的确信和倚赖，促成了法典的创制；而法典的创制，又反过来增强了人们对理性能力和知识的信心。

---

① 引自李浩培：“译者序”，载《拿破仑法典》（法国民法典），李浩培、吴传颐、孙鸣岗译，商务印书馆 1996 年版，第 iii 页。

然而，法典也可能像理性、科学一样，被当作“控制一切，并想进行更多的控制”的权力，来无限度地延展其普遍适用的扩张性。法典是对“在现实中实现绝对完美”的渴望，它注定要成为各种道德理想和政治理想（正义、公平、国家统一与秩序的安定等）的化身和寄托。

法典是“法学家法”（jurist-law/Juristenrecht）或“教授法”（Professorenrecht）的条文化，它建立在高度发达的法学智识条件和基础之上，是一个国家立法技术和法学智识发达的显现。法典的语言是一种越来越远离“自然语言”（日常生活语言）的专业语言，是只有少数人（专门家）才能解释和操作的工具。故此，在一个非常低下的法学水准点上来从事宏伟的法典编纂工程，无异于投入一次没有目标的冒险。不成功的法典编纂，其危害会在未来的历史中显现出来。它极有可能在法典的编纂和注释上形成一个坏的知识传统，而坏的知识传统一旦形成或被后世过多地遵行，则会给未来完善的法典化的努力造成更大的困难。或者说，恶的法典化实际上离法典化所要达到的正当性目标越来越远。

19世纪初期，德国著名法学家弗里德里希·卡尔·冯·萨维尼（Friedrich Carl von Savigny，1779—1861）反对当时德国制定统一的民法典的理由之一，就是怀疑德国法学界具有编纂法典之能力。在他看来，对法典的呼唤是从事法律职业者对职责的怠惰的表现，德国尚不具备诞生伟大法学家所需要的生机与活力，适用于成熟国民的法典化只会阻碍知识的繁衍。萨维尼的言论，尽管被哲学家黑格尔斥责为是“对这一民族和它的法学界莫大的侮辱”，但它同时也确实刺激了德国的法典化所需要智识条件和环境的形成。如果不是萨维尼一言相阻，德国民法典也许会提前近一个世纪问世。不过果真如此，那么我们现在所看到的，就不会是被誉为“精致的艺术品”的 1896 年《民法典》，而可能是一部毫无创造性的或仅具有时间概念的“民法文本”了。

中国目前正跨入法典编纂的门槛。多少代法学家们的梦想，也许就要在“依法治国”这样一个理念和口号的感召之下得以落实了。但在摘取法典这个“法律帝国”（law's empire）王冠上的明珠的同时，对法典编纂之智识条件和环境有一个客观的清醒的认识，仍然是相当必要的。

毕竟，对法典持有敬畏和虔诚之心，是我们能够创制一部好的法典所不可或缺的心理基础。立法家和法学家当有这样的意识：“把法典当回事儿。”

人本的秩序

终于看到了中央电视台《实话实说》2 月 27 日的节目，但说句心里话，我对节目制作及其效果还是存有疑虑的。应当说，这一期就《沈阳市行人与机动车道路交通事故处理办法》（以下简称《处理办法》）所引发的话题，确实是值得认真而广泛地讨论的。我注意到这一期节目嘉宾争辩的激烈程度和梳理出的问题的复杂性。

由于《实话实说》的几位策划人事先已同我个人交换过意见，我对沈阳市于 1999 年 8 月 31 日以政府令颁布的这个《处理办法》的文本和有关报刊就《处理办法》出台后的评论，还是比较清楚的。就《处理办法》文本的细节，我在这里不打算做过多的辩谈。总体上觉得，该《处理办法》的制订是较为匆忙和粗简的，一些必要的例外条款语焉不详（例如，对违章“行人”的责任能力的差别不作区分，而要求“行人负全部责任”，恐怕是很难做到公平合理的），其试图要以一种相当简化的方式解决一个复杂的社会问题（而不仅仅是一个法律问题）。此外，作为目前我国效力层别最低的“行政规章”（应当注意到“行政规章”与“行政法规”是两个不同的法律用语），《处理办法》

是否有合法的根据就处理侵权责任（道路交通事故中侵权责任属于民事侵权责任的一个类别）的一般原则（界限）作出规定，也还是颇有疑问的。

然而，真正令人忧虑的，倒是《处理办法》和它的支持者们潜在的那种“秩序即一切”的集体无意识及其在立法上的反映和张扬。的确，秩序是我们人类和谐生存的条件，是“安全的、有序的、可预见的、合法的、有组织的世界”得以形成的前提。我们不可能设想一种没有秩序的人类生活。对秩序的要求，是人的内在本能的欲望之一。然而，正如学者们所指出的那样，秩序的欲望本身也潜藏着某种“暴烈”和“专横”的性质，包含着人们对服从于情绪和情感力量的“自发、即兴的生活方式”的压制。美国法学家埃德加·博登海默（Edgar Bodenheimer，1908—1991）在对此作更进一步的阐释时指出：尽管规则（秩序）的存在有助于在处理人际关系中消灭任性与偏见的极端表现形式，但它在内容与作用方面仍然可能表现为苛刻的、非理性的、无人道的，其本身并不足以保障社会秩序中的正义。

所以，在这里，问题并不是要不要在社会生活中形成某种有规则、体现连续性与和谐性的秩序（包括公共交通秩序），而是基于什么样的理由、以什么样的方式来实现这种秩序。其实，在一个国家之内，秩序的产生和维持并不是一件特别困难的事情，通过纯粹的暴力（包括通过专横的法律统治）就可以轻而易举地达到所要追求的目的。但真正的困难在于寻找秩序实现的合法性及正当性。特别是在今天这样一个法治和民主昌明的时代，寻求秩序的合法性与正当性基础就显得更加重要和迫切了。否则，国家就失去了它存在的正义根据。而正如哲学家奥古斯丁（Aurelius Augustinus）所言，国家一旦没有了正义，就会成为一个巨大的匪帮（Staaten ohne Gerechtigkeit sinken zu großen Raeuberbanden herab）。

显然，秩序只是我们的法律要实现的一种价值，是我们在采取立法政策时考量的一个必要的根据，但还不是一个“当且仅当”的充分必要的逻辑依据。

秩序是必要的，因为它是以人为本的，是建立在“事物的性质”和人的本性基础之上的，是一个服务于人的手段。但它又不是充分的，因为它绝不是一个独立自存的目的。或者说，不是人为了秩序而存在，而是秩序为了人而存在。超越人的价值和本性之上的空洞抽象的秩序，是不存在的。至少就交通秩序而言，我们不应该抽离掉一切历史的和现实的社会内容与背景，而把交通秩序作为纯粹的形式目的置于其他更高的价值之上，甚至以可能不断增加的生命牺牲为代价来强迫人们形成对这种秩序自觉遵守的习惯。那样的话，就是本末倒置了，就是对目的和手段的错误置换。假如我们认为只要目的正当（但事实上也可能并不正当）就可以不择手段的话，那么对于法治秩序的真正形成，倒反而可能是一种损害了。毕竟，就像“以刑去刑”的道德理想不能成为严刑峻罚的借口一样，“维护秩序”的美好愿望也不能成为滥用强制的一个无可争辩的理由。

我在过去曾提出过一种“刚性法治”的想法[①]，但在这里必须要重申另外一点，即“刚性法治”仍然是一种“良法之治”，是一种具有正当性与合理性基础的法治。它必须是建立在对人的平等和自由权利的关怀与尊重的基础之上的；没有“平等的关怀与尊重”，也就歪曲和否定了法治的本质。只有通过法治，我们才会迈出走向自由的坚实的一步。所以，古罗马哲学家西塞罗（Cicero）说：“为了自由，

① 见拙作：《反腐败与中国法治品格的塑造》，载《社会科学战线》1998 年第 6 期。

我们做了法的奴隶。”法国思想家卢梭（Jean-Jacques Rousseau，1712-1778）则更为动情地呼唤：“我要这样地服从法律：不论是我或任何人都不能摆脱法律的光荣的束缚。这是一种温和而有益的束缚，即使是最骄傲的人，也同样会驯顺地受这种束缚，因为他不是为了受任何其他束缚而生的。”[①] 无疑，他们的言论均透现出对人本的深度的关切。

以人为本的秩序，并不是一个抽象的概念，它应该体现在我们的决策和行为过程之中。假如我们的立法者和执法者都能够持守以人为本的秩序观念，那么我们就会改变自己的工作态度和作风，主动采取措施改善国民遵守秩序的外部环境和条件（包括人口的控制、文化的教育、社会福利的保障、城乡差别的缩小、交通设施的完善，如此等等），而不是把在道路交通乃至整个社会活动中出现的成本和负担过多地转嫁给社会或每一个具体的当事人。若是如此，我们离实现“良法之治”的目标，也就为期不远了。

---

①［法］卢梭：《论人类不平等的起源和基础》，商务印书馆1982年重印本，第51页。

法律不能承受战争之重

《历史的终结》一书的作者福山（Francis Fukuyama）曾经说：人没有争斗是活不下去的：如果他不是为好事争斗，那么他就可能为坏事争斗。正当人类迈着沉重的步履，怀着惶惑与希望的心情即将跨越另一个千年、小心翼翼推开厚重的世纪之门的时候，我们内心深处的一种时间爆破前的“零度”感觉被一种“意外的战争”所搅乱。

最近一个时期，以美国为首的“北约”对南斯拉夫的空中打击，尤其是对我国驻南使馆的导弹袭击，打破了人类在这个世纪建立的世界秩序和自1648年《威斯特伐利亚和约》(the Peace Treaty of Westphalia）签订以来所信奉的国际关系准则。一夜之间，经过数代人精心构筑的国际法体系，其“条约必须遵守”的箴规，其谦抑武力和恶行的性格，其作为由人类“心头词典”(Mental Dictionary）中引申而来的“万民之法”(jus gentium）的形象和其力图“通过商谈”达致和平的理想等，均被在夜空中飞行的导弹和它爆炸所释放出的“绚烂的邪恶之花”所击碎。我们生活的“脆弱的”地球，已不堪忍受人类的活动对她施加的重负；同样，我们依靠最后的一点理性和良心呵护的国际法律体系，也已不堪承受战争的威胁。在现代技术条件下，任何一个“超级大国”都可以依凭它们手中的武器毁灭任何它们想要毁灭的东西，包括人类的文明、现实的生存条件和既有的制度、法律和秩序。

以美国为首的“北约”战争行动所破坏的，不仅仅是一个通过“制裁”和“补偿”尚可修复的国际秩序；更为严重的是，它同时摧毁了我们无数世纪以来对一些基本的人类价值和原则（如平等、自由、公平、正义、个人和国家的尊严）的信仰，摧毁了对人类仅有的一点理性之追求和持守的信心。在“人权”和“人道主义干预”的帷幕的背后，我们所看到的是“自然状态”下的武力征服和政治、经济势力的扩张，是对所谓“西方文明之失落”的某种恐惧。在一个不断张扬“国家利益”的时代，在一个“经济部长（甚至国防部长）说话”的时代，谈论“无私的人道主义”，其所透现的不过是一种“虚幻的道德”。

就在一个世纪以前，德国诗人弗里德里希·荷尔德林（Friedrich Holderlin，1770—1843）曾悲苦地告诫世人：“常常使一个国家变成地狱的，恰恰是试图把国家变成天堂的东西。”法国大革命时期，在断头台行将受刑的罗兰夫人仰天长泣：“自由、自由，多少罪恶假汝之名而行？”我们在“北约”的“军事干预”的借口中何尝不能找到相同的华丽辞藻？！任何美好的东西，一旦被用作邪恶的动机，就比任何丑恶的东西丑恶百倍；而任何“伟大的”事物，也更接近危险和恐怖。

“正义”“人权”和“自由”无疑是我们人类永恒的价值，但利用战争来强制推行这些“伟大的字眼”，强化它们所代表的所谓“文明”的渗透力和普适性，甚至以牺牲一个民族或人民的“正义”“人权”和“自由”来换取另一个民族或人民的“正义”“人权”和“自由”，不惜制造“道德嗜血”的悲剧，破坏国际社会公认的国际法原则和规则，那么它们就被人为地扭曲了，就变成了国际强权者们玩弄欺人把戏的工具。

在当代多元文化并存和族性（ethnicity）意识萌动的复杂社会背景下，战争只能激活民族的仇恨，导致更加难以平抚的人间悲苦，而不会实现哲学家康德“通过哲学的规划，走向永久和平”的梦想。

人类正呼唤着理想、秩序和法律。我们的时代期待着新的时代精神和法律精神。有责任感的哲学家、历史学家、政治学家和法学家们，无论他们在政治立场上是所谓的左派，还是右派，或是游离于现实政治时空的逍遥派，都必须面对这个时代及其未来走向所提出的各种严肃的问题，重新审视我们人类过去的全部历史与文化，探索人类潜藏着的精神世界及其外化的制度、法律、风俗、道德、习惯、语言、文字、行为和行为关系，提出各自的学说，反映和适应时代的呼声。无论如何，一切渴望法律秩序与和平秩序的人们都会高呼：

“没有根据的战争，应该缓行！”

在都市的法律中生活

（一）

在城里居住久了，早已谙熟这城里的四季、喧嚣、层次和色彩。漫步在高楼掩映的花丛间，城里人已不能辨别来自西伯利亚的“风的式样”以及那风背后的山脉、森林、河流和漫漫黄沙。

多重变幻的色调，遮挡住城里人远眺的视线，不能望见城市边缘如诗如画的风景：白云深处的人家、炊烟、田畴、牧歌和纵横的阡陌……

城市的后人亦已失去对土地的关切和感受，他们踯躅在平整的沥青大路和广场，观瞧城市上空洞开的一方飘飞五颜六色的彩球、风筝和轰鸣作响的飞舟，体验“围城”中的故事以及故事中轻佻而任性的风韵。

自卑、自嘲、伤感、温软、调侃的情调弥漫在城市的街巷，成为时尚的精神趣味。那些心高气傲的诗人，在城市的风尘中行走，也只能记录下《在报馆内写诗》的无奈和惶惑，沉湎于“贺拉斯神话”的幻想和幽思。

在城里挥洒金钱、荣誉、权力和计谋的中心，哲学家和诗人都已退居次席，悄然躲进城边的一隅，偶尔探望窗外春夏秋冬冷暖的变迁。

城市是目光，是对象，也是一种象征。城市，从来没有像今天这样拥有生存论的意义。人类透过城市这个巨大的魔球，窥见历史与现实、农业文明与工业文明、战争与和平、光荣与梦想、深沉与浅薄多元繁复叠合的人文景观。

城市作为一个异化的实体塑造着大众的精神、心灵、习惯、品性和趣味。德国历史哲学家奥斯瓦尔德·斯宾格勒（Oswald Spengler，1880—1936）说："城市是才智。大城市是'自由的'才智…… 一切伟大的文化都是市镇文化。真正的奇迹是一个城市的心灵的诞生。一种完全新型的群众心灵……突然从它的文化的一般精神中长出来了。它一旦觉醒起来，就为自己形成了一种可见的实体……从此以后，除了个别的房屋、寺院、教堂和宫殿以外，城市的形象本身也变成了一个单位，它客观地表现出形式语言及在整个生活进程中伴随文化的风格历史。"①

然而，城市也意味着一种不可挽回的终结——一种人类所能创造的最高文明的终结。当千万个人像喷涌的洪流汇集于城市，为这个魔球变幻的色彩惊叹和欢呼的时候，他们也同时间断地听到从城市教堂或寺院传出的苍弱悲凉的钟声——这是历史的挽歌，为城市的可能衰落而悲伤。

悲观主义的阴影始终笼罩在城市文明的上空。我们在这一强大的情感流派的阵营中发现一长串伟大的名字：卢梭、康德、费希特、叔本华、尼采、托尔斯泰、巴尔扎克、陀思妥耶夫斯基、哈特曼、海德格尔、萨特……

---

①《西方的没落》（上册），齐世荣等译，商务印书馆 1995 年重印本，第 200 页。

（二）

的确，城市化是自西方工业革命以来在人类社会文化层面生发的重大事件。伴随着大工业的出现，社会财富和资本迅速流向工业所在的城市，并且通过发达的商业网络不断积累和流转。于是，人类的生产和生活中心开始由乡村转移到城市。城市不仅是人们交换的场所和政治宗教中心，同时成为人们生活、生产的地方，成为19世纪和20世纪人类的一种必要的生存方式：城市吸纳了数以万计的来自村镇的大众，作为他们的生息之地；数以万计的大众在相对浓缩的城市空间生存、流动，创造和选择不同于农业社会的生活文明。

城市为现代的社会生活设定有规则的模式，颁行品类杂多的“文明”法典。正是通过城市的变迁，我们这个似乎还在传统的“差序格局”中交际的熟悉人社会，开始追寻一种相对陌生的所谓“现代性”生活形态和以“非情感化”“非激情化”为特征的法律统治（rule of law，法治），依靠法律规则来处理相互间的利益冲突、行为界限以及权利与义务关系。无疑，从法律层面言之，城市的迅速成长将直接或间接地作用于法律制度的变迁。都市化的进程，也是法律传统的更新转型、法律精神和法律原则的嬗变、新旧法律制度的更替过程，尽管这一过程本身表现出复杂的面相，但在整体上带有法治化的形态特征。

另外，以现代城市为依托的大众社会，是一个典型的“陌生人”社会。这样一个新型的陌生人社会，较之19世纪以前的城市市民社会有更强的流动性（人口的迁徙）、庞杂性（各阶级、阶层的聚合）和冷漠性（人际亲缘关系的疏离）。

大众社会的流动性，不仅意味着大众运动节奏的加快，而且表明社会成员间关系与冲突生成的时间呈不规则的变化：一些社会关系与冲突在瞬间形成而又在瞬间消失；或者相反，它将在瞬间激发更大的社会冲突与矛盾。这种不规则的变化，恰好与法律制度不得朝令夕改的保守性质发生矛盾。于是，人们将面临两难的抉择：要么牺牲法律的稳定性和权威性去适应快速变化的社会关系；要么坚守法的保守主义倾向，而置新生的社会关系与冲突于不顾，任其自生自灭。然而，这两种策略均隐含着某种危险。就前者而言，牺牲法律的稳定性、权威性，通过不断修改法律规则来适应社会关系与冲突的变化，也许从社会控制的短期效果看是成功的（或许相反，是不成功的），但它在根本方面是一种急功近利的、非理性的选择，最终将影响法治的长远目标的实现。就后者而言，法律规则如果不能有效地承担调整社会关系与冲突的责任，那么流于失控的关系真空将会滋长更为错综复杂的社会冲突与矛盾，反过来又钳制法治的有序发展，法治化进程因而将不得不为此付出代价。当然，较为理想的结果，是将法律稳固、连续性的效能同发展变化的社会关系与利益联系起来，从而使法治在不利的情况下，也可以具有长期存在和避免灾难的能力。但是，正如美国法学家埃德加·博登海默（Edgar Bodenheimer，1908-1991）在《法理学》一书中所指出的，要实现上述创造性的结合，是极为困难的。

同样的问题，也来自城市大众社会的庞杂性。用“庞杂性”一词来标识城市大众社会，给人以强烈的感性印象：高密度的人群聚集于城市的街道、广场和其他公共场所，形成“黑暗的一团”，分辨不出人与人之间的身份、职业、形象、个性，甚至表情的差异；“大众之海”淹没了个人的特质，使人以平均状态的、类型化的面相存在。这样一种表象“平等”的社会结构却可能掩藏着深刻的差别和冲突。所以，在大众群体中极易衍生巨大的社会冲击力，局部地或整体地震动现存的社会秩序或法律秩序。同时，大众群体的模糊一团，也宛若一个巨大的避难所，给众多的无家可归者和游手好闲之人以可能的庇护，纵容人们个性的膨胀，私欲的横行，甚至违法犯罪现象的发生。诚如德国文艺理论家瓦尔特·本雅明（Walter Benjamin，1892—1940）在《发达资本主义时代的抒情诗人》中所描述的："人群不仅是这些逍遥法外者的最新避难所，也是那些被遗弃者的最新的麻醉药。"城市大众社会的庞杂性，会使社会的监督机能减少至最低限度，无形中也就弱化了法治的社会调整功能。这样，"通过法律的社会控制"（social control through law）就成为法学家的一句空谈。

（三）

20世纪，是一个在城市文明的矛盾冲突中煎熬与思索的世纪。尽管哲学家们已超前在"后现代"的话语中寻求策略，但我们生活在"现代"社会的人类似乎仍在懵懂与自虐的悲苦中生存。迈着沉重的步履，即将跨越另一个千年之时，人类或许突然获得一种惊喜、一种惶恐、一种时间爆破前的"零度"感觉，小心翼翼推开厚重的世纪之门，窥探"潘多拉之盒"个中的秘密：

"21世纪的城市啊，将会是怎样的一幅风景？"

我们将怀着同样一个梦想，迎接未知的世纪，企盼下个世纪的太阳照耀城市的每一棵树木、每一片绿叶、每一朵浪花、每一张面孔。

总之，我们在选择城市的生存方式时，也应当时刻意识到这种生存方式可能存在的局限性和我们为此付出的必要代价。向往都市，而又为都市所累，这也许就是生活在这个时代的人们的一种城市情结吧！

法的演进：过程、式样和趋势

（一）

西方有谚语称："有社会即有法律，有法律斯有社会。"（Ubi societas ibi jus，Ubi jus，ibi societas.）但这只是一个笼统的说法，它所描述的，仅仅是法律产生之后的社会状态。事实上，法不是从来就有的，也不是一开始就具有完全成熟的形态，它经历了一个长期渐进的形成和发展过程。从总体上看，这一过程包括"法的起源"和"法的发展"两大阶段：法的起源，是法从无到有的演进过程；法的发展，是法在产生之后由低级形态向高级形态、由简单形态到复杂形态的演进过程。

法的演进，的确是一个纯粹的时间概念。故此，我们可以参照西方历史的时间流程而把法的发展历史分为"古代""中世纪""近代"和"当代"等若干时段。但这种划分似乎更适宜于法律史的研究，并没有概括出法的演进的类型和规律性。在理论上，学者们依据不同的考察角度和标准，对法律形成之后的发展阶段曾作出过各自的划分。

例如，旧中国法学教科书通常把“法律统治时代”的法律演进之时间顺序归为四个时期，即“古代法时期”“严正法时期”“自然法及衡平法时期”和“法律社会化时期”。

17世纪，意大利人文主义学者扬姆巴蒂斯塔·维科（Giambattista Vico，1668—1744）在《新科学》中把埃及人以后的世界历史分为三个时代：神的时代；英雄时代；人的时代。与此相适应，存在着三种类型的法律：第一种是秘奥的神学；第二种是英雄时代的法律；第三种是自然公道（natural equity）的法律。①

德国法学家萨维尼（Friderich Carl von Savigny，1779—1861）在《当代罗马法体系》第一卷（1840年）中将法律（实在法）的发展分为三个阶段：“习惯法”（Gewohnheitsrecht）；“立法”（Gesetzgebung）；“科学法”（Wissenschaftliches Recht）或“学者法”（Juristenrecht）。②

英国法学家梅因（Sir Henry Maine，1822—1888）认为，法律是沿着“地美士”（Themis，一译“忒弥斯”）、“地美士第”（Themistes）③时代到“习惯法”时代再到“法典”时代的历史线索演化和发展的。其包括四个阶段：第一阶段，“地美士第”或司法判决（命令）的萌芽；第二阶段，“习惯法”的秘藏时代；第三阶段，习惯法的成文化（如英国的判例法）；第四阶段，“法典”时代。④

日本法学家穗积陈重（1855—1926）在《法律进化论》中指出：

---

①［意］维科：《新科学》上册，朱光潜译，商务印书馆1989年版，第28—34页。

② Friderich Carl von Savigny, *System des heutigen Romischen Rechts*, Erster Band, Berlin, 1840, S. 34—49.

③ 在希腊宗教里，Themis是正义的化身，智慧与忠言的女神，神意的解释者，宙斯的第二个妻子，生时序女神欧诺弥亚（秩序）、狄克（公正）和厄瑞涅（和平）。引《简明不列颠百科全书》（7），中国大百科全书出版社1986年版，第692页。

④［英］梅因：《古代法》，沈景一译，商务印书馆1984年重印本，第1章。

法律的进化，是一个从无形法向成形法（有形法）发展的过程。无形法包括“潜势法”“规范法”和“记忆法”，成形法包括“绘画法”和“文字法”。其中，文字法又分三期：第一期为“私文书时代”，第二期为“公文书时代”，第三期为“成文法时代”。而从“法之认识”的进化角度看，法律的发展大体又可分为四个时期：（1）民众绝对不知法的知识之潜势法时代；（2）禁止民众知法的秘密法时代；（3）对于国家机关命其知法，对于民众许其知法的颁布法时代；（4）民众要求知法的公布法时代。这几个时代的发展，是与文字的普及、文化的进步、民权的发达、法的社会力之自觉程度等因素分不开的。[①]

根据法的精神、原则及法的本位的演化过程来划分法的演进阶段，不失为一种有理论价值的视角。从这一角度，我们把法的演进历史大体上分为三个时代：

义务—团体本位时代。这主要是指法律以人们的义务为出发点和重心、强调“集体（团体）人格”和集体利益的时代，如奴隶制法和封建制法时代。梅因在考察古代法发展的历史时注意到这样一个现象，即所有进步社会的运动，都是一个“从身份到契约”的运动。他指出，在人类社会的幼年时期的法律制度中，一个较显著的特征就是它所体现的家族—团体本位：“团体”——宗法或家族集团被视为“永久的和不能消灭的”，而法律的形成则不过是为了要适应这样一个独立团体的制度。在此制度之下，权利和义务的分配取决于人们在家族及其他“特定团体”中所具有的身份和地位，等级观念成为法律规范和法律关系的基础和实体内容。因此，这一制度很少有“契约”活动

---

①［日］穗积陈重：《法律进化论》，黄尊三等译，中国政法大学出版社 1997 年版，原形论，第 1—3 编。

的余地。它以公开的“野蛮”“残暴”为后盾，其实质在于抑制人们作出与团体本位相左的行为，给人们的人身和精神套上难以挣脱的法律枷锁。

权利本位时代。这主要指法律强调以个人权利为出发点和重心的时代。从哲学上讲，权利观念的普及和泛化，是伴随着人类观念的第二次觉醒（个体主体性的觉醒）而出现的事实。个人所有权的保护和发展，精神劳动的独立与自由，使社会的个体认识到自身存在的价值和特殊性。于是，强调以自由公正为基础、以个人为本位的个性主义平等观由萌生而渐趋成熟。在西方，14 世纪至 16 世纪的文艺复兴运动，推进了人类的个体主体性的全面觉醒。17 世纪至 18 世纪启蒙思想家们（如洛克、孟德斯鸠、卢梭）相继提出“天赋人权”“契约自由”“法律平等”“分权制衡”学说，把个性解放运动从文艺思想领域转向政治法律领域，也引起了社会关系领域的一场革命性的转变。各种权利的宣言，被西方国家 18 世纪末和 19 世纪初以来的立法接受为法律的基本原则。这意味着，一个新的法律时代——权利本位时代悄然而至。这个时代持续一个世纪，以崇尚权利观念和原则为基本特征。

社会（责任）本位时代。19 世纪末以来，随着西方工业经济由“自由资本主义”向“垄断资本主义”的过渡，在法律领域也出现了一种所谓“社会化”倾向。这一更迭的总体特征就是个人权利本位代之以法律的社会（责任）本位。但“社会（责任）本位”的基点是对个人意志和权利的尊重和保护，因此它实际上是权利本位的改造形式，是权利本位在新的条件下的延续和发展。

（二）

法律不是超越社会、孤立自在的本体，法律的发展与社会、经济、政治、文化和自然条件是不可分的，总是与一定国家—民族的精神及一定时间、地点的文明相对应，与文明之间存在着一种持久的关系因素：法律不仅是文明的产物，而且也是通向文明、维系文明和促进文明的工具。

正是在此意义上，法国18世纪启蒙思想家孟德斯鸠（Montesquieu，1689—1755）在其著作《论法的精神》开篇即指出："从最广泛的意义来说，法是由事物的性质产生出来的必然关系。"① 其具体表现为两大类可变因素：一类是环境因素，分为地理因素（气候、地理位置、土壤等）、社会—经济因素（生产方式、人口、财富和贸易等）、文化因素（宗教、传统和习惯等）；另一类是"纯粹政治因素"（如政体的性质和原则）。正是由于这些可变因素的影响，法的演进在不同的地域才会有不规则的变化，呈现出不同的式样。

首先，在世界范围内，法律并不是在各地域同时形成的；恰恰相反，由于各个地域的文明成熟时间有早有晚，国家的建立有前有后，法律的产生和发展就存在着时间上的差别。这样，有些地域—国家的法律产生和发展得早些，也相对成熟和发达一些，而有些地域—国

① ［法］孟德斯鸠：《论法的精神》（上册），张雁深译，商务印书馆1987年重印本，第1页。

家的法律就演进得晚些，或显得较为落后一些。例如，早在公元前3000年西亚的两河（底格里斯河和幼发拉底河）流域就出现了世界上最古老的成文法律（如《乌尔纳姆法典》），在古希腊相同的法律产生于公元前7—6世纪（如《德拉古法》《梭伦立法》），而直到公元前450年古罗马才出现成文的法律——《十二铜表法》。这表明，法律的形成和发展不是某种单一的模式，而是复杂多样的，呈时间递进和地域国别的差异。在世界上，根本不可能寻找到一种超越于不同民族、地域、国家和时代的完全同一的实在法演进历史。

其次，法律在演进过程中也存在着历史传统、表现形式和结构、法律渊源的性质诸方面的差异。随着上述社会经济、政治等可变因素的发展和发达的轴心文明在边缘地域—国家间的流布，法律文化的流传和变异也就不可避免。这样，在若干地域或国家之间就有可能以某一轴心地域—国家（如印度、中国、古罗马）的法律传统、法律渊源的基础，生成形式特征不同、风格各异的法律家族（Rechtsfamilien）或法系。法系的形成，包含着多方面的文化意义。其中，既有边缘地区—国家对轴心地区—国家的法律文化的主动继受，也有它们的被动选择；既有轴心地区—国家对边缘地区—国家的纯文化的输出和交流，也有前者对后者在军事、政治、经济和文化等方面的征服。法系的出现，绝不完全是世界各地区—国家法律自然变迁的结果，而毋宁说是各种法律文化既相互碰撞、冲突，又相互融合的产物。

最后，法的演进体现着法律发展的积累性和总体的进步性，同时也包含有法律运动的平行、趋同、渐进、突发和曲折等的状态。按照马克思主义的观点，法的现象历史运动绝不是一个充满一大堆偶然现象的杂乱无章的时间序列，而表现为“运动的多样性统一”，其中交织着各种复杂因素的内在逻辑矛盾，如客观与主观的矛盾、必然性与偶然性的矛盾、变革与继承的矛盾、必然与自由的矛盾等。的确，从历史经验角度看，一切发达的法律制度都不过是历史上各个时代创造的法律文化的积淀，而社会基本矛盾的运动使法的发展呈现出某种类型化和规律性的特征。但也应注意到，某些具体的法律制度的形成却可能是一些纯粹偶然的历史事件的结果。此外，法律的进步也不可能完全是直线发展的，其中它的整体进步中可能包含有局部的曲折甚或倒退，局部进步的法律却可能在整体上是反动的（如各种剥削阶级类型的法）。而且，法可能是按照历史的规律循序渐进的，也可能是跨越历史阶段跳跃式发展的。这反映着法的演进的辩证的性质。

（三）

考察法的未来，就不能不首先论及马克思主义法学的一个基本原理——“法的消亡”（withering away of law）理论。

马克思主义法学认为，法是一个历史的范畴，它不是从来就有的，也不是永恒存在的。它是特定社会的历史现象，始终与阶级和国家的历史命运相联系。法随着阶级和国家的产生而产生，也随着阶级和国家的消失而完结自己的历史命运，逐步走向消亡。不过，需要指出的是，法的消亡，正像国家的消亡一样只是一个总的历史趋势，一个长期渐进的发展过程，一种必然性。列宁指出：“我们只能谈国家消亡的必然性，同时着重指出这个过程是长期的，它的长短将取决于共产主义高级阶段的发展速度。至于消亡的日期或消亡的具体形式问题，只能作为悬案，因为现在还没有可供解决这些问题的材料。”[①] 这

①《列宁选集》第3卷，第253页。

就意味着，国家和法的消亡还需要具备一定的历史条件。在这些条件没有成就以前，还谈不上消灭国家和法律的问题。

“法的消亡论”是对法的历史演进和发展之根本规律的概括，但它并不完全代替法理学对每个时代所面临的法律演进和发展问题所作的实证研究或价值研究。

应当指出，从世界范围看，法经过历史上若干世纪的演进和发展，到了当代，它实际上有着较以往的时代（如19世纪及其以前）更为复杂的社会经济、政治和文化背景，也面临着更为复杂的时代问题和矛盾。学者们发现，在当代，由于17世纪至18世纪“启蒙运动”以来的许多观念和原则（“普遍的历史观念”、不断进步的发展观、理性原则等）受到怀疑，人类的历史似乎进入了一个“没有根据的时期”，以启蒙思想为基础所形成的法律制度和原则受到挑战，普遍主义的法治秩序出现了深刻的正统性（legitimacy）危机。

对于“非西方后发展国家”（如中国）而言，它们的法律的发展则可能遭遇更为特殊的多重社会问题和矛盾。表现在：

首先，这些国家既要实现法制的现代化，建立“理性化”的法律制度和秩序；又必须要认真对待传统的法律文化的压力和所谓“后现代主义”的法律文化的冲击。

其次，这些国家都不可能摆脱“国际摩擦的法律文化背景”：一方面，世界经济的一体化要求各个国家的国内法与国际惯例接轨；另一方面，法律在本质上体现国家性，要保护本国的国家利益。因此它们的法律的发展也将面临着价值选择的冲突和矛盾，也必然存在一系列悖论，如法的“全球化”（国际化）与“地方化”（本土化）、法的“统一性”与“多样性”、法的“平衡发展”与“非平衡发展”，等等。这些多重矛盾和冲突因素，都将制约和影响未来法律的演进和发展。

从总体上看，随着科技文明的不断进步，市场经济的发展，政治民主的建立和民众权利意识、主体意识的增强，实现法治成为世界各国（尤其是非西方后发展国家）法的发展的一个目标。尽管法治并不是完美无缺的，但法治作为“理性化的制度”，反映了人类制度文明发展的客观必然性。它的原则、制度、精神和价值，已越来越多地被各国政府和人民所认识和接受，成为治理国家之基础。在已经实行法治的国家，完善法治和设计出适合时代发展的法治是一个必须面对的问题。而那些尚未实现或正在实现法治的国家，它们所要完成的任务则更为繁重和复杂一些，例如，正确处理发展与稳定的关系，继承传统和合理吸收、借鉴域外法律制度，完成法治精神和原则（从“身份”到“契约”，从“国家本位”到“个人本位”，从“权力至上”到“法律至上”，从“意志本位”到“规律本位”）的转变，等等。无论如何，法治化取向已是法的未来演进的一个主要倾向。

但“法治化”绝不是指法的“一元化”或“一体化”，不是说世界各国最终将采取同一种法治模式，走完全相同的法治道路。事实上，由于法律发展的起点和社会背景不同，要求一切后发展国家重复西方国家 17 世纪至 18 世纪以来的法治演进的轨迹是不可能的。正如美国法人类学家 E. 亚当森·霍贝尔（E. Adamson Hoebel，1906—1993）所指出的：“在法的进化过程中，没有一条笔直的发展轨迹可循，作为社会进化一个方面的法的进化，同生物界中各种生命形式的进化一样，不是呈一种不偏离正轨的单线发展态势。”[①] 这主要是因为法的进化像文化的进化一样，是“由简单而复杂、由同质而异质的发

① [美] E.A. 霍贝尔:《初民的法律——法的动态比较研究》，周勇译，罗致平校，中国社会科学出版社 1993 年版，第 323 页。

展过程”，这样一个过程在未来将仍然表现出多样化的特点。各民族一国家文化的差异和冲突，不同社会制度（社会主义和资本主义）意识形态的矛盾不会因为人类对法治的选择而消失，反而可能会因此而强化。在此意义上，各种具有文化和历史传统的法律制度（如大陆法系与英美法系），尽管在本质上可能属于同一历史类型，但它们之间的差别是不会彻底消除的。

法的未来演进还将表现为法律体系结构和具体的法律制度及原则的变化。首先，关于法律体系结构的变化，可以肯定的是，随着未来社会经济、政治和文化生活的日益复杂化，一些新的法律子部门将不断产生，如信息法、计算机法、生物工程法等。而另一些传统的法律部门也将不断膨胀，以致构成整个法律体系的主要部分。在此方面表现最为突出的，就是行政法的发展。行政法是宪政的重要法律支柱，它的发达是现代法治发展的一个标志。行政法时代，是继“刑法时代”“民法时代”之后正在形成和发展的一个法律时代。其次，未来社会情势的变更，未来法律精神、价值观念的变化，会使当代一些通行的法律原则、法律制度得以补充、修改或废止。此外，未来的社会也可能会根据时代的具体情况而创造出符合时代要求的法律制度和法律原则，这些制度和原则既可能是现行法治的精神和价值的延续，也可能是现行法治精神、价值和传统的否定。

TT

法：诗与思

从美学的观点看法律

——法美学散论

（一）

或许是由于工业化和商品化时代滥用理性和“计算”规则的缘故，我们现在已越来越丧失了黑格尔所称谓的“理念的感性显现”（审美）的能力。崇高物象的心灵激荡，“无利害感”的游戏冲动，诗歌语言引动的惊异与纯喜，无限想象的自由伸展的渴望，“风格”“趣味”的体验与追求，以及尼采在《悲剧的诞生》中所描绘的“酒神状态的迷狂”，[1]似乎也渐渐远离了我们感性直观的视野。以至于当我们从艺术和美学的观点来审视被高度理性化的意志所宰制的所谓“法的世界”的时候，我们要面临着那些把法学作为纯规范科学的专家们的指摘，“法美学”的理论旨趣甚至可能会被看作“不伦不类的妄议”而遭受讥讽，被排拒于法学神圣庄严殿堂的大门之外。人们难以接受的事实是：法律怎么能够成为美学或艺术的“视之对象”呢？

---

①《悲剧的诞生：尼采美学文选》，周国平译，三联书店 1986 年版，第 1—108 页。

所以，当德国法学家古斯塔夫·拉德布鲁赫（Gustav Radbruch，1878—1949）在其《法哲学》（1932年德文版）一书中主张通过文学创作和艺术作品来认识法律的本质，并且要求建立一门法美学（Aesthetik des Rechts）之时，他实际上已经注意到“法的世界”和“艺术（美）的世界”之间的隔膜给现代人类的心性所造成的深刻影响。拉德布鲁赫指出，随着文化领域的特定化，法与艺术逐渐趋于分化，甚至处于相互对立的地位。法是文化构体（Kulturgebilde）中最为僵化的一种，而艺术则是变动的时代精神最为灵动的表达形式，两者处在自然的敌视状态。那些富于才情的浪漫诗人甚至咒骂法律，把它们看作“每时每刻折磨人的心灵、令人恐惧的东西”。[①] 我们在学术史的发展中发现：正是由于法律和艺术（美）分属不同的精神领域的缘故，[②] 那些早年抱持“寻找一份体面的职业”想法投考法学院的才华横溢的学子们（如歌德、席勒、马克思、雅斯贝尔斯），不堪承受法律所造成的“心灵的折磨”，后来又纷纷放弃从事法律职业。

不可否认，法学是反映人的经验理性的学问，是人的法律经验、知识、智慧和理性的综合体现。自然，法学也可能会渗透研究者个人的感性的观察和领悟，但它绝不是个人感情的任意宣泄。就其本性而言，法学是与一切展现浪漫趣味和别出心裁的思想方式相牾的。尤其是近代以来，随着法律活动越来越趋向专门化和职业化，法学与法律的语言经过法律专家们的提炼、加工，已经演变成不完全等同于“日常语言”一套复杂的行业语言。在谈到其特点时，拉德布鲁赫指出：

---

① Gustav Radbruch, *Rechtsphilosophie*, S. 205 ff.

② 按照黑格尔的解释，法律属于“客观精神”，艺术或美学属于“绝对精神”的感性阶段。

“法律的语言是冷静的：它排除了任何情感的声调；法律的语言是刚硬的：它排除了任何说理；法律的语言是简洁的，它排除了任何学究之气（lehrabsicht）。”[①]

我们还可以说，法律的语言具有精确的意义和所指，但由于它们是需要专家操作或“表演”的语言，是一种由高度发展的文字伪饰过的语言，它们也就不那么贴近人们生动活泼、多姿多彩的感性生活，而总是与普通人的感性直观保持着一种“距离的间隔”，有时甚至会抑制人们通过审美的自由追寻“终极愉悦”（极乐）的那种渴望和冲动。这样，至少就近现代的所谓“法学家法”（Juristenrecht）而言，它们表面上越来越丧失了令普通人感到亲和愉悦的直观的趣味，这亦无形中遮蔽了它自己独特审美的性质和价值。

（二）

历史悠远的距离所造成的朦胧感，可能会唤醒我们现代人心灵中一丝尚存的审美意识，促使我们去探看历史上曾经出现过的所谓“亦法亦歌”的规则，研究那种与人类的感性正义观念浑然一体的生动的“活法”（lebendiges Recht），甚至也会对那些与我们的性情和认知完全隔膜的现代法律（法典）或司法活动产生审美的兴趣。

感谢18世纪意大利哲学家维科（Giambatista Vico，1668—1744），他在科学技术蓬勃发展给人类带来巨大的“能力感”的时代，写下《新科学》（scienza nuova）一书，把我们的心性带到古代如梦如幻的精神世界，使我们感受到先民那种不同于技术理性和数学方法

① Gustav Radbruch, *Rechtsphilosophie,* S. 206.

之“诗性智慧”及其创造物的魅力。“诗性的经济”“诗性的伦理”“诗性的政治”“诗性的宇宙”，如此等等的语言背后的意义空间所展示的图景，至今仍然在我们受技术宰制的心灵里产生震颤。

维科以其独特的语辞分析和生动的笔调描绘出“法”起源的自然意象。他关于古罗马“法”（ius）一词的诗性释论，透现着对法律的一种审美情感。维科指出：

> 古代法学全都是诗性的……古罗马法是一篇严肃认真的诗，是由罗马人在罗马广场表演的，而古代法律是一种严峻的诗创作。①

其实，在更早的时期，古希腊哲学家柏拉图在《国家篇》(《理想国》) 和《法律篇》中已经隐约地表达了相同的思想。柏拉图把“法律和社会组织的美”视为一种居于较高层次的“美”；② 在他看来，建立一个城邦的法律是比创作一部悲剧还要美得多，最高尚的（悲剧）剧本只有凭真正的法律才能达到完善。历史上的一些伟大的立法者（如斯巴达的莱库古和雅典的梭伦）才是伟大的诗人，他们制定的法律才是伟大的诗。③

晚出于维科的德国著名童话作家(《格林童话》的著作者之一)、历史法学派的重要代表雅科布·格林（Jacob Grimm，1785—1863）于1816年发表长篇论文《论法之诗》（Von der Poesie im Recht），

---

①［意］维科：《新科学》下册，朱光潜译，商务印书馆1989年版，第563页。

②［古希腊］柏拉图：《会饮篇》210B—D。参见［古希腊］亚里士多德：《诗学》，陈中梅译注，商务印书馆1999年版，第262页。

③ 朱光潜：《西方美学史》上卷，人民文学出版社1982年版，第55页以下。比较陈中梅：《柏拉图诗学和艺术思想研究》，商务印书馆1999年版，第5章。

从诗性的法律语言、法律象征、诗歌形式诸角度考察了法与诗歌之间的关系以及德意志古法中的诗性规则（法律的韵律）。他在文章的开篇即表达了与维科相同的观点：

法和诗相互诞生于同一张温床……的确，两者的起源都建立在两种本性之上：一种建立在惊奇之上，另一种建立在信奉之上。这里的惊奇，我更愿意把它当作任何一个民族法律和民歌的开始……所以，诗中蕴涵有法的因素，正像法中也蕴涵有诗的因素。[①]

也许是受雅科布·格林等一批法律史家所开创的研究传统的影响，"法与诗歌""法与戏剧""法与绘画""法与美"等论题，亦间或地进入德国晚近的法学家们的理论视野。总体上讲，德国人对我们能够想象到的问题，已经作了尽可能广泛的讨论。这里，仅列举其代表性成果之要目，以便我们有一个大致的了解：

历史法学派的后期领衔人物奥托·冯·基尔克（Otto von Gierke）著《德意志法上的幽默》（Der Humor im deutschen Recht，1871）；

新黑格尔主义法学派首创人约瑟夫·柯勒（Josef Kohler）著《在法学舞台前的莎士比亚》（Shakespeare vor dem Forum der Jurisprudenz，1919）；

齐特尔曼（Zitelmann）著《作为艺术的法学》（Die Jurisprudenz als Kunst，1904）；

---

① Jacob Grimm，"*Von der Poesie im Recht*"，in：*Zeitschrift fuer geschichtliche Rechtswissenschaft*，Band II，1816，Heft 1，S. 27-28.

T. 施泰因贝格（Theodor Sternberg）著《法律中的笑话》（Der Witz im Recht，1938）；

G. 缪勒（Georg Mueller）著《我们民族诗歌中的法与国家》（Recht und Staat in unserer Dichtung，1924）；

A. 巴拉赫（Adolf Bachrach）著《法律和想象》（Recht und Phantasie，1912）；

汉斯·费尔（Hans Fehr）著《绘画上的法》（Das Recht im Bilde，1923）；《诗里的法》（Das Recht in der Dichtung，1931）；《法律上的悲剧》（Die Tragik im Recht，1945）；

H. 施托克哈默（Hubert Stockhammer）著《作为科学的美学和法学》（Aesthetik und Jurisprudenz als Wissenschaften，1932）；

H. 特里佩尔（Heinrich Triepel）著《论法的风格：法美学文集》（1947）；

H. 马尔库斯（Hugo Marcus）著《法的世界与美学》（Rechtswelt und Aesthetik，1952）；

……

（三）

德国学人的研究表明：在人类心灵中最富人性的部分，法律也有其一席之地。正如许多研究者所明示的那样，法可以为艺术（美学）服务，艺术（美学）也可以为法服务。像任何其他文化现象一样，法也需要具体的表达手段：语言、手势、服饰、符号和建筑等。法的这些具（物）体表达手段（koerperlicher Ausdrucksmittel）也可以通过审美作出评价。

Rene Marcic 在他的法哲学著作中曾经说过一句话："人是法的担当者（Der Buerge des Rechtes）。"我们也可以接着说，人也是美的担当者。几千年来，艺术（美）和法之所以具有可以比较性，因为它们都有着神秘的起源，均追求着某种永恒的价值（如"善"）。法表现为正义的工具，而艺术则是创造美的"技艺"（Koennen）——在希腊人那里称 techne，在罗马人那里称 ars。所以，在欧洲中世纪，近代，甚至到了 18 世纪，某些艺术家和法律家一直还保持着一种亲缘关系，他们被封为供职的"艺术创作者"（Kunstwerker），为教皇和王室服务。他们的技艺包含多种多样，如诗歌、建筑、绘画，甚至还有法的修辞和法的艺术（die Kunst des Rechts）。在此，艺术和法遵从的是美和正义的"传统"。

法律与艺术（美）的结缘，事实上并不完全是"风雅的时代"（例如"巴洛克时代"或"洛可可时代"）矫揉造作生活的一种表象的修饰，从根本上讲它是人们试图将一切事象诉诸直接的"观看"和"欣赏"而必然产生的现象。而正是处在遵循传统与寻求自由伸展之机的人们才会把他们惊异的目光以及想象力和理解力投向一切可以观察的对象之上，不仅继续探寻对象物之"真""善"，而且希望感受其内含之"美"。

的确，并不是所有的哲学家和思想家都承认"真""善""美"之内在的关联性，康德（Immanuel Kant，1724-1804）在《判断力批判》（1790）中甚至认为，追求功利的"善"与表达为概念的"真"有害于"美"的纯形式。但是，如果我们不是孤立地探讨"美的本质"，而是把美视为对象物映射入人的感官的属性，那么我们同样可以说任何对象物及其属性（包括真、善）都可能成为审美的对象。而且，有时认识事象的美，正是获知事象之真、善的桥梁和基础。所以，德国伟大的剧作家、诗人约翰·克里斯托弗·弗里德里希·席勒（Johann Christoph Friedrich von Schiller, 1759—1805）在《艺术家们》（1789）一诗中写道：

只有通过美这扇清晨的大门
你才能进入认识的大地。[①]

同此道理，法律这样一种复杂的社会事象所暗含的所谓无意识的“隐秘秩序”（verborgene Ordnung），有时也必须通过美“这扇清晨的大门”才能被人们所知觉和认识。在此意义上，我们并不是把“法美学”看作一门“画地为牢”的学科，而看作那种用美学的观点、方法和态度来把握、审视和判断法律现象的问学方式及方向。“法美学”并不像其他艺术门类那样通过直观、感性呈现的方式把美的对象物直接展示给“观看者”（Spectator），而是通过直观的认识来发现法律内在的美的秩序，探求这种秩序形成的审美动因，并为法律的构建提供某种可以参照的美学标准和原则。无疑，法美学将从感性的进路拓展法学的生动形象地观察法律的视野，同时也将激活被传统法学长期压抑的法律认识，使法律研究者们从绝对主义和纯粹理性规则主义的法律教义中逐步解放出来，在法学理论中寻求一种“和谐的自由活动”之旨趣。或者，简括地说，法美学研究所要拯救的，就是我们在法律认识领域正悄然逝隐退化的直观想象的能力以及相应的原创力和自由。

---

① F. Schiller, Künstlern（1789）. 参照译文，见［德］弗里德里希·席勒：《秀美与尊严》，张玉能译，文化艺术出版社1996年版，第365页。

从另一个角度看，法或法律作为美学（艺术）考察的适切的对象，作为艺术素材来对待，也是由法及法律生活的独特性质所决定的。如拉德布鲁赫所言，法在根本上蕴藏着某种“戏剧化的冲突”（Der dramatische Konflikt），内在地包含有一个多样态的反题，即事实和价值、实然和应然、实在法和自然法、正统法和革命法、自由和秩序、正义和公平、法和宽容之间的对立性[①]。艺术形式（尤其是戏剧）的本质在于阐释反题（矛盾），它也特别喜欢抓住法或法律现象的内在矛盾性。例如，索福克勒斯的《安提戈涅》，莎士比亚的《威尼斯商人》和《恶有恶报》等，均极尽曲折而生动再现了“想象的现实”中“法律的故事”之动天哀地的情节，通过安提戈涅、鲍西娅和伊萨贝拉们冲突的命运，揭示出人情与法律、罪孽与宽恕、残酷与仁慈、冤苦与正义伸张之间的紧张关系和与此相应的复杂而深刻的问题性（Problematik）。[②]

在这里，艺术（美）形象地复述出法律世界中的“众多独立而互不融合的声音和意识纷呈”，使法律的叙事和对话形成“由许多各有充分价值的声部组成的复调”（米·巴赫金语）。[③] 这样一种新的叙事方式将打破或改变传统法学理论研究中那种既定的、“独白式（主调）的”解析问题的态度和方法，使之生成新的商谈（Diskurs）或对话

---

① Gustav Radbruch, *Rechtsphilosophie*, S. 207

② 有关的评论，详见强世功：《文学中的法律：安提戈涅、窦娥和鲍西娅——女权主义的法律视角及检讨》，载《比较法研究》1996年第3期。关于莎士比亚戏剧中所揭示的法的内在矛盾性的论述，约瑟夫·柯勒的研究是丰富而全面的，值得参考。见 Josef Kohler，*Shakespeare vor dem Forum der Jurisprudenz*，Berlin/Leipzig 1919。

③ 参见［俄］M. 巴赫金：《巴赫金文论选》，佟景韩译，中国社会科学出版社 1996 年版，第3页；关于巴赫金“复调”理论的研究，见董小英：《再登巴比伦塔——巴赫金与对话理论》，三联书店 1994 年版，第1章。

的规则，以便在复杂的“疑难案件”（hard case）的辩谈中引申出更切合问题性的法律义理。

除戏剧外，还有另一些艺术（美）形式表明特别适合表达法的矛盾性，这其中包括讽刺作品和漫画艺术。一个法律人，如果在他目前的职业生涯中不能及时充分认识到其职业中存在的深层的问题性，就不是一个好的称职的法律人。因此，严肃的法律人应当喜欢那些用讽刺形式批评其法典的人，应该喜欢那些诗人中的冥思苦想者，因为他们对正义基础中值得怀疑的人性比较敏感；同时也应该喜欢托尔斯泰，喜欢陀思妥耶夫斯基，或者伟大的司法讽刺家（grosse Karikaturisten der Justiz），这些人既是讽刺家，又是沉思者（Daumier）。

只有对艺术一窍不通的人才会过分陶醉于自己所从事的工作的纯粹“专业性质”，每时每刻把自己看作是人类社会最清醒、最理性和最有用的部分，养成偏狭独断的职业作风。而法律人的责任，不仅仅是机械精细地、“刻板而冷峻地”操作法律，而且是要把伟大的博爱精神、人文的关怀、美学的原则和正义的情感以专业化的、理性而又艺术的方式表现出来。

正是在此意义上，也可以说，法律人应当同时是工匠和艺人（Künstler），是法律艺术的创造者。

（四）

从美学的观点观察法律的时候，我们很可能会把一个抽离了一切内容和规定性（Gegebenheit）的“纯粹的法”或法的纯形式作为法美学的对象物来研究。但事实上，能够成为审美对象的法均包含一个时间和空间的维度。或者说，法只有在特定的时间和空间“现实地”存在过，它才会被人通过审美意识所经验和认识。没有历史和地域的规定性，没有现实的人性（民族性）色彩和特定情境（situation）背景的法，或许是可以成为（形而上学）“思”之对象的，但绝不可能成为（法美学）“视”之对象。毕竟，法美学不是关于法律的思辨的哲学，而是研究人对法律之美的感性审视的学问。

“法的时间和空间维度”还包含这样一层含义，即我们在历史上所看到的“法”是具有不同的美学价值和表现形式的。我们不可能以超时间的美学标准来审视历史上的一切法律，也不能先验地预设它们的美学意义和价值的同一性。换一个角度说，我们不能笼统地宣称所谓“一般的法”有什么样的美学意义和美学价值，而总是说处在此时此地或彼时彼地的“法”有什么样独特的美学意义、价值或性质。在此，法律的审美态度实际转换成了一种情境主义（situationalism）的态度。

以这样的态度来观察法律，我们总是要谨慎地对待所观察的法律形成的历史—文化—地理根源，探究法律演进的隐秘过程，比较不同地域（如东方与西方）和不同时间段（古代、中世纪、近代和现代）的法律的美的特性、表现形态、“式样”“风格”等。或者说，我们对待不同形式的法律（习惯法、成文法）、不同地域的法律（如“东方法”“西方法”“大陆法”“英美法”）、不同时间结构中的法律（古代法、中世纪法、近代法和现代法），所持的审美观点、方法和态度应当是存有一种情境的差别的。

（五）

法美学若是有生命力的，那么它就应当更多地从法的表现形式之美的研究中获得滋养。如果我们怀有维科和格林那样的好奇心和感受力，我们将会在浩如烟海的史料、诗歌、古律、判例、话本小说、戏剧和民间传说等不同文本的解读中寻找到法的形式美的踪迹。

在此方面，最令人怦然心动的，可能是探寻维科和格林均描述过的悠远年代的“诗体法”。这些以诗歌表现的法律，记载着每一个在成长中的民族之生命感受，记载着他们对朦胧的正义、神圣的规则及隐秘的秩序的想象和渴望。在以“输洛加”（Slokas）诗体写成的印度《摩奴法典》中，我们甚至读到了来自远古“诗化的”醍醐灌顶的智慧。① 这些充满着先民惊异、想象和虔诚的诗体法，对我们后来逐渐成熟老化变得精明世故的人类将是值得永远自我观照的镜鉴。它们的魅力会随着历史的演进而日益增强。因为我们知道，法律和正义有时必须呈现生动形象的外表，否则人们就看不见它们现实的身影。② 在这里，生动形象的诗歌之美“调和了它自身的内外界限，调和了规则和自由”。③

法律的生动表达，并不只限于诗歌，它们也可能表现为民间俚谚（语）、格言、散文、韵文或绘画。日本法学家穗积陈重（1855—1926）在其皇皇大著《法律进化论》中提供的凿凿之据表明：在东方

---

① 例如，《摩奴法典》第 8 卷第 132—138 节关于“罚金”计量的描述，真可谓“微宏寸心之间”。见［法］迭朗善译：《摩奴法典》，马香雪转译，商务印书馆 1982 年版，第 181—182 页。

② 英国法律史学家梅特兰说：“只要法律是不成文的，它就必定被戏剧化和表演。正义必须呈现出生动形象的外表，否则人们就看不见她。”引自［美］伯尔曼：《法律与革命》，贺卫方等译，中国大百科全书出版社 1993 年版，第 69 页。

③ 对法（规则）与诗的内在的玄机，印度大诗人泰戈尔（Tagore）的解释富有哲学的想象：“诗的美被严格的规则所约束，但是美却超越了约束。规则是诗的翅膀，它们不是使它下坠，而是把它带向自由。诗的形式在于规律，而它的思想在于美。规则是走向自由的第一步，美是建立于规则基础上的完全的自由。”［印度］拉宾德拉纳特·泰戈尔：《人生的亲证》，宫静译，商务印书馆 1996 年版，第 56 页。

和西方的法律进化史上，从“无形法”到“成形法”的过渡，其间经历了“句体法”“诗体法”“韵文法”“绘画法”和“文字法”诸阶段。例如，德意志古法谚简明匀称，罗马法《十二铜表法》句韵切合，中国太古之“象刑”（绘画法）栩栩生动，均属上述法律形式之典型。在穗积氏看来，这些法律表达形式的变化，实际上反映出人类智慧、认知能力的增长和社会力之自觉的发展过程。①

此外，历史上各个时期法官的判决（判例）也是表达法的审美价值的合适形式。实际上，法律的形式美法则（如法律语言的对称均衡、逻辑简洁性和节奏韵律，法律文体的多样统一，等等）更多地体现在那些独具个性而又富有审美趣味的法官们的判词之中。法官们的“优美的”判决所生发的美学价值，绝不亚于任何优秀的艺术作品。德国法学家鲁道夫·佐姆（Rudolf Sohm，1841—1917）曾经赞扬杰尔苏（Celsus，译“塞尔苏斯”）的判决才能，说他能够从个别的案件中抽引出普遍的规则，运用最为简洁的语言形式；这些形式具有凌空飞动的语词的冲击力，令人升华，使人澄明，犹如一道闪电照亮遥远的风景。②也正是出于同样的审美渴望，美国的卡多佐法官（Benjamin N. Cardozo，1870—1938）也曾说：“除非为了某些充足的理由，我不想通过引入不连贯性、无关联性和人为的例外来破坏法律结构的对称性。”③

---

① 穗积陈重指出，而法律之进化史，也是一部社会力之自觉史：“当法在潜势状态之时，人民尚不能察觉其由各自团结之力，而拘束自己，其状犹夜行于黑暗之中也。及乎规范法既已发生，则法之知识，乃存于治者，人民虽知有羁绊自己之准则，而不能见其形态，其状犹东方渐白，将近于晓也。至成形法公布时代，则始如朝曦破晓，而升东天，各人仰而浴于阳光，俯而顾及己影已。”［日］穗积陈重：《法律进化论》，黄尊三等译，中国政法大学出版社 1997 年版，第 275 页。

② Gustav Radbruch, *Rechtsphilosophie*, S. 207.

③ Cardozo，*The Nature of the Judicial Process*，1921，pp.32-33.

总而言之，句体法、诗体法、韵文法、绘画法、文字法和优美的判词等，这些法的审美素材存在于各个民族的漫长历史之中，成为亟待探掘的丰富宝藏。法美学应当点燃火光并小心地护卫这光亮，以照亮进出幽暗深处探掘的通道。

（六）

最后要指出的，也许是一种不必要的担心，即人们可能会把法美学的研究等同于一种法律浪漫主义或法律唯美主义（完美主义）倾向。这里，笔者不拟做过多的讨论，只想交代一点：法美学是利用多学科方法、态度求知问学的一种，而法律浪漫主义、唯美主义则属一种实践指向的"意蒂牢结"（Ideology，意识形态），两者存在着根本的差别。法美学研究之旨趣绝不是要服务于这种"意蒂牢结"或与之共谋，恰恰相反，它在本质上是反对任何形式的独断主义和唯美主义的法律观念或法律纲领的。因为只有认识到"美"的界限的人，才会在法律的理性实践中做出审慎的判断和决定，避免唯美主义在实践上的独断专行。①

---

① 关于"浪漫主义运动"的精彩评述，见［英］罗素：《西方哲学史》（下卷），马元德译，商务印书馆 1982 年版，第 18 章。卡尔·波普尔对柏拉图"擦净画布"的唯美主义政治纲领的批判是非常深刻的，参见［英］卡尔·波普尔：《开放社会及其敌人》第 1 卷，陆衡等译，中国社会科学出版社 1999 年版，第 9 章；比较［古希腊］柏拉图：《理想国》，郭斌和、张竹明译，商务印书馆 1995 年版，第 253—254 页。艾伯特·A. 埃伦茨威格（Albert A. Ehrenzweig）在他的论文《美学与法哲学：一个心理学的探索》中警告说："一个独裁者喜欢在其权力的弱暗处，在抽象的艺术中为他的具体的法寻找和追求某种恐怖……"他具体分析了当代"非诗"（Nicht Gedicht）、非画（Nicht Bild）、非表演戏剧等新潮艺术可能导致一种"非法"（Nicht Recht）的可能性。（Albert A Ehrenzweig，*Aesthetik und Rechtsphilosophie*：*Ein psychologischer Versuch*，S.3-20.）

法美学所崇尚的，是一种开放的探索精神，一种不断探寻未知的态度。如果哲学要奔赴的是一条没有尽头的“林中之路”的话，那么法美学同样会选择这条可能“突然断绝在杳无人迹处”的道路。德国哲学家马丁·海德格尔（Martin Heidegger，1889—1976）在《诗人哲学家》中道出了问学者“在路上”的心情：

道路与思量，
阶梯与言说，
在独行中发现。

坚忍前行不息，
疑问与欠缺，
在你独行路上凝聚。①

——这，亦当成为一切追求法美学“探险”的学人们的共同志趣。

① ［德］M. 海德格尔：《诗·语言·思》，彭富春译，文化文艺出版社 1991 年版，第 14 页。

法律与音乐

（一）

犹太教法典的编纂者尝言："如果你要理解无形之物，必须仔细观察有形之物。"我们似乎也可以接着说，如果你要了解法律的精神，则必须研究音乐和音律。在法律与音乐这两种看似毫无关联的事象之间，或许存在某种内在的隐秘的关联，有待我们去认识，去探寻，去发现。

古希腊城邦独特的教育方式和教育观念，可能是一个诱因，吸引我们去关注音乐在国家法律和制度构建中的意义。

我们知道，古希腊人，这个被黑格尔称为代表"世界历史民族的童年"的民族，采用一种本质上属于审美的眼光来看待事物。例如，他们把美德（virtue）看作"美丽的"（如"美丽的城邦"）；邪恶（vice）是"丑陋的"。在希腊人看来，一个"优美"的民族，必须对其公民进行两种最基本的教育，即体育和音乐训练。柏拉图在《理想国》中指出：音乐和体育这两种技术，服务于人的两个部分——爱智部分和激情部分。因此，那种能把音乐和体育配合最好，能最为比例适当地把两者应用到心灵上的人，可以被称为“最完美、最和谐的音乐家”。亚里士多德在《政治学》第10卷“论教育”中亦认为，青年教育的基础课程有4门，即读写、绘画、体操和音乐。体操可以培养勇毅的品德，音乐的价值在于操持闲暇的理性活动，因而具有高尚的意义。

迨至18世纪，孟德斯鸠在《论法的精神》中，对希腊教育的特性做了进一步的描述和总结：

不能不把希腊看作一个运动员与战士的社会。然而，这些训练极容易使人变得冷酷而野蛮，所以需要用他种能使性情柔和的训练，以资调节。因此，音乐是最适宜的了。它通过身体的感官去影响心灵。身体的锻炼使人冷酷；推理的科学使人孤僻。音乐是二者的折中。我们不能说，音乐激励品德，这是不可想象的；但是它具有防止法制的凶猛性的效果，并使心灵受到一种只有通过音乐的帮助才有可能受到的教育。①

这里，孟氏关于音乐具有“防止法制的凶猛性”的确切含义到底有何所指，我们目前尚不得而知。但他在法律（制）的价值评价层面来认识和理解音乐的意义，试图探窥音乐和法律的连结之点，这一意向却是清楚明白的。孟氏的言论像一个若隐若现的路标，指点我们在勘测音乐与法律“内在的隐秘的关联度”的幽暗道路上继续前行。

---

①［法］孟德斯鸠：《论法的精神》（上册），商务印书馆1987年重印本，第39—40页。

（二）

音乐，是通过节奏、旋律、和声、调式和调性等组织要素所构成的“声音的秩序”。音乐的这样一种性质，使它与宇宙万物之间具有普遍而紧密的内在联系。德国哲学家叔本华在《作为意志和表象的世界》中指出：音乐与现象界或自然界可以看作同一东西的两种不同的表现；或者说，音乐是世界的表现，世界是“具体化的音乐”。音乐能够使现实生活和现实世界的每一画面、每一场景立刻意味深长地显现出来。

同样，古罗马哲学家、神学家、政治家波伊提乌（Boethius，一译“波爱修”或“波埃修”，约480—524/525）认为存在着三种音乐：“宇宙音乐，宇宙的和谐或秩序；人类的音乐，高尚的、健康的身心秩序；以及应用的音乐，人们所作的、可以听到的音乐。”[①]

在中国，先人们亦早已体察到音乐的“天人之和”“乐则天地”的秘密。《尚书·尧典》载：“八音克谐，无相夺伦，神人以和。”《国语·周语下》：“凡神人以数合之，以声昭之，数合声和，然后可同也，故以七同其数，而以律和其声，于是乎有七律。”北魏刘昼释曰：“乐者，天地之齐，中和之纪，人情之所不能免也。”（《刘子·辩乐》）

音乐作为“天人合一”秩序图式的生动呈现，一旦进入政治国家之“人事”秩序领域，则注定与强调“里仁为美”的“仁治”“德治”“贤人政治”（人治）融为一体，构成这种社会—政治结构体系的一个制度背景。正是从审美的角度，主张“以仁德治理天下”的统治

---

① 波伊提乌：《关于音乐的教导》。

者（君主）们将音乐教化（育）、音乐节律、音乐等级制度化、法律化（如我国周代礼乐制度中有关“佾数”的规定），使音乐之美和“德政之美”协调统一，形成心灵与行为、个人与社会之“内外合和”的秩序。

在这样的秩序中，我们有时分不清音乐制度和政治—法律制度的界限：音乐制度即政治—法律制度；政治—法律制度也是一种音乐制度（秩序）。这种音乐与政治—法律制度的融合，在历史上或许确曾起过孟德斯鸠所称谓的“防止法制的凶猛性”作用，因为如果没有音乐的融入，现实的政治—法律制度也许以更为直接的阴森恐怖的方式表现出来。但任何事物都有它的两面性，人类的制度史同样告诉我们：音乐之制（乐制）事实上亦会无形之中遮蔽政治—法律统治的“凶猛”面相，隐没“正音”“雅乐”背后的不合理的等级秩序，使人民在接受其教化的同时也“舒舒服服地”接受着一种所谓“正统性”（legitimacy）的统治。

职是之故，我们无论在古希腊还是我国先秦时期的制度史上均可发现：在所谓“完美（审美）主义”的政治制度（人治）的设计中，音乐的训练，音乐的制作，音乐的节奏、旋律、调式和调性的勘定，绝不是每个个人的“私事”，而是由国家通过高度组织化的形式来加以管理的“公事”。因为，依靠征服“民心”建立正统性地位的统治者们明白，音乐可以改变人的心灵的秩序，塑造人民的性格，定导人的价值观的形成。音乐的善恶好坏，将直接影响教化（育）的质量、臣民的道德素质和国家的兴衰安危。由是，《礼记·乐记》曰：“治世之音安以乐，其政和；乱世之音怨以怒，其政乖；亡国之音哀以思，其民困；声音之道，与政通矣。”又谓：“礼节民心，乐和民心，政以平之，刑以齐之，礼乐刑政，四达而不悖，则王道备矣。”

这大概就是我们所见到的音乐与“王道”政制之关系的最经典的注解了。

（三）

音乐无疑又是最私人化的东西。因为无论对音乐表演者，还是对音乐欣赏者而言，音乐都只是与人的“流动的”感性感受相联系着的，是“同时对想象和感官说话的”、作用于人类感受和感情的“激情的语言”。它抽离和取消了“空间的绵延”，而仅具有时间—流动的性格与结构。在这里，音乐使“声音好像要把观念内容从物质囚禁中解放出来了”，使心境以及它的全部情感和情欲在它的声音里得到表现（黑格尔语）。正如德国音乐理论家克劳则（G. Krause，1719—1770）所言，音乐可以描写人的性格的崇高、庄严、华贵、英勇、虔诚、德行和欢乐，也可以刻画热恋者的叹息、不幸者的苦痛、盛怒者的威胁、悲伤者的哀痛和悲惨者的请求等等。[①]

我国荀子亦谓：“夫乐者乐也，人情之所必不免也。故人不能无乐。乐则必发于声音，形于动静，性术之变尽是矣……故齐衰之服，哭泣之声，使人之心悲；带甲婴，歌于行伍，使人之心伤；姚冶之容，郑、卫之音，使人之心淫；绅端章甫，舞《韶》歌《武》，使人之心庄。”（《荀子·乐论》）

显然，音乐就是人的生命和生命意志及其自由的再现。音乐能够激活人的生命意志、欲望和无限性、永恒的自由理念，诱发出被音乐之内外秩序重重遮蔽和抑制了的个人的原始本能，扩展人的想象力和

① 克劳则：《音乐杂文集》。

创造力。

这样，在音乐的时间流动中，就可能会存在着社会规制与个性展现、理性的制约与感性的反叛、“神圣的”道德教化与世俗的生活享乐、社会关系秩序与个人之心灵秩序、生活模式的整齐划一与生活态度之多样性变化等之间复杂的矛盾，我们不妨把这一现象称为“音乐的秩序悖论”。

音乐的秩序悖论，从一个侧面也折射出国家法律制度（秩序）所面临的潜在的矛盾和冲突：

一方面，国家的法律制度和秩序，像音乐秩序一样，必然要求人们在其世俗的社会生活中遵守一定的规则，甚至要求人们按照官定的音乐的节律、运动形式、音乐的审美范式来做出一定的行为或不做出一定的行为。在这里，音乐的“天人合一”秩序图式可能会作为一个不甚适当的理据，来论证实在法（positive law），甚至那些现实的“恶法”的有效性、合理性与正当性。音乐的秩序和经年累月积淀的“规律”“传统”和“风格”，在人们的心灵中产生的秩序感和无反思的惰性意识，也将成为人们服从法律的心理基础。

另一方面，现实的国家法律制度和秩序，不是、也不可能是对音乐秩序的简单模仿而形成的结果。因为按照波伊提乌的理论，且不说音乐有“宇宙的音乐”（这一点同国家的法律制度和秩序是不可比较的）与人类的“应用音乐”之别，而且即使是人类的“应用音乐”，也还有“雅声”的官乐与“俗声”的民乐之分。官乐固然可以成为国家官方法律制度的一个组成部分，但民乐却可能成为民间规则（“民间法”）的要素，有时不能融入官方的法律制度体系之中，甚至与后者形成对抗。

音乐与法律制度的颉颃，还可能以其他的方式或在其他领域表现出来。诚如上述，音乐的感觉特性，使它能够成为一个动力因素，唤醒人们沉睡的心灵，刺激整个神经系统极度灵敏的意识和引动人类近乎“叫喊”的天然情感。人对极限超越的渴望，对无限自由伸展意志的追求以及纯粹个性感官快乐满足的要求，都可能借助音乐的手段来宣泄或表达。这样，个人的情感流动的热情和感性的意志，将不可避免地与国家“冷冰冰”的法律制度一般规则之间产生疏远和隔膜，直至导致激烈的冲突。在现实的社会生活中，那些才高气傲的音乐家可能会把对现世法律的心灵反叛作为其音乐表现的主题，甚或采取实际的行动违抗法律规则。

无论如何，由音乐所激活的“人性”的多样形态，是现实的法律制度（秩序）型塑过程中的一个“规定性”（Gegebenheit）前提。在此方面，现实的法律面临的两难困境在于：法律既不能过分地压抑人性，消灭人的生命和自由的多样性；又不能完全受人的生命的意志本能所宰制，成为生命的意志本能的奴仆。此等情形，要求法律必须在极其细腻的精神和价值层面寻找到一个合理的正义根据和原则，来协调解决人性的内在矛盾浮现为社会生活时所产生的各种社会问题。

但应当看到，法律自身的功能和作用都有其不可逾越的限度，指望法律完全解决深层的“秩序悖论”是不切实际的。有时，这种对法律的过高期望在变成制度化的力量之后，反而可能成为非常有害的东西。

（四）

我们的时代，似乎已进入了一个被马尔库塞称为“美学颠覆”的历史阶段，人类的心灵中正发生着一场旨在恢复自然的感性的“心理革命”。

但无疑这也是一个音乐爆炸的时代：一大批以所谓“噪声的艺术”为特征的新音乐（如噪声音乐、电子音乐、具体音乐等）充斥着电影、电视、城市的街巷和乡里坊间。音乐，从来没有像今天这样不仅由于其极端地背叛传统的“美的法则”，而且由于其裹挟着巨大的物理能量，对我们生活在这个时代的人类心灵产生强烈的震撼。卡拉 OK、商业化复制的 MTV 甚至通过庞大的市场渗透至社会生活的各个角落，使得我们的感官知觉中产生了某种“享受的剩余”。我们人类在舒适、稳定、富足和温馨的世俗生活里参与到新音乐形式的表现过程之中，情不自禁地随着它的声响一起狂喊和跳动。这是怎样的一个动感的年代！

不过，话又得说回来，有谁能够讲得清楚，夹杂着现代人类情感和精神的“新音乐”和它们混合着新文明的噪声而发出的声响，难道不是大自然通过人类呼出的“一口伤感之气”呢？

我们的问题是：现代国家的法制，是否已经听到了来自“新音乐”的多重繁复的心声（或噪声），并予以同情的应答呢？

时间结构中的法律

英国天体物理学家亚瑟·斯坦利·爱丁顿（Arthur Stanley Eddington，1882—1944）曾言："在属于内心和外界的两种经验之间搭任何桥梁，时间都占有着最关键的地位。"的确，"时间从哪里来，经过哪里，往哪里去"这一奥古斯丁（Augustinus）的时间问题，一直困扰着历史上的哲学家、科学家和文艺家们。然而，没有任何一个时代的人会像生活在我们这个时代的人们，会对时间有如此强迫的感觉。千禧年的交替，使我们必须面对和处理与时间相关的问题，如"千年虫""时间的叠合""时间的膨胀"等。当学者们说"时间失去了方向"时，我们甚至多少感受到了某种难以言状的焦虑不安。

时间也总是法律所内在包含的一个维度。或者说，所有的法律总是处在一定的时间结构之中的，都是特定历史时段的政治、经济和文化诸现象互动的结果。每个时代的法律都必须应对其特定国家或民族的问题（诸如制度设计、权利分配、民族—阶级的矛盾和冲突等）。在历史上，我们不可能发现在本质、形成之传统及所应对的问题诸领域完全相同的法律，也不可能寻找到完全相同的法律进化模式。诚如美国法人类学家霍贝尔（E. Adamson Hoebel，1906-1993）所指出的："在法的进化过程中，没有一条笔直的发展轨迹可循，作为社会进化一个方面的法的进化，同生物界中各种生命形式的进化一样，不是呈一种不偏离正轨的单线发展态势。"这表明，时间铸造了法律的性质、式样和风格，法律在一定的时间之点上被立法者所创制，而又要经过一定的时间的实践来逐渐获得其效力、实效，从"本本上的法"转化为"行动中的法""活的法律"（lebendiges Recht），从"宣示性"的法律嬗变为"可诉性"的法律。换言之，法律被创制之初，只是一个尚待完成的作品，它需要由时间来补充、完善并使之成熟。因此，从根本上讲，法在结构上的安定性和在国家生活、社会生活中的权威性是时间所赋予的。没有时间，就没有法律，至少没有好的法律。也许，正是由于法律渐进的时间性质，急剧变化的社会生活才找到了一个相对平稳的支点。

我们生活的这个世界并不仅仅属于一个法的世界。在法之外，还存在着其他的价值，诸如公平、宽容、仁善和道义。这些价值有时像一束束熠熠闪烁的光辉，从法的完全相异的世界缓缓映射入法的世界，使人看清法的世界的冷凉晦暗。不过从另一个角度看，法律的价值问题，事实上就是一个如何看待法律的时间问题。法律实证主义者说"法律是主权者的命令""恶法也是法律"，他们所重视的，仅仅是法律的"即时性"。而法律理想主义者（如自然法学者）说"法律是永恒的正义"，他们似乎又过分地强调了法律的"超时间性"。如果循着这样的思路，那么我们将在法的"应然"和"实然"的时间之轴中永久地徘徊，难以找寻到连接法的"二元空间"的时间通道。这样的法律话语，无异于为在黑暗的洞穴中摸索的人们指向一个永远没有出口的路径。正确的时间概念，是每一个时代的立法者、司法者和行政执法者们必须认真思考和对待的问题。

自古以来还未曾有一个人能大致认识其本身所处的时代。如果说人最难认识的是他自己，那么一个时代最难做到的是发现这个时代的问题，深刻认识其自身的本质。面临世纪之末，我们在这样一个时间背景之下来考察法与时间的关系问题，也是异常重要的。应当看到，在当代，由于17世纪—18世纪“启蒙运动”以来的许多观念和原则（“普遍的历史观念”、不断进步的发展观、理性原则等）受到怀疑，人类的历史似乎进入了一个“没有根据的时期”，以启蒙思想为基础所形成法律制度和原则受到挑战，普遍主义的法治秩序出现了深刻的正统性危机。而且，法律经过历史上若干世纪的演进和发展，到了当代，它实际上有着较以往的时代（如19世纪及其以前）更为复杂的社会经济、政治和文化背景，也面临着更为复杂的时代问题和矛盾。故此，重视和解决这些问题和矛盾，成为整个国际社会及各个国家（包括发达国家和发展中国家）共同应对的迫切任务。

法律的地理空间

法律既是在时间结构中存在的，又是在一定的空间中形成和发展的。时间和空间就构成了法律的精神、原则、规则、表现形态以及效力和实效的规定性。我国法学家吴经熊先生曾在《法律的三度论》中特别强调法律的空间意义，指出："所有的法律，均在一定的领域，或对一定的人民（如游牧民族）发生效力。没有一种法律，其效力范围是普天下的，它的管辖权是毫无限制的。"进而言之，无时间、无效力范围和无事实争点的法律是不存在的。

从空间的观点看，法律总是与一定地域的文化相对应，与文化之间存在着一种持久的关系因素：法律不仅是文化的产物，而且也是维系文化和促进文化发展的工具。或者如美国人类学家克利福德·吉尔兹（Clifford Geertz，1926—2006）所言：法律乃是一种地方性知识，是具有地方性意义的技艺。如果沉醉于西方当下语境中的"法的概念分析"范式，那么现代的人们就很可能感受不到太平洋岛屿"棕榈树中的风的样式"所透现的法律生活，感受不到中国的"天命""天志""礼""理"以及印度的"达摩"（dharma）等所谓东方的语汇所具有的“法”的内蕴，甚至感受不到构成西方法律文化之源的古希腊—罗马法律概念中所包含的神话和诗歌特性。而正是基于对法律的空间认识，法学家们才会形象地描绘出世界法律文化的地理图形，从而把历史上的法律和现行的法律分成形式特征不同、风格各异的法系或法律家族（Rechtsfamilien)。在此，所谓法系的概念实际上就是一个法律地理的概念。

如果进一步考察，可以看出：法律样式的形成确实与社会生活的空间性质有着密切的关联。从社会生活的水平结构上讲，法与人们的关系距离呈曲线形态：法在亲密的人群（如家庭、亲属之间）中几乎是不起作用的，人们的关系越亲近，法的作用越小；反之，人们的关系越疏远，法在他们之间所起的作用越大。这也就不难理解，在人际关系距离较近的“熟悉人社会”（如氏族社会）是不需要法律的，至少是不需要所谓“文明的法律”的；而在当今高度物质化和利益化的商品社会（陌生人社会），离开了法律的调整则又是绝对不可想象的。由此可见，既有的社会关系空间结构对于法律的生成、继受或移植具有至关重要的影响。当然，从法律进化的角度看，这种影响可能是积极的，也可能是消极的。

在地域空间中存在的法律同样受着自然环境（气候、地理位置、土壤等）和社会环境（生产方式、人口、经济和教育发展水平、政治制度、宗教、传统和习惯因素等）的限定。对此，法国18世纪著名的启蒙思想家孟德斯鸠在《论法的精神》一书中曾经做过十分有趣的考察。他注意到：炎热的气候，容易产生犯罪和“一夫多妻”的制度；土地肥沃的国家，常常是“单人统治的政体”，土地不太肥沃的国家，常常是“多人统治的政体”；一个从事商业与航海的民族比农耕民族需要范围更为广泛的法典，而从事农业的民族比那些以畜牧或狩猎为生的民族所需要的法典，其内容更要多得多。如果我们从地理学的角度来看待问题，也许会得出相近或类似的结论。不可否认，法律的效力、实效和可触及性（accessibility）是随着地理空间的变化而变化的。由于在一国之内存在着地域的差异，各地的社会、经济、文化的发展是不平衡的，其法律的实际作用就有可能存在差别。例如，法律对现代城市人的生活和对处于文明边缘的农村生活的介入效果是不完全相同的。在城里人时时处处寻求"法律的救济"之途时，乡村人可能更为看重"乡间的权威"对自我生活的意义，从而在选择权利的救济手段时可能规避国法的效力。我们说，正是由于空间的距离，法律的实际影响呈现出由文明的中心向文明的边缘不断弱化的趋向。

确立法律的地理空间的观念，将会拓展人们对法律问题之复杂性的认识。法律绝不是一经制定，就获得了它在实践上的有效性的。法律对社会生活的实际作用，必须经历一个时间的推移和空间的延展过程。在这个过程中，法律通过应对不断出现的社会问题和处理地域发展的不平衡矛盾而逐渐获取生命力。

宪法的时间之维

——谈宪法修改之意义

毋庸置疑，像任何其他事物一样，宪法也是在一定的环境和时间内产生和发展的。我们不可能脱离开“现代性”的历史语境来谈论一切可以翻译成所谓“宪法”（Verfassung，constitution）这个字眼的现象。宪法作为理性地架构人之权利体系和国家制度的“元法律”（meta law），它总是与欧洲中世纪后期以来的人类社会从前现代到现代这一漫长时段的历史相关联的，伴随着“文艺复兴”“宗教改革”“启蒙运动”“资产阶级革命”“社会主义革命”“民族解放运动”等可以明确辨识时代特征的历史事件。我们可以在这些历史事件所发生的时间背景和过程中，寻找到早期宪法和当代宪法的不同样式及其生成、流变的因由和特殊性。不过，从总体上讲，我们不得不承认一个最基本的事实：所有的宪法都内在地包含一个时间的维度。

“宪法的时间之维”大体上有这样几层含义：（1）宪法是处在时

间结构之中的，每一部宪法的缘起，都不过是它所在那个特定历史时段的政治、经济和文化诸现象互动的结果。每个时代的宪法都必须应对其特定国家或民族的问题（诸如制度设计、权利分配、民族—阶级的矛盾和冲突等）。在历史上，我们不可能发现在本质、形成之传统及所应对的问题诸领域完全相同的宪法。（2）宪法由“本本上的法”嬗变为“行动中的法”，需要经历一个过程。任何国家的宪法都不是一经制定就具有“可诉性”（justiciability）或可操作性的，它对国家生活、经济生活和社会生活的实质介入，是随着时间的推移，在一些相应的制度条件（如违宪审查制度、宪法解释程序、宪法法院制度等）渐次形成之后才开始的。在这些条件尚未成熟之前，指望通过宪法的“宣示性原则”来促成法治的转型，还是不切实际的。从根本上讲，宪法的安定性、实效和权威是时间所赋予的。（3）任何宪法，无论是所谓“柔性宪法”（flexible constitution），还是“刚性宪法”（rigid constitution），都必须随着时间和社会情势的变化而发生变化。宪法不在变化中自变，就会因其不变而为社会革命所推翻。宪法不在立法程序之内修改，就会以非正式的、不依照立法程序的形式修改（如通过司法判例、宪法习惯、政策等的修改）。但是，在“通过成文法的治理”的国家，以立法程序外的修宪方式（有学者称“良性违宪”模式）来使宪法适应快速的社会变化，并不完全符合“刚性的”法治规则和原则。的确，在宪法之不可变更部分（如国家的根本制度、立国的基本原则）与可变部分之间寻找一个恰当的平衡点和适当的修改时间，是所有的修宪者们必须面对的难题。

我国的宪法也已经历了一个不断发展的时间历程，而1999年的宪法修改，无疑是这个发展历程中的一个必经阶段。诚如前述，修宪是重要的，但更为重要的是在国家生活和社会生活中真正树立宪法的权威，建立宪法权威之下的秩序。如果通过修宪能够逐渐形成“宪制法治”（“constitutional rule of law”），那么我国“依法治国”的方略将会有一个制度化和程序化的实现路径。

从“司法的广场化”到“司法的剧场化”

——一个符号学的视角司法与广场空间

司法与广场空间

司法是一个国家的法治宏大架构的拱顶，它由一块块坚固的垒石——刚性的制度规定、正当程序（due process）以及公正无私的法官等构成，制度、程序和法官诸部分相互交错、相互切合、相互支撑，共同承受整个法治大厦的重力，并使这样一个大厦能够经受社会—历史风雨的蚀损，而长久地保持其稳定的基础和坚韧的体积。从社会调整的角度看，司法又是对社会生活的具体介入形式，它直接代表着法的品格和形象。法学家古斯塔夫·拉德布鲁赫（Gustav Radbruch，1878—1949）说：“法不只是评价性的规范，它也将是有实效的力量…… 一个超国家的法要想变得有实效，就不应高悬于我们之上的价值的天空，它必须获得尘世的、社会学的形态。而从理念王国进入现实王国的门径，则是谙熟世俗生活关系的法官。正是在法官那里，法才道成肉身。”[①]

司法的独特性质及其对社会生活的直接介入，很容易使自己处在社会矛盾和冲突的中心，它所处理的事项扭结着社会政治的、经济的、外交的、文化的、道德的、民族的等各种复杂的关系和利益。司法必须在应对这些复杂的社会问题和矛盾中既能有效地平衡各种关系和利益，促成社会秩序的稳定，又能始终保持其不偏不倚、秉公持正的品格。然而，正是因为司法处在这样一个特殊的社会结构之点上，它在影响社会生活的同时，也为各种社会力量影响法律活动洞开了门扉。[②]不同的利益团体、机关和个人都在“追求正义”的信念支持下把过高的期待寄予司法的活动过程：各级政府可能会把消解社会危机和进行社会整合的负担交由司法机关承受，新闻媒体通过张扬案件事实中催人泪下的细节和判决理由的争点来介入对司法公正的解释和判断，普通的民众则企望司法官员扮演“青天老爷”或“上帝之手”来拯救他们所遭受的社会冤苦。这些不同的初始期待使人们在朦胧的“正义”观念的驱动下对司法过程产生积极参与的热情，而更愿意选择一种人人直接照面的、没有身份和空间间隔、能够自由表达意见和情绪的司法活动方式，我把这一司法活动方式称为“司法的广场化”。

自然，司法的广场化，首先是一个法律地理空间的概念。[③]“广场化”标明：历史上有一些司法活动是在广场或其他露天的空间进行

---

① Gustav Radbruch, *Aphorismen zur Rechtsweisheit*，Goettingen，1963,S.16.

② 在一定程度上，司法也要参与社会资源的重新配置或至少是以“第三者”的身份介入这种配置。故它“陷入”社会生活越深，则受社会诸种利益交互影响的可能性越大。

③ 关于法律地理的概念以及法律的地理学分析，见 Kim Economides，"Law and Geography : New Frontiers"，in Philip A Thomas (ed) : *Legal Frontiers*，Dartmouth，1996，p. 180ff.

的，诸如古代的“弃市”“游街示众”，近现代的“公审大会”“批斗大会”等。在这样的司法活动中，露天广场作为一种地理空间符号，具有其特殊的意义。（a）露天广场作为一种“场”，具有一切“场”所共有的功能。在露天广场的中心很容易形成某种有一定主题内容的活动，吸引人们积极地参与。司法的广场化无疑亦借广场之特殊的吸引力和扩散力，通过这种方式达到司法活动的法律效果和社会效果（如社会教育效果）。（b）露天广场是可以从不同的路径和方向自由进出的场所。在这里，没有专为司法特设的营造之物，如固定的坐席、隔离的区域、警戒的护栏（bar）等。它消除了法律的可触及性（accessibility）的障碍，也消除了人们由于不了解专门法律知识形成的法律陌生感和异己感，人们通过亲自观瞧而直接感受法律活动的生动形象（有时甚至有些紧张刺激）的过程及其效果。这样，整个司法活动总是与时聚时散的流动的人群保持着不间断的互动关系。（c）露天广场是一种透明无隐的公共活动之地，是“每一个人对每一个人表演”的场所。[①] 没有空间阻隔和禁止规限的广场天然适宜举行某些表演者与观众融为一体的集会（如节日的盛典、集体狂欢）。在特定的广场集会中，有时甚至分不清（也没有必要分清）人们的角色和身份的差别，所有参与集会的人形成一个具有独立人格的公共的主体——一个“公共的大我”。[②] 在露天广场上进行的司法活动虽然性质不同于完全“无拘无束”的集会，但它们也带有所有“广场集会”的

---

① 朱学勤:《道德理想国的覆灭》，上海三联书店 1994 年版，第 134、205 页。

② 法国思想家卢梭对古罗马的广场集会的描绘，即可援作一例。他注意到：在集会时，“罗马人民不仅行使主权的权利，而且还行使一部分政府的权利……全体罗马人民在公共会场上几乎往往同时既是行政官而又是公民”。见［法］卢梭:《社会契约论》，何兆武译，商务印书馆 1982 年重印本，第 119 页。

某些共同特点，如人的直接照面、表演一观看界限的模糊、激动人心的节日感觉，[①] 等等。（d）露天广场是一个没有什么遮挡的"阳光照耀之地"，它被想象成某种道德理想（如"阳光下的政治"）的实现之所。[②] 在一定意义上，司法的广场化（至少在当代社会）所潜在的一种道德正当性，就是追求所谓"阳光下的司法"之目的。它把司法活动的每一细节（控诉、辩论、审判、惩罚等）均诉诸民情的反应和置于众人的凝视之下，以防止司法的"暗箱操作"所可能导致的司法冤情和腐败，也可能借助"民愤"的正当性处理一些通过正当程序难以解决的问题或案件。

司法的广场化的起源可以追溯至先民对司法仪式之神圣性的崇拜和对法的形象的感性认识。如果我们作一个笼统的归结，可以说人类历史上最早的司法活动（如神明裁判、仪式宣誓裁判、决斗裁判等）大体上都是在露天广场上进行的。这一原始的司法过程混杂着"宗教的、民事的以及仅仅是道德的各种命令"，[③] 将当事人的诉求、辩解、裁判、惩罚与类似巫祝祭祀的神秘仪式相互勾连。在这里，诗性的或神话式思维、朦胧的正当（正义）观念、直观形象的认识、某种"集体无意识"、隐喻式的象征意义以及观众的集体性行动（如盎格鲁撒

---

① 德国哲学家伽达默尔（Gadamer 1900—2002）指出：节日是把一切人联系起来的东西。它是仅仅为参加庆祝的人而存在的东西，是一种特殊的、必须带有一切自觉性来进行的出席活动（Anwesenheit）。见［德］伽达默尔：《作为节日的艺术》，载伍蠡甫、胡经之主编：《西方文艺理论名著选编》（下卷），北京大学出版社 1987 年版，第 601 页。

② 朱学勤：《道德理想国的覆灭》，上海三联书店 1994 年版，第 132、205 页。

③ 英国法律史家亨利·梅因（Sir Henry Maine，1822—1888）曾写道：在东方和西方，在古罗马、古希腊和古印度，法典"都混杂着宗教的、民事的以及仅仅是道德的各种命令"；"把法律从道德中分离出来，把宗教从法律中分离出来，则非常明显是属于智力发展的较后阶段的事"。［英］梅因：《古代法》，沈景一译，商务印书馆 1984 年重印本，第 9—10 页。

克逊法中被称为“尖叫”的司法性呐喊，即 clamor),[①] 均反映在法律活动的过程之中。它们模糊了“人的经历中客观和主观之间的界限”，模糊了神性和世俗、诗歌与法律、庄严的裁判和戏剧化的表演之间的界限。[②] 也正是通过这样的活动过程，法律才“从潜意识的创造之井”中缓缓地流出，成为亦歌亦法的、生动的、朗朗上口的规则，便于人们遵行、记忆和流传。所以，英国法律史学家梅特兰（Frederic William Maitland，1850—1906）曾深刻地指出：“只要法律是不成文的，它就必定被戏剧化和表演。正义必须呈现出生动形象的外表，否则人们就看不见它。”[③]

后世的广场司法或多或少地失去了最早的露天司法活动所具有的宗教性质和诗性特征，而且其呈现的形象也大相径庭，从充满血腥气味的刑杀，到体现乡间温情的“司法调解”，都可以在露天的空间（如城市街心广场、乡村田间地头）里进行。然而，无论在集体无意识层面，还是在幻化正义观念和寻求所谓生动形象的“活的法律”（lebendiges Recht）这一点上，后世的司法广场化仍然明显地带有历史上的司法广场化现象遗留的痕迹。法律在表演中产生，又在表演中实现，这是一切司法的广场化共有的特征。所以，这样一种司法活动方式更适宜于以下三类情形：（1）血缘—地缘关系密切、法律信念和法律感知相近的熟悉人社群。在这种社群中，人们的社会空间关系亲近，更愿意“把对所发生的事件的本地认识与对可能发生的事件的

---

① 具体的史实，详见［美］伯尔曼：《法律与革命》，贺卫方等译，中国大百科全书出版社 1993 年版，第 72—73 页。

② 参见伯尔曼，上揭书，第 67—69 页。

③ 引自伯尔曼，上揭书，第 69 页。

本地想象联系在一起”，[1] 运用地方性的、存于内心的活的法律或习惯法，通过直接的照面和本地的仪式来处理类似司法性的事项。（2）激进的革命、社会改革运动或政治运动。在本质上讲，法律是一个内在地包含一个时间维度的“默默地起作用的力量”，因此它的保守性质是与那些不需要程序和规则的“暴烈的行动”（激进的改革、革命和运动）相抵触的。[2] 在此情形下，激进的改革、革命和运动往往会借助露天广场的行动来破除旧有的法律和秩序的正统性，同时宣告一种尚待制度化和程序化的新的“革命的法律和秩序”的确立。有时，司法的广场化甚至构成了这种改革、革命和运动的一部分。[3]（3）法律（尤其是刑法）威慑功能和形象之张扬。通过露天广场直接展示法律的强制形象，会有效地传播和扩张法律的威慑力，能够收到通过其他传播途径不能实现的效果。所以，在历史上，历代的统治者都或多或少地采用司法广场化这一“即时性策略”来达到安定秩序之切近目的。

司法广场的“阳光”与“阴影”

从当代的实践看，司法的广场化更多地体现出司法的大众化特点。就其积极方面而言，司法的大众化是一种司法的民主化，是“从

---

① 引语见［美］克利福德·吉尔兹：《地方性知识：事实与法律的比较透视》，载梁治平主编：《法律的文化解释》，三联书店 1994 年版，第 126 页。

② 比较拙作：《反腐败与中国法治品格的塑造——刚性法治能力的形成所面临的问题》，载《社会科学战线》1998 年第 6 期，第 257—258 页。

③ 例如，在“文化大革命”期间的许多批斗会，很难区分它们到底是属于司法活动，还是政治运动。

群众中来，到群众中去”的一种法律实践。这样的法律实践，在特定的历史条件下是必要的和有效的策略选择。最为人们熟知的例证，是我国抗日战争时期由马锡五同志在陕甘宁边区的司法实践中创造的“马锡五审判方式”。它强调“携案卷下乡，深入群众，调查研究，巡回审理，就地办案”以及“审判和调解相结合”的审判作风，切近边区的生活实际和行为方式，在当时收到了很好的社会效果，至今仍被看作“司法的民主化”的典范。马锡五审判方式的真正意义在于它显现了人民的利益指向（利民）、为人民服务（便民）的价值观以及法律的可触及性，力图消除普通的民众与法律之间的隔膜和距离，使那些身无分文的人、那些即使对法律条文一无所知的人在权利受到侵害时，也同样能够感受到法律阳光的照耀，并在这种阳光的照耀下得到正义之手的救助，走出冤情的苦海。民主类型的司法的广场化，在一个缺乏民主传统的地方，在一个不断制造法律的陌生、间离和恐惧的地方，将永远具有其独特的价值和魅力。它们会在历史上以不同的面目一再地显现。

司法的广场化过分突出的优点也可能恰好遮蔽了它们隐在的问题，这就像阳光普照的地方也一样会留下“阴影”。

首先，司法的广场化强调直接从人的内心和历史传统中生发“活的法律”并且崇拜这样的法律，这将使人们相对轻视所谓“法律的书写（本本上的法律）”，把法律的言说看作第一性的或居于首要地位的。而法律言语的表达，与司法广场化的生动境况直接融为一体，就难以避免任何一个广场空间之特定气氛（如民众情绪的表达）的影响。在这里，人们很难培养起现代法治所要求的冷静、谦抑的品格和客观公正的判断能力。由此而形成的“多数人的裁决”（例如古希腊雅典公民对哲学家苏格拉底的审判）[①]的合法性就要大打折扣。英国法哲学家哈特（Herbert Lionel Adolphus Hart，1907—1992）在考察法律的要素时指出，只有小型的社会才依靠非官方的规则体系来维持存续，但这样的规则，却可能是“不确定性的”“静态性的”和“无效性的”。[②]这样的缺陷，在司法的广场化方面也是同样存在的。

最后，司法的广场化趋向于生动形象的、可以自由参与的法律表演，把裁判的结果和实施惩罚的轻重诉诸人们直观、感性的正义观念或道德感情，这也容易使所有的参与者（包括司法官员在内）偏好结果的“实质公正”，而并不在乎实现这种所谓“实质公正”的程序的安定性（Rechtssicherheit）与合法性。甚至相反，热衷于追求“心目中的正义”，反而可能厌恶与自我产生隔膜的复杂的法律程序设计、严格的法律逻辑和经过（专家）专门创造的法律语汇和法律规范，更愿意使用浅白平直的日常生活语言（自然语言，甚或带有“地方口音”和感情色彩的口头语言）。所以，司法的广场化并不完全适应现代法治之复杂性、专业化性质，与法治之品质和旨趣也并不完全和谐一致。某些传统积久的司法广场化类型甚至可能成为抵拒现代法治的主要因素。在法治的语境之下，一些司法的广场化现象由于本质上并不适合专门化的法律制度而存有功能和效力上的局限性。另一方面，司法的

---

① 有关的资料和评论，详见柏拉图：《苏格拉底的申辩》，载北京大学哲学系外国哲学史教研室编译：《西方哲学原著选读》（上卷），商务印书馆 1993 年版，第 65—71 页；梁治平：《从苏格拉底之死看希腊法的悲剧》，载氏著《法辨——中国法的过去、现在与未来》，贵州人民出版社 1992 年版，第 158 页以下。

② 参见［英］哈特：《法律的概念》，张文显等译，中国大百科全书出版社 1996 年版，第 5 章。

广场化造就出来的一些“人格魅力型（奇理斯玛式）法官”，[①]其“为民申冤”的精神品质永远是值得世人称颂的。但就制度建设本身而言，他们所努力践行的，也许更符合人治的理念和制度，却未必有利于现代法治的成长和变迁。

最后，司法的广场化对感性的张扬，也可能会使一个社会（社群）、国家或民族过分持守由广场的表演生发的本地的经验和礼俗或本民族的精神和意志，而把法律视为“民族精神”“民族意志”或“乡理民情”的体现。并且依此为借口排拒跨越地域界限的法律观念和原则，否定法律制度之间的可通约性，拒绝合理吸收其他民族—国家的法律文化。在一国之内，司法的广场化所形成的传统还会为司法的地方保护主义提供“正当化的根据”和潜在的集体心力资源的支持，这无异于是在为通向国家法制（法治）统一的道路上设置深层而坚固的障碍，而使通过司法活动消除地方保护主义的努力变得更加困难。更有甚者，在极端的情况下，一些地区的民众可能会抬高他们对公平、正义的感性判断，而以其地方之“乡理”对抗“国法”之效力。在此，纯粹由于不同制度和规范之间的冲突而导致社会成本的增加、社会资源的浪费以及社会进步的停止，不是不可能的。然而，这样的冲突终归是非理性的，其所付出的成本和代价也是很不值得的。

法庭：“剧场”的符号意义

认识到司法的广场化可能隐在的弊端，我们就需要回过头来审视

---

① “人格魅力型（奇理斯玛式）法官”一语，只是借用韦伯的概念而提出的。见 Max Weber，*Die drei reinen Typen der legitimen Herrschaft* (1922)；也见 Max Weber，*Staatssoziologie*, hg. von Johannes Winckelmann，2，Aufl，Berlin 1966，S.99ff.

和考察与此相对应的另一种司法活动的方式或类型，我把它称为“司法的剧场化”。显然，司法的剧场化是指在以“剧场”为符号意象的人造建筑空间内进行的司法活动类型。当然，这里的“剧场”，更多地具有隐喻意义。①

首先，剧场令我们想象到的是一种装饰华美的建筑，给人以审美的愉悦感觉。法律，作为“正义”的化身，其结构、程序和语言以及按照程式所进行的活动等等具有特殊的审美性质。② 例如，法律结构的对称性，法律制度的逻辑简洁性（logic simplicity），法律语言的冷静和刚健质朴的特点，司法判词的节律（韵律）感以及个性风格和修辞风格的追求等，均透现着某种审美的动机。正是在这个意义上，美国的卡多佐法官（Benjamin N. Cardozo，1870—1938）说：“除非为了某些充足的理由，我不想通过引入不连贯性、无关联性和人为的例外来破坏法律结构的对称性。” ③ 司法活动在以“剧场”为象征的建筑空间内进行，将法律与建筑两者的审美特性融为一体，使法律原则和规则的刚健质朴和简洁对称的风格凝固成建筑的雕塑形态，这无疑会增强法律的庄严肃穆之美，从而内化人们的法律精神，唤醒人们对法律的信仰和尊敬。④

---

① 有关“剧场”与“广场”之符号意义的对位比较，见朱学勤，同上揭书，第 132—135 页。

② 法与美学的关系的讨论，见 Gustav Radbruch, *Rechtsphilosophie*, 6 Aufl. , Stuttgart,1963, S.205ff. 有关的资料，还有：Hugo Marcus, *Rechtswelt und Aesthetik, Bonn*, 1952，Patterson, *Jurisprudence: Men and Ideas of the Law, Brooklyn*，1953, pp.48–49;Llewellyn, "*On the Good, the True, the Beautiful in Law*", (1929) 9 *University of Chicago Law Review.*

③ Cardozo，*The Nature of the Judicial Process*，1921, pp. 32–33.

④ 建筑空间的法律意义的另一种分析，见王槐三：《空间分离主义与法律根源》，载《当代》（中国台湾地区）1991 年总第 63 期。

其次，剧场标识着建筑物自身功用的特性。剧场是为表演歌舞戏剧而特设的，不得或不宜挪作他用；否则就改变了它们的功能（如把剧场当作货场），此时它们也就不再具有剧场的原始意义了。司法的剧场化，实际上也是要强调司法活动的建筑空间所具有的特别性质。例如，法庭只是法院进行审判活动的地方，如果说它们被用作一般的会议室，那至少是没有理解和充分利用它们本有的功能和价值。

最后，剧场是一个间隔的、不透明的空间——一个规限的空间。剧场建筑的“墙体”分割出“剧场之内”和“剧场之外”，阻隔了剧场内外的活动的直接交流。在此，建筑空间的界限本身即含有秩序的意义，它要求人们在“剧场之内”活动时必须遵守已经预设的制度、规范和程序，如人们必须依照次序进出剧场，按照规定的方式选择各自的“座位”，不得在剧场内随意地喧哗，等等。此外，剧场也严格规划出“舞台”与“看台”（观众席）之间的距离界限和区域界限。“演员”与“观众”的角色与活动也完全地分离：演员在舞台表演，观众在看台观赏，两者的角色与活动不能互换。[①] 在法庭内进行的司法活动，也具有完全相似的特点：（a）法庭既阻隔了庭审活动与庭外活动，也限定“诉讼参与人”与一般的“旁听人”之间的角色及活动的界限，以防止法庭之外和之内的各种“嘈杂的声音”对庭审活动可能造成的干扰；（b）像舞台表演一样，庭审活动也是由法官、检察官、律师

---

① 详见朱学勤，上揭书，第 127—132 页。

和当事人等参与角色表演的活动，[①] 这种表演也是按照一定的程序（程式）进行的，由“序幕”“高潮”和“尾声”诸部组成。[②] 不过，他们所演绎的，不是由编剧们虚构的情节，而是（或者说应当是）案件“事实”发生的真实过程。[③]

就其本质言，司法的剧场化仅仅是人类“文明的法律制度”下的产物，它构成了这种制度的一个不可分割的部分。作为另一种司法活动方式，司法的剧场化对于现代法治的制度、精神和习惯的形成具有内在的潜移默化的影响：（1）内化人们的理性精神和品质。任何表演都可能激活人们的感性，但在法庭内的司法却可能要求人们（无论是旁听人，还是法官）对自己的感性有适度的抑制（节制），愤怒或狂喜是不适宜在法庭之内展现的。通过司法的剧场化孕育和培养的客观、冷静的理性精神和品质，是现代法治不可或缺的构成要素。（2）凸现程序和秩序观念。规划活动区域的建筑空间能够训练人们遵守程序和秩序：在法庭之内的任何违反程序和规则的行为，都会受到来自法官或普通旁听人的警告或谴责，而对法庭的侮辱和藐视甚至可能构成犯罪（藐视法庭罪，contempt of court），受到刑罚的制裁。法庭空间型塑了程序和秩序，程序和秩序又充实了法庭空间的符号意

---

① 心理剧创始人马立诺（Jacob L. Moreno，1889—1974）曾说：每个人都是“角色的扮演者”（role player），其角色包括“社会性角色”（老师、父母等）、“身心性角色”（如酒囊饭袋）和“心理剧角色”（psychodramatic roles，如忧郁者、喜欢者、悲丧者、愤怒者）。引自游丽嘉、Sauer：“心理剧创始者马立诺”，载《当代》（台湾地区）1990 年总第 54 期。

② 司法程序的研究，参见 Patterson, Jurisprudence: Men and Ideas of the Law, Chap. 19.

③ 极端的斯堪底拉维亚派法学家卡尔·奥利维克罗纳（Karl Olivecrona）甚至把法律本身看作是一套“社会事实”。在他看来，没有必要对法律下定义，而是对事实进行描述和分析。See Karl Olivecrona：*Law as Fact*（1939），pp. 26，127.

义。而每一个出入法庭的人都在参与庭审活动的同时接受程序和秩序的陶冶，又用自己的言行把程序和秩序的理念传播给那些尚未经受同样训练的人们。衡量一个国家法治的程序和秩序的硬度，固然要看它的制度规定是否周延，是否具有安定性，但人民对程序与秩序的依赖和自觉遵守的习惯的形成，无疑是一个很重要的参照系数。（3）促成法律活动的技术化和专门化，增强法律的神圣性和权威性。法庭活动作为一种“剧场表演”，它之所以区别于“广场表演”，就在于明确划定了“表演”（庭审）与“观看”（旁听）的角色和活动界限，旁听人不经允许不得以任何形体动作或语言来改变自己的角色，积极影响或实际参与庭审的过程。从法官的角色而言，他们与法庭之外和法庭之内的人保持适度的空间距离，一方面可以使其免受政治的、经济的、道德的或其他情绪性社会因素的影响，以便能够运用法律的手段、“以法律的立场和姿态”来处理和应对复杂的社会冲突和矛盾；另一方面，也由于这样的阻隔而强化法官职业和法律本身的神圣性和权威性，使一般的民众普遍形成对法律的敬仰和尊重。而且，法官是以“法律表演者”（演员）的身份出场的，他们的服饰（法衣）、姿态和言行代表着法律符号的象征意义，因此他们演示法律之技艺（技术）的高低，将直接影响着“旁听人”对法律的感性认知。在司法剧场化的背景之下，提高法官及其他法律人的活动的技术化和专业化程度，就显得愈加重要。而现代法治也越来越多地依赖法律活动的专业化和技术化。或者说，现代法治本质上就是一种高度技术化的或要求高度技术化的制度。

随着社会的发展，社会生活和社会关系的不断复杂化和社会分工的日益专门化，由司法的广场化到司法的剧场化将会成为司法活动类型发展的一个趋向。或者说，现代法治，注定是要选择司法的剧场化的。然而，这丝毫不意味着我们承认司法的剧场化是绝对完美无缺的。事实上，司法的剧场化也暗含着潜在的矛盾或深刻的悖论。

从总体上讲，司法的剧场化的真正价值在于它们通过“距离的间隔”来以法律的态度和方式处理“法律的问题”。然而，也正是由于这样一种间隔，法律在保证“程序正义”和制度的安定性的同时，也在逐渐地走向异化。法律是在“舞台”（法庭）上被“表演”的，它被一套复杂的行业（专业）语言所垄断，被法官们高高在上的（有时甚至是阴森恐怖的，如中国古代判官的“高堂问案”形象）面相所幻化。以至于普通的民众每天在各种各样的法律中生活，却似乎又感到法律离他们的生活越来越遥远。法律越来越变得令人难以理喻，变得隐蔽晦暗，变得“矫揉造作”，越来越失去可触及性和亲近感。人们在建筑空间的法律活动中“旁听（旁观）”法律，而不可能忘我地“投入”法律表演的过程，法律活动是被文明伪饰过的活动，是完全“异己”的活动，在这种活动中所有的参与者（包括法官本人）都不能再寻找到往昔那种“节日”的感觉。在司法的剧场化的情景中，也许所有的人都是完全尊重法律的，然而这种尊重可能永远不会是基于亲近感的尊重，而是一种“保持距离”的尊重，一种“敬而远之”的尊重。而且，在此情景下，人与法律之间的关系变得越来越“彬彬有礼”，法官和当事人都必须通过各种“繁文缛节”才能“合法地”进入法律的活动过程。因此，司法的剧场化本质上是一种成本昂贵的司法活动方式，它们是应经济发展的客观要求而产生，而又以发达的经济、雄厚的财力作为其支撑的基础。一个贫穷的国度，很难支付司法的剧场化所需要的经济成本；在这些国家优先选择和发展司法的剧场化模式，无异于选择一种非分的奢侈。同样，一个贫穷的当事人，也不适宜在司法的剧场化的环境下生存，他们可能由于不能支付高昂的诉讼费用，而面临“我有理，但我无钱证明有理”的尴尬。经济利益介入法律的过程，而法律又要保持其“公平持正”的超然品格，这是任何司法的剧场化都可能造成的一种法律本性和功能分裂的现象。最后，需要进一步指出的是，司法是在法庭（剧场）这样一个不透明的空间内进行的，它们不仅阻隔了多数人（由于空间的客观限制）的旁观和凝视，而且也排拒了“在场”的人的直接评论或批评。这样，即使那些本性善良的法官，也可能会受到“黑暗”的诱惑，在阴影的遮蔽之下“心安理得”地从事法庭幕后的交易，使整个司法的形象变得更加隐暗和混浊。

在看到司法的剧场化成为现代法治发展的一个趋向的同时，也意识到这种司法活动类型可能存在的深层矛盾和要付出的社会代价，同样是非常必要的。这是任何试图“凸现问题”的学者所必然具有的姿态和要寻求的理论旨趣。

在结束本文之前，笔者需要强调以下观点，即本文只是把“司法的广场化”和“司法的剧场化”作为两个简化的（也许是过分简化的）符号类型来描述历史上的和现实的司法活动的，而实际的司法活动的情态要远比理论的描述生动复杂。而且本文的题目为“司法的广场化到司法的剧场化”，也容易给人一种“以想象剪裁历史”的错误印象。但我更愿意把它当作一种解释的尝试，注重叙事策略和方式的选择，而并不是拘泥于追求问题的“正确答案”。事实上，当人们真正进入问题时，他们将要讨论的领域远比当初想象的要宽泛和深刻。从更为宏大的背景来看，司法的广场化和剧场化问题代表着自由/秩序、民主/独裁、实质正义/程序正义、大众化/精英化、通俗化/职业化、简单化/复杂化、感性创造/理性选择、多样化/单一化等二元对立的语路和价值倾向。在这样复杂的语境和语路中，谈论司法的广场化或司法的剧场化哪一个更具有优位的正当性，实际上是没有任何意义的。在既缺乏民主习惯，又尚未形成法治传统的国家，一个结合“司法的广场化”和“司法的剧场化”之优点的司法方案是一个颇具诱惑力的方案，但它无疑也是一个过于理想化的方案。所谓真正最佳的司法模式也许只能是由实践本身来选择的，而学者的预设都只是对问题的众多理解中的一个“理解”而已。

III
法哲（理）学：
智慧的渴望

走出概念的泥淖

——“法理学”与“法哲学”之辨

（一）

恩格斯在《反杜林论》第三版序言中有一段话，相信凡是所有读过此书的人都不会忘记。恩格斯说：“创造体系的杜林先生，在当代德国并不是个别的现象。近来在德国 ，天体演化学、自然哲学、政治学、经济学等体系，雨后春笋般地生长起来。最蹩脚的哲学博士，甚至大学生，不动则已，一动至少就要创造一个完整的体系。”①

今天来看我国法哲（理）学发展的现状，其情形也大体如此。近年法哲学、法理学的“大著”不断面世，充塞于店堂坊间，其体系之宏阔、概念堆垒之繁复，恐怕康德、黑格尔在世也自叹弗如了。

在这些论著中，有相当大的篇幅讨论“法理学”与“法哲学”的异同分合问题。应当说，这种辨析，对于我国当前法理学或法哲

---

①《马克思恩格斯选集》第3卷，人民出版社1976年版，第46页。

学的推展并不是没有意义的。但问题在于：各种辨析文字本身陷入了“道不清、说不明”的窘境，我们从中看不出清晰的理路和问题域（Problematik）的关联性。带着满头的雾水，去给久成传统的两个外延界限不明的名称划定“所指”和“能指”的意谓，确定其各自的“研究对象”和“研究范围”，甚至在此基础上建构各自的“体系”，其中的匆忙是可想而知的。

法理学与法哲学的并用，是 20 世纪在中国法学中出现的独特现象。究其成因，也并不是一两句话可以讲得清楚的。但从根本上说，这种并用，是多年来中国法学在与“旧学”断别之后向西学求助时摇摆于大陆和英美两大学术传统而产生的必然结果。其间扭结着中国法学家们在继受西方法学（广义上包括苏联法学）时体认上的差异和一些阴差阳错的偶然因素。

应当看到，译名的引入，作为一个很偶然的学术事件，对后来中国法理学和法哲学学科的发展的影响是不可低估的。比较公认的事实是：日本法学家穗积陈重在介译西方法哲学时独用“法理学”一词，是百年来有关名称之争的一个开端。

从语源看，汉译“法理学”一词来自日本。据考证，1870 年（明治三年闰十月），日本《大学南校（开成学校的前身）规则》中将法理学称为“法科理论”，1874 年（明治七年）年初，在东京开设开成学校（东京大学的前身）时将这门科目改名为“法论”。直到 1881 年（明治十四年），日本法学家穗积陈重在此时已有开成学校改为东京大学的法学部开设这门课程时，认为“法论”与佛教中的“法谈”可能混淆，让人觉得有一种讲经说教的感觉，带有些佛教气息，故改名“法理学”。他原本也打算将德文 Rechtsphilosophie 翻译作“法律哲学”，但认为当时的哲学仅限于形而上学的理论，故没有采用该译名，而选择“法理学”则能够适合于所有学派的理论。[①] 穗积氏青年时负笈英伦和德国留学，深谙英美和大陆法哲学传统之差异，又颇受流行的历史实证主义法学的影响，他创造一个标新立异的名称来标识其课程的个性，是一个非常矛盾的选择。

但问题是，以“法理学”来对译德文 Rechtsphilosophie，现在看来多少是不得要领的，而且一开始就隐藏着与“法哲学”混用的可能性。其在后来所造成的认识上的麻烦也逐渐地显露出来了。在德国，至少从黑格尔以降，Rechtsphilosophie（或者 Philosophie des Rechts）作为一个学科的传统已经形成。德国学者，无论是哲学家，还是职业法学家，大体上都承认法哲学（Rechtsphilosophie）是哲学的一个部分，而不是法学的分支学科。尽管哲学家的法哲学和法学家的法哲学（Juristenphilosophie）在体系建构、提出的具体问题和回答问题的方式有些微不同，但他们大多数在对待法之原则问题与根本问题上“以哲学的方式”加以观照、讨论并予以答复的态度是一致的。

按照德国法哲学家们的解释，法哲学作为“正义的学说”（Die Lehre von der Gerechtigkeit），总是对“法应当是什么”或“正当法”（richtiges Recht）的问题的讨论和追问。例如，为什么存在者终究存在，而不存在者终究不存在？为什么我终究在此存在并且终究走向何处？为什么必须有法根本上（Ueberhaupt Recht）存在，而这种（正当的）法究竟是什么？为什么人必须受到惩罚？等等。这些问题大体上可以简化为两个最基本的问题：（1）什么是“正当法”（正

---

① 参见［日］穗积陈重：《法窗夜话》，吉田庆子等译，中国法制出版社 2015 年版，第 118 页。

义）？（2）我们如何才能认识并实现正当法？这两个问题共同构成法哲学的任务。一切法哲学家，无论他们使用的方法有什么不同，其观察的角度有什么差别，都不过是在寻找这两个基本问题的终极答案。

在德国哲学家看来，法哲学不能归属于法学，首先因为它不是一门法教义学（Rechtsdogmatik，一译“法信条学”“法释义学”或“法解释学”）。法教义学，又称“教义学法学”（dogmatische Rechtswissenschaft），是研究某一特定法律体系或子体系（法律语句命题系统）的实在法理论。或者说，它是一门“法律概念和法律制度的自成体系的基础学问”，一门以“科学”的趣味来构建的法律学问。19世纪，德国学说汇纂（又名“潘德克顿”）体系的理论大师伯恩哈德·温德沙伊德（Bernhard Windscheid，1817—1892）认为，法教义学有三项主要的任务：（1）法律概念的逻辑分析；（2）将此一分析综合成为一个体系；（3）将此一分析结果运用于司法判决的论证。按照这一解释，以教义学为特征的法学的研究活动只不过是对有效法律的描述；串联法律之概念体系；提供建议以解决法律案件的问题。法教义学者由一些既定的前提出发进行概念的推演，但他们并不像法哲学家那样去审问这些前提的真实性和正当性。例如，他们不追问法为何物？在什么条件下可以获得法的认识？法教义学的讨论仅限于所谓“体制之内”（systemimmanent）或有效的法律体系之内。与此相反，法哲学的讨论不是限定在有效法的框架之内，而对待法律总是采取一种体制之外的立场（eine systemtranszendente Stellung）。

换句话说，法哲学的问题是要由哲学来回答的，而不是要由法学自身来予以解答的。正是在这个意义上，将本来很清楚的一个德文概念 Rechtsphilosophie 译作“法理学”，并当然地把它界定为“法学基础理论”，不仅没有带来穗积陈重所希望看到的避免“主观性”形而上学气味之结果，反而导致了学科定界上的许多无谓的争论。而将大陆法哲学（至少德国的法哲学）视为法学的一个学科，则更是有些把错了经脉。职是之故，在穗积陈重之后，深得德国法哲学之个中三昧的日本法学家又纷纷改换称谓，重拾“法哲学”一词，自然也是情理之中的事情。

（二）

倒是中国的法学家唯对“法理学”一词情有独钟，偏爱有加，接过穗积陈重的话头，一直讲了一个世纪。但稍做梳理便可发现，中国学者“接着讲”的，不过是穗积氏“法理学”之名称，其所承袭的并不是（或不完全是）德国、法国等大陆国家法哲学之知识传统（更确切地说，20 世纪前 50 年讲英美法理学，后 50 年讲苏联“国家与法的理论”)。在此意义上，汉语“法理学”对译英语 Jurisprudence 一词，几成惯例。

Jurisprudence 作为一门独立的学科是由职业法学家来推动其形成的。这一方面折射出 19 世纪的人文—社会精神处境的变化，另一方面也反映了法学家试图通过自己的努力，来完成法理学（实在法哲学）与普通哲学“分手”的雄心。职业法学家们终于在 19 世纪抓住了伸展的契机，建立了法学家的法哲学，此即带有浓厚的实证主义学派色彩和理论背景的“法理学”。

众所周知，17 世纪以来自然科学的发展和机器生产深深地改变了人类的社会结构，使人类对自己在关于自然环境方面的能力有了一种新的概念。针对思想、政治、经济中的传统体系，在哲学上和政治上出现了深沉的反抗，引起了对向来看成是颠扑不破的许多信念和制度的攻击。故此，19 世纪，以法国哲学家奥古斯特·孔德（Isidore Marie Auguste François Xavier Comte，1798—1857）的理论为代表的近代科学实证主义得以产生，而该思潮按照物理学的模式所倡导的“通过观察、比较、实验、分析和归类过程进行科学研究”的风气，对人文社会科学有着强大的冲击力。

在政治—法律研究领域，一个最重大的事件，就是流行千年之久的“自然法哲学”受到排斥，逐渐趋于衰落。代之而起的，是所谓“法律实证主义”（legal positivism），它强调要以后验的（a posteriori）方法取代先验的（a priori）方法，像物理学那样把法律当作一个物质的实体——实际的法（actual law）或实在法（positive law），用可以度量、权衡轻重和精确计算的方式来研究和分析。虽然英国的功利主义哲学家和法学家边沁（Jeremy Bentham，1748—1832）于 1782 年在撰写的《法理学限定的界限》（The Limits of Jurisprudence Defined）中最早表述了这一分析原则，但该书手稿直到 1945 年才被发现和出版。故此，至少在英美学界，真正对法理学学科的独立产生影响的，是 1832 年约翰·奥斯丁（John Austin，1790—1859）的《法理学范围之限定》(The Province of Jurisprudence Determined）一书的出版。[①] 奥斯丁在著作中强调：法理学只应研究“事实上是什么样的法律”（即“实在法”），而不是“应当是什么样的法律”（即理想法或“正义法”），力图将道德、功利、伦理和正

① 奥斯丁的著作几乎与边沁 1782 年未出版的著作名称完全相同，二者到底有何联系，不得而知。

义的模糊观念排除于法理学的领域以外，创立一个逻辑自足的法律概念体系。基于此点，后世许多法学家称奥斯丁为“分析法理学之父”。也有人干脆把英美的法理学称为“奥斯丁法理学”。应当承认，正是奥斯丁著作的影响及其追随者们——如阿莫斯（Amos）、马克伯（Markby）、霍兰德（Holland）、萨尔蒙德（Salmond）等人的努力和贡献，法理学最终作为一门独立的学科（理论知识体系、学问和大学的法学课程）而存在。

实证主义在德语国家法学上的影响，表现为所谓“一般法理论”（Die Allgemeine Rechtslehre）的形成。在19世纪，这一法学倾向作为另一种法学家的法哲学，实际上是对康德之认识论批判的回应。其创立者为阿道夫·默克尔（Adolf Merkel，1836—1896）。该理论的重要代表人物有卡尔·宾丁（Karl Binding，1841—1920）、爱恩斯特·鲁道夫·比尔林（Ernst Rudolph Bierling，1845—1919）、卡尔·伯格博姆（Karl Bergbohm，1849—1927）和菲尼克斯·佐姆洛（Felix Somlo，1873—1920）等。在较为宽泛的意义上，一般法理论也包括汉斯·凯尔森（Hans Kelsen，1881—1973）的“纯粹法学”。

一般法理论的核心内容是注重对法律概念（尤其是法的基本概念）的讨论。这些概念大体分为两类：一类是“与法律相关但又非本义的（uneigentliche）法律概念”，如出生、死亡、物、能力、挪动、致死、继承、婚约、伤害、意志（意思）、错误、占有、所有、真实、宣誓、建筑物、业主、市场行为、内部市场、邻居、纵火、物资匮乏、时间、空间、转移、卑鄙无耻、诚实信用，等等。另一类是法的基本概念和本义的（eigentliche）法律概念，如法、法律、法律规范、法律渊源、法律事实、法律关系、法律主体，等等。

上述概念（尤其是后一类概念）同样是英美法理学著作讨论的主要内容。所以，如果可以类比的话，德国 19 世纪的“一般法理论”实际上就等同于英美国家的法理学。它们均带有 19 世纪—20 世纪学术发展的时间印痕。的确，从本质上讲，它们都是一种“法哲学”，但它们又都是法学家们的法哲学，是一种“实在法哲学”（the philosophy of positive law）。应当说，这种法哲学与德国正统的法哲学是有一些区别的，这里仅指出四点：第一，在学术传统上，德国正统的法哲学（为说明的方便，下文以 Rechtsphilosophie 代替）承接的是自古希腊以来一脉相传的西方哲学，更注重在体制之外来以哲学的方式解答法律的问题；而法理学（Jurisprudence）所承接的是以近代科学为背景的实证主义传统，它力图摆脱普通哲学的影响，故采取更为接近在体制之内的立场来讨论实在法的问题。第二，在学科归属上，Rechtsphilosophie 偏向哲学，Jurisprudence 偏向法学。故此，在知识分类中，Jurisprudence 很难与当代“法的理论”（Rechtstheorie，legal theory 或 theory of law）学科区别开来。而 Rechtsphilosophie 与 Rechtstheorie 的逐渐分离，是德国近 30 年来学科发展的一个趋势。第三，在研究方法上，Rechtsphilosophie 的进路侧重传统哲学的直观和思辨（Spekulation），Jurisprudence 倚重语言分析和逻辑论证。第四，在研究范围上，Rechtsphilosophie 是以问题为中心的，只要是适切的问题，不论它是实在法的，还是非实在法的（如自然法、正义）；无论是具体的问题（如犯罪与刑罚），还是抽象的问题（如“事物的性质”与法律）；无论是微观的问题，还是宏观的问题（如法治国）；无论是传统的问题（如法与道德），还是当代的问题（如生物技术的发展），都可以在法哲学范围内讨论。而 Jurisprudence 是以对象为中心的，它特别强调法哲学讨论的对象，并且不断限定自己研究的对象。例如，奥斯丁强调“实在法”，萨尔蒙德强调“国法”（civil law），等等。

（三）

根据上文的分析，我们有理由对法哲学与法理学在不同语境中的使用作适当而必要的区分，至少在学理思考中，当我们笼统地说“法理学是法哲学”或“法哲学是法理学”时，我们应当明白正在谈论的是什么语境中的“法哲学”或“法理学”。在这里，法哲学与法理学名称本身并不是十分重要的，重要的是它们所代表的学术传统、使用的方法和研究的问题。选择法哲学或法理学概念，事实上就是选择其中的某种学术传统和方法。

在中国，至少 20 世纪以来，普通哲学家对法哲学的问题不大关注，而受到法学训练的法哲学家则更多的是处于法学的立场和从法学的进路来介入法哲学，这样他们更愿意接受从“体制之内”考察法律问题的法理学，而不是在厚重的普通哲学传统中从体制外考察法律现象的法哲学。简括地说，中国的法理学大体上属于法学家的法哲学，偏向对实证法问题的研究，或至少是从实证法及其制度背景的规定性出发来选择理论的旨趣和方法的。

理论旨趣和方法的选择本身本是无可非议的，但应当看到它所带来的影响却是不容忽视的。中国法理学对具有实证主义背景的法理学（在一定意义上，苏联的法学，尤其所谓“维辛斯基法学”，是另类的实证主义法学）的承接，呈现出诸多难以走出的困境。这其中，最为明显的一种困境是：法理学的研究，意在“体制之内”却在“体制之外”。它是表象上的实证主义与扭曲的“法的本体论”交织所形成的一种理论现象。

我们说中国法理学承接实证主义传统，其实只讲对了一半。它在价值立场上选择了实证主义，但在认识论和方法论上却抛弃了实证主义法理学之分析传统和“科学”的品格，而在弱暗处接通了受意识形态宰制的本体论。身陷“体制之内”，而又动不动借助“体制之外”的话语权力，这两种看似矛盾的因素的奇特组合，就型塑出中国法理学之“本质论情结”，使法理学家们在相当长的时间内把更多的精力投入对某些“虚假的问题”的讨论，而无暇顾及真正的学术问题的研究。法理学家所采取的“体制之内”的视角，并不是一个纯粹法学家的法学视角，而更多的是一个受参与决策志向驱动的官方话语解释者的视角。他们对实在法的制度和规则本身并不十分感兴趣，不是从实在法的内容本身出发来思考问题，而是把自己的理论兴趣转向对实在法的隐性背景（如党的政策、领导人的讲话、报纸的社论）的解释。这种理论被不适当地称为“注释法学”（真正的注释法学终归还是属于一门“法学”学问的）。

此种“注释法学”所造成的损害是严重的，它不仅没有使法理学完成与其他学问（如政治学）的分离，而且败坏了法理学作为一门理论学科及大学基础（主干）课程的声名和学问的品格。它一方面使法理学界之内的人受到某种非学术的“词的暴力”的压力，另一方面又使该学问圈之外的人（如民法学家、刑法学家和法学之外的人文社会科学学者）对法理学普遍产生“腻烦”甚或轻蔑的态度，把法理学看作“幼稚的”概念游戏。由于功利定向的法理学造成智慧的抑制，不能满足法学之内和之外的学人的期望，它就越来越失去吸引力。那些具有智慧头脑的人把他们的目光从法理学处移走，投向更富有魅力的理论和知识领域。在此情境下，法理学从“理论的市场”中撤离“摊位”，也就是很顺理成章的结果。

同样的情形，来自法理学界内部，那些渴望法哲学智慧的学人重新打出“法哲学”的旗子，强烈要求法哲学从法理学中走出，在更为“纯粹的”语境和学术场境中讨论法哲学的主题，逐步建立和形成新的体系与传统。这一学术的“离婚事件”所昭示的是“法哲学家”对多年来中国法理学“注释”品行的不满和抵抗。

我们同样把倡导法哲学与法理学“分手”的行动看作当代中国的职业法学家经过“问题的反思困惑”之后的一种觉悟，一种寻求法学之外的理论支持的努力。法哲学家们意识到：在这个由分析实证法学和社会法学占主导地位的时代，知识分化已经导致了理论“对话”和“商谈”（discourse）的阻隔，法哲学被各种社会“科学”所蚕食和并吞，在分析语言和逻辑的解构之后已经变得支离破碎。在此背景下，法哲学也越来越消隐去自己的“智慧之光”，遮蔽在多元无序的杂乱的思想场中，堕落成对受政治权力宰制的实在法规则的简单注释，成为一个把有关法的各种各样的思考都可以投入其中的杂货袋（ragbag）。在趋向“简单主义”的过程中，法哲学越来越丧失了它那种把“主体从依附于对象化的力量中解放出来”的理论旨趣（哈贝马斯语），放弃了它对法的真正源泉的思考和对实在法的批判的责任，丧失了对于暴政和社会“事实”的抵抗力，在定位“振摆”中已经忘记自己作为超越事实的“正当法”（正义）哲学的使命。同时，法哲学家们还可能看到：由于法哲学在理论上的“缺席”，实证主义与意识形态相互合谋，甚至造就了一大批怠惰的、无反思的知识庸人，其不良后果更是难以挽救的。

职是之故，我们说法哲学家们重振法哲学的初始愿望是良好的，它给了我们追寻法哲学智慧的一线光亮。但不能不指出，法哲学振兴的呼声和动力仍然是来自法学家群体之内的，它并没有得到职业哲学家们的普遍的而积极的回应。

这样，一方面，法学家又试图从法学的进路来建构一种“不同于法理学”的法哲学。但这种努力在多大程度上能够创建出一个有别于法理学的法哲学体系，是值得令人怀疑的。过去的历史证明这条道路走不通，或至少是有局限的。另一方面，职业哲学家对法哲学研究的冷漠，也将预示着中国法哲学在发展过程中缺乏一种普通哲学的智力支持背景，它的振兴前景是较为暗淡的。我们从现下的法哲学研究成果所暴露出的问题也可以看出这一点。

总体上讲，现在法哲学家们是在旧的哲学知识框架内，以“哲学的术语”来重新表述法理学旧有的观念和思想。他们更多的是在“讲”法哲学，而不是在“思”法哲学。而“思”本来应该看作是法哲学的生命本性。像哲学这门“爱智慧”的学问一样，法哲学离开了严肃的思考，也就开始走到生命的尽头了。

有责任心的学人应该是非常清楚的：法哲学的重建是需要一个过程的，造构粗糙的法哲学体系比没有这种体系更为有害。因此，不要因为我们“复兴了”法哲学，而使法哲学离我们更加遥远。我们也特别希望“思想的闪电”能够哪怕是瞬间照亮法哲学探索的幽暗之途，但我们切忌以概念的块垒把这一路途堵死。德国哲学家雅斯贝尔斯（Karl Jaspers，1883—1969）在《智慧之路》中对哲学的评论也同样适用于法哲学：

> 哲学的真谛是寻求真理，而不是占有真理。
>
> 哲学就是在路途中。
>
> 哲学不是给予，它只能唤醒……

在历史丛林里穿行的中国法理学①

法理学这门学问之于新中国的发展，可以说一言难尽。解读这样一个历史，其头绪众多、线条杂陈，每个人的视角或有不同。我天性怠惰，不勤于爬梳材料，只得蜻蜓点水，以较为简略的方式检视其可见的表象背后的诱因。更确切地说，我只想在本文中提出一些法理学发展的问题，并就这些问题的源起谈谈个人的管见。这些问题始终伴随并困扰着法理学的专业研究者，迄今尚无清晰的答案。

如何看待法理学发展历史之“断裂”？

法学有制度依赖性，中国法理学的发展也没有超越“制度的历史之域”。新中国法律制度发展的历史，同样也是其法理学发展的历史。

---

① 这里的“中国法理学”实际上是中华人民共和国建国以来中国大陆地区法理学的方便说法。本文也可能偶尔在更宽泛的语境中讨论中国法理学问题，但如果没有特别说明，该称谓即在上述意义上使用。

如果我们简化其每个历史阶段的具体情景的描述[①]，那么就会看到一个重要的历史现象：法理学经历了一次学问传统的“断裂”。

中国的法理学有没有自己的学问传统？回答这个问题需要更为宏观的认识框架。我在《从方法论看抽象法学理论的发展》这篇文章中曾经提及“哲学家的法理学”和“法学家的法理学”的概念[②]，但这些概念能否用在中国法理学之发展历史的考察尚待斟酌（假如我们把儒家、法家、道家、墨家等学派有关法律的学说也视为法学理论的话，那么也许中国历史上有本土的“哲学思想家的法理学”）。不过有一点可以肯定，中国之“法学家的法理学”传统决非“旧学”传统的余绪，而是在“西学东渐”、西方法学知识传播，特别是现代大学设立法科之后才逐渐形成的，是西方法理学的知识传统和模式在中国引入的结果。整体上说，这个学问传统是在1900年以后才渐次明朗化的[③]，并且带有英美和欧陆法理学传统影响的痕迹，尤以英美的风格影响为重[④]。尽管当时中国的法律学者在法理学研究上的原创性成果尚未

① 有关法理学在新中国的发展，学者大体认为有四个时期：（1）产生和初步发展阶段（1949—1956）；（2）受到干扰和在曲折中发展的时期（1957—1965）；（3）遭到严重破坏时期（1966—1976）；（4）恢复和发展时期（1977年以后）。这种分期不过是新中国整个历史发展分期的简单套用。见张友渔主编：《中国法学四十年》，上海人民出版社1989年版，第63页及以下页；也见王勇飞、张贵成主编：《中国法理学研究综述与评价》，中国政法大学出版社1992年版，第1—5页。

② 舒国滢：《从方法论看抽象法学理论的发展》，载《浙江社会科学》2004年第5期。

③ 1903年，北洋大学堂法科课程中置“法律学原理”一课，应视为中国现代抽象法学理论专业教学和研究的开端（参见《京外学务报告》，载《学部官报》，第21期）。京师大学堂于1903年设译学馆，其学生毕业试题中有法理学考题，亦反映当时法理学教学和研究已受到讲授者的重视（见李贵连等编：《百年法学：北京大学法学院院史（1904—2004）》，北京大学出版社2004年版，第31页）。

④ 最早设立法科的北洋大学堂开办之初即参照英美法系的教学模式，其后由上海美以美会于1917年建立的东吴大学法学院也基本上属于英美式样的。

形成规模，但确实也有像东吴大学法学院院长吴经熊教授（John C.H. Wu,1899-1986）这样的法学家作为“综合法学派”的代表人物之一，得到国际法理学界的承认[①]。应该说，当时的法学者大多怀携西方法学教育之知识、技艺，心系国家法制建构之职志，徐有匡扶中国法学（包括法理学）之夙愿。例如，吴经熊先生在20世纪之初就曾提出了一个踌躇满志的设想：“中国法学家也能够很快有在法学上普遍被承认的贡献，这门学问的中心为什么将来不能在中国呢？”[②] 正是本着这样的信念，吴经熊依靠个人的努力在英美世界展现中国法律思想之文化特性，在法理学领域开辟一片新的天地。当时大学法学院的法学专业刊物也有同样的志向，秉承法律学问之严谨求实的精神，注重务实，倡导学理研究，介译西学，为民国时期的法学传统及风格的形成做出了一定的贡献。笔者在翻检1923年（民国十二年）创刊的朝阳大学《法律评论》（江庸创办）时发现，该刊在80年前刊出的文章和论题（如法学方法论）在今天看来仍属无人涉猎的领域。譬如，在《法律评论》第9卷第134号（1933年）上就曾发表过德国法哲学家、国

---

① 德国学者菲肯切尔在其5卷本的《比较阐释的法律方法》第2卷中将吴经熊列为综合法学派的三个代表人物之一，其他两位分别为美国的法学家杰罗姆·霍尔（Jerome Hall）和澳大利亚的法学家朱利尤斯·斯通（Julius Stone），参见Wolfgang Fikentscher, *Methoden des Rechts in vergleichender Darstellung*, Band II, J.C.B. Mohr / Tuebingen,1975, S.405-406. 吴经熊为德国著名法哲学家鲁道夫·施塔姆勒（Rudolf Stammler）法学思想所作的评论附在后者所著《正确法论》英译本（Isaac Husik 翻译，1925年由麦克米兰公司出版）之中，该书还有一篇评论文章则是由法国法学家、南锡大学法学教授弗朗索瓦·惹尼（Francois Geny，在20世纪20年代，其亦属法哲学的重镇之一）所撰。关于吴经熊与Rudolf Stammler、Oliver Wendell Holmes、Francois Geny、Roscoe Pound、Benjamin Cardozo等国际知名法学家之间的交往，参见吴经熊：《超越东西方》，周伟驰译，社会科学文献出版社2002年版，第9章。

② 引自王健：《超越东西方：法学家吴经熊》，载《比较法研究》1998年第2期，第220页。

际法哲学与社会哲学协会（IVR）及其会刊创立人之一［另一位是新黑格尔主义法学的代表人物约瑟夫·柯勒（Josef Kohler）］的伯罗茨海默（Fritz Berolzheimer）的文章。我相信，目前法理学界了解IVR组织及其职能的中国学者不少，但真正知晓伯罗茨海默的人则寥寥无几。此为后话，容他处再议。回到正题上：尽管民国时期的法学家们积极努力，我仍然把当时的法理学传统看作是“过渡形态的”——一种发展中的法理学传统：其表现为由介译西学为主的法理学向原创性法理学研究的转变，由法理学家个人独立的研究向由若干法学家共同承续之稳定的学术传统转变。照此路径发展，中国形成若干法理学学派，与国际上相应的法学派构成平等对话、相互补益，甚至实现吴经熊“法学这门学问在中国”的理想也不是没有可能的。

但历史并未按照学者们的想象来发展，也不依学者个人的主观好恶和个人意志来推进。1949年2月发布的《中共中央关于废除国民党的六法全书与确定解放区的司法原则的指示》从根本上改变了法律历史及法学历史的走向。该指示第5条明确规定：“在无产阶级领导的工农联盟为主体的人民民主专政政权下，国民党的六法全书应该废除。人民的司法工作，不能再以国民党的六法全书为依据，而应该以人民的新的法律作依据。……司法机关应该经常以蔑视和批判六法全书及国民党其他一切反动的法律法令的精神，以蔑视和批判欧美日本资本主义国家一切反人民法律、法令的精神，以学习和掌握马列主义——毛泽东思想的国家观、法律观及新民主主义的政策、纲领、法令、命令、条例、决议的办法，来教育和改造司法干部。”[①] 新型的人民政权采取革命的方式不仅摧毁了旧政权的“法统”，连同在这个“法

① 见《法学基础理论参考资料》，中央电视大学出版社1984年版，第2–3页。

统”之下生成的法律精神、法律思想亦一并消解。新政权亟待确立新的国体和政体及其正统性地位，需要建立新的革命的法律制度，这种急迫的形势不允许当时的革命家们过多地考虑废除旧法统与保持法学传统连续性之间多重复杂的关系。政治和政策上的“经济思维原则”主导着政治家们的决策，“一边倒”的政策使新中国的整个制度建构、经济发展和学术思想的资源不得不借鉴和倚重苏联的模式。就这样，民国时期刚刚开始确立的法理学传统随着旧“法统”一起被抛进了“历史的垃圾堆”。其后，随着1952年开始进行大规模的大学院系调整、“司法改革运动”及“肃清反人民的旧法观点”、清除旧法人员等活动，民国时期的法理学传统彻底解体，到了“文化大革命”时期，不仅旧政权时期即成规模的大学法科不复存在，旧时代的法理学专业人员销声匿迹，甚至连图书馆保存的法理学专业书籍、资料亦散失殆尽①。

所以，我们在中国法理学发展过程中发现有一种前所未有的学问传统的历史断裂。这种断裂的直接后果表现在：（1）所谓“维辛斯基法学”或“斗争法学”大行其道，一切根据阶级斗争理论解释复杂的

---

① 2000年10月，笔者十分意外地在中国政法大学图书馆一间阴暗的藏书室里见到一批19世纪中后期至20世纪初出版的西文法学图书。当时这批图书散落在藏书室地板上准备处理，目睹此情此景，心情特别复杂。因为许多年来几乎无人阅读过，甚至根本不知道有这些资料。其版本价值和资料价值极高，极其珍贵稀缺，它们是由北京大学中转西南联合大学、再到北京大学，1952年院系调整时落脚中国政法大学（原北京政法学院）图书馆的，其中包括萨维尼（Friedrich Carl von Savigny）的《当代罗马法体系》（九卷本）、耶林（Rudolf von Jhering）的《罗马法的精神》、普赫塔（Georg Friedrich Puchta）的《法学阶梯》以及温德沙伊德（Bernhard Windscheid）的《学说汇纂教程》，还有由我国民国时期的比较法大家王宠惠先生于1907年翻译出版的《德国民法典》英文译本等，这些文献目前在德国大学图书馆里亦极难寻见。我还发现，上述德文版的名著多有已故的北京大学及北京政法学院民法教授费青先生（费孝通教授的兄长）的个人印鉴，弥足珍贵。

法律现象，法理学的智慧之光被简单的斗争理论所取代和遮蔽，僵死的教条成为评价正确与否的唯一标准。（2）法理学者的身份被制度区隔为“左”“右”两个阵营：两派的学者都在新政权的正统意识形态中寻求其进击对手的政治资源和解释资源。故此，政治领导人的政治态度左右着法学理论争论的方向，注释政治会议、党报社论的精神及领导人的讲话成为法学理论工作之要务。而且，法学上的“禁区”层设密布，学者们几乎没有多少动用思想的动力和机遇。久而久之，其政治敏觉性超过了学术和思想的敏觉性，法学的思想创造能力则陷入委顿的境地。“思想的慵懒”现象流行于法学的各个领域。（3）旧政权统治时代已经学有所成的法理学者被停止专业工作，其智识的活动无人接续[①]。当时人们对苏联、东欧的“马克思主义国家和法的理论”还略知一二，对其他国家和地区的法理学则几乎无人系统研究。法学理论限定在人为堆设的“孤岛”之内。所以，当1977年我国恢复法学教育之时，我们的法学教育者、研究者和学习者其实都很清楚：我们实际上是在法学理论的不毛之地上艰难地行进，所面对的是周遭世界的“无知之幕”。（4）法学理论研究者对法律学问应有的真诚和良知遭受挫折。“斗争法学”强化了学者的“斗争”意识，而使学者多少丧失了对法理学之真理的追求，失去了对学问之本真的虔诚[②]。这种

① 比如，吴学义教授1935年就出版过《法学纲要》一书（中华书局版），颇有影响。其本人曾在南京大学法学院任教。1952年院系调整，南大法学院被撤销，吴教授被安置于华东医学院图书馆工作。其在报章强烈呼吁“迫切要求归队”，但后果不得而知。参见《南京市十位学者：对撤销南京大学法学院提出批评》，载《人民日报》1957年5月19日。

② 斗争法学使许多正派的法学者在“斗争”中丧失了学术的品格，“斗争者被斗争”成为历次政治运动的一大现象。斗争将政治批判的力量推向极端化，谁都想争夺斗争的话语权力，攻击他人，保存自己。结果几乎所有的批判者都变成了政治运动的玩偶。政治运动过后，当年的冤案可以平反，但当事者灼伤之心性难以平复。

后果其实影响至远，后来法理学界内部的所谓“思想交锋”，在一定意义上也可以看作分辨真假学术、重新寻获学术良知和真诚的过程。至今，这样的交锋仍时起波澜，重建法理学传统过程还不得不时断时停，花费精力去应对学界内部一些非学术的纷争，以期形成较为理想的“言谈情境”和无扭曲的“交往共识”。

可以想见，当一个民族抛弃了法学理论家们的思考和智识工作，其理性的法律文化的实际力量会显得多么衰弱，而其非理性的制度力量又会多么无序地强化，以至于造成主张革命的政治家们亦始料不及的损失。既然如此，人们也许会问：这种历史的“断裂”是否有必要？这种“断裂”是否可以避免？其实，上述提问者大都是历史的“事后诸葛亮”，他们往往在历史已经过去很久之后才会有一种恍然大悟的感觉。身处历史之中的人则未必对正在流经的“当下历史”有一个清醒的、理性的判断。黑格尔说，自古以来还未曾有人能大致认识其本身的文化或时代。如果说人最难认识的是他自己，那么一个时代最难做到的是发现这个时代的问题，深刻认识其自身的本质[①]。应该承认，在新中国打碎“旧法统”建立人民法制的过程中，无论政治家还是学者都遮蔽在“即时政治”的夜幕之下，看不太清楚历史之本真的面目，于是只好依靠战争年代的政治经验、策略和革命的惯性力量来推动历史按照自己主观划定的方向发展。如果真正要反思，依靠“革命的全能意志”来整体改变历史的改制方案确实是值得谨慎对待的。因为这样一种努力要么成功、要么失败，这两种结果都会造成历史之渐进发展链条的断裂。即使成功了，判断成功的标准有时也难以确立。而假

---

① 参见舒国滢：《我们这个时代需要什么样的法律精神？》，载《在法律的边缘》，法制出版社 2000 年版，第 3 页及以下页。

如它失败了，其所造成的损失则难以估量，可能要让几个世代的人遭受苦难。

从“长时段的历史观”角度看，对一些历史事件需要通过更长时间的社会变迁才能揭示其意义和影响。但就法理学学术传统“断裂”这一点而言，我们其实不需要太复杂的历史判断，其负面的影响和代价已经显现在我们的制度建构之中，显现在现下的法律实践和法学研究的过程之中。如果说在法理学的发展中还有什么“卡夫丁峡谷”的话，那么我们当下面临的使命就是要跨越这样一个峡谷。然而，完成这样一个跨越的使命是极其困难的，我们可能还没有足够的知识储备和心理准备。在未来相当长一段时期内，法学者们所要做的可能是根治由学术传统“断裂”留下的后遗症（如思想委顿、学术失范、理性论辩障碍等）。

如何认识法理学之“学”？

中国法理学50余年之进进退退，可能还与人们对法理学的晦暗面目没有清晰的认识有关。这里有不同层面的问题：一是法理学自身的学问性质及功能为何；二是人们对法理学学问有何先在的想象和期待。就后者而言，又有“内部的观点”和“外部的观点”之分，即法理学研究者对法理学的体认和企盼；政治家们和普通的民众对法理学的想象和期待。上述不同的群体对这同一个学问领域的认识是有偏差的，但在特定的时期（比如在主流意识形态作为制度力量形成专断判准的时期），法理学者的认识与其他群体的认识孰是孰非、孰主孰次很难鉴别，亦难以区分。在政治话语主导的语境里，学者也会改变其精英的知识立场和态度，自觉或不自觉地将当时流行的话语作为看待问题的出发点和分析的工具。一旦这些话语和分析框架纳入其学问体系之中，就会以“科学”或“知识体系”的面相生存和繁衍，一代一代地加以传承，形成“学术制度”的力量。后来的法理学研究者必须面对这一知识体系，甚至必须将其作为思想的平台和工作的出发点，否则他就必须将自我放逐，作为“思想的浪子”在主流的法律思想话语的边缘徘徊。

“法理学到底有什么用？”——这始终是困扰人们的一个难以简单作答的问题。不同的提问者对这个问题的视角和兴趣是不一样的。学者们关心法理学之独立的学问（抑或“科学”）的性格，普通民众想知道法理学对于现实的社会生活之难题有无切实可行的解决方法，而政治家们则更看重法理学在实现政治意图上的实用价值。

不可否认，中国法理学兴衰之制度依赖性，在很大程度上也表现为政治家的态度依赖性。上文说过，政治领导人的政治态度左右着法学理论争论的方向，也是法理学沉浮起落的风向标。法理学之学术传统的“断裂”与当时政治家们的观念不无关联。从新中国的革命政治家角度看，法理学这门学问的面目是不甚清晰的：它是“有用的学问”，还是“无用的学问”？是“有益的学问”，还是“无益的学问”？是“有害的学问”，还是“无害的学问”？如果它有用、有益，它们的用益表现在哪里？如果有害或无害，那又表现在什么方面？当时的革命者无暇就这些细节问题过多地思考，则依其是否有益于新的政权建设而采取了简单的二分判准：凡是对新政权有利的法律理论就是革命的人民的法律理论，凡是与新政权的意识形态不相兼容甚或实用效益不明的法律思想学说，就被归结为“旧法观点”，属于批判和清除的对象。董必武在1952年的一次讲话中明确地表达了当时政治领导人的担心：“人民的法律，是便利维护自身的权益和对敌人斗争的锐利武器，不可操在不可信赖的人手中。……把武器交给不可信赖的人（不管他有多大才能和学问），那是要犯错误的！”[①] 这种不信任当然也包括对“资产阶级所谓法律是超阶级超政治的荒谬理论”[②] 的看法。基此，领导者们坚持认为：新中国的革命的法制是在同各种错误的思想倾向不断斗争中建立与健全起来的[③]。“国家和法律是统治阶级的工具”成为诠释一切法律现象的终极根据，是法理学上唯一正确的结论。这样，“斗争法学”自然就确立了其在新政权之法学理论中的正宗地位。苏联的理论家们（尤其是安·扬·维辛斯基[④]）为“斗争法学”曾经做过“学理精致化”的注解，因而自20世纪50年代开始引介苏联版的《国家和法的理论》就正好迎合了新制度对法学理论的需求，一定程度上填充了由于批判和清除“旧法观点”而造成的思想空缺感。

但这种“充饥式的理论填补”未能从根本上解决一个问题：法理学到底是一门具有自身独特研究对象、发展规律和相对自治的学问，还是政治意识形态的附庸、阶级斗争的法律哲学或对人民的敌人实行专政的理论工具？苏联版的《国家和法的理论》对此以理论的话语作了说明：“法律科学是研究国家和法的科学，……法律科学的使命是科学地解释阶级社会中政治和法律上层建筑中的大量的社会现象。”[⑤] 维辛斯基说得更直白：“如果不以政治前提为出发点，就不可能解释

---

① 董必武：《关于整顿和改造司法部门的一些意见》，载《董必武政治法律文集》，法律出版社1986年2月版，第228－229页。

② 语见董必武，上揭书，第370页。

③ 同上书，第370页。

④ 参见安·扬·维辛斯基：《国家和法的理论问题》，法律出版社1955年版。

⑤ 彼·斯·罗马什金等主编：《国家和法的理论》，中国科学院法学研究所译，法律出版社1963年10月版，第2－5页。

法律。其所以不可能，是因为法律本身就是体现政治的形式，法律本身也像全部法一样是实现政治的工具。”[①] 于是，法理学就在“政治挂帅”“政策高于法律”的话语空间寻求其学科的合法性根据，在大学的法理学教科书和研究者们的法理学论文中大量充斥着流行的政治语言，学者们以寻章摘句方式引证马列、领导人的讲话为论述之根本。法理学之学术性格顿失，沦为贫血的、空洞的、暴力的词语堆积体，与当时的阶级斗争学说、专政的国家理论和政党的政治宣教毫无二致。从执政的政治领导人的角度看，这样的“法理学”也许真正服务于政治，是实用的，至少是“无害的学问”了。但其代价是昂贵的，一旦国家真正需要进行法治建设的时候，上述被政治阉割的法理学就显得力不从心了，因为其苍白的理论分析框架根本不能胜任政治的重托，它不能清楚而有说服力地解释法治国家建设面临的问题，更无从设计建构的方案。当政治再次可能需求理论的时候，法理学反而不能担当职任了。现实的政治摧垮了理论的身骨而又指望理论以其羸弱之躯担负无法承受之重，这种尴尬是令人深省的。

那么，在新中国法理学的发展中，学者到底担当了什么样的角色？对法理学之学问性质及功能，学者之中难道就无人有较为清醒的认识？

我个人认为回答这个问题，要对不同时期的学者们所处的诸种环境作具体的分析。其中（上文已提及）有一点是肯定的：面对政治意识形态的评价和现实政治的诉求，法理学者们实际上被制度化力量区隔为不同的群体，他们的立场、理论兴趣和方法论存在着分化的状态。这主要表现为所谓“新”“旧”“左”“右”的差别。随着 1952 年大学

① 维辛斯基：上揭书，第 598 页。

院系调整以及“旧司法人员改造”和批判“旧法观点”运动的开展，法学者的身份大体上都贴上了制度区隔的标签。旧法学出身的人由于得不到新政权的信任而被停止了各自的专业工作，即使他们对法学理论有精深的研究，对法理学之学科性质、功能和发展规律有自己独立的判断，但由于不再有从事专业研究的资格、条件和环境，不再有自己发言的讲坛，他们事实上逐渐淡出法学历史的舞台，无声无息地了却余生，有些可能还受到后来历次政治运动的冲击悲愤而殁。当然，在那个年代，也不乏一些正直、勇敢、头脑冷静的学者以理性的态度对待法理学学问，为守护理论的尊严做出最后的努力。比如，曾任东吴大学法学院院长的杨兆龙教授于1956—1957年发表《法律的阶级性和继承性》,《法律界的党与非党之间》等文章，试图以理论的语言讲清楚“法律规范的本身是正义的”“法律继承的重要性”“强调法律的政治性不应忽视了它的专门性和科学性”等现今看来属于常识性的观点，但这种理性的论辩很快就被随即而来的“反右”运动的鼎沸之声淹没了。杨先生本人及其家庭甚至为此付出了沉重的代价，让人扼腕叹息①。

面对“舆论一律”的政治形势，更多的法学者不得不改变自己的立场，通过“教育”“反省”“检查”“批判”等方式迅速站到“斗争法学”的行列，用“斗争法学”的世界观和方法论武装自己的头脑。其中，相当一部分人自觉或不自觉地将自己归为“左派”的行列，以便在争夺法学理论之话语霸权的斗争中处于较为优越的地位。而一旦这种话语权的争夺与政治运动的展开扭结在一起的时候，学者们其实

① 有关杨兆龙先生上述文章的观点以及他的年谱，详见《杨兆龙法学文选》，中国政法大学出版社2000年版。

都在“知”与“行”的选择上迷失了自己的角色定位，谁也不再为法理学之“科学性”担负道义之责了。到了“文化大革命”时期，“高举毛泽东思想伟大红旗，无限忠于毛主席、无限忠于毛泽东思想、无限忠于毛主席革命路线”成为政治评价的准则[①]，整个法学界无论左派还是右派都几乎被运动的声浪所吞噬，大学法律学系和各政法学院遭到解散[②]，法学教研人员纷纷改行另谋生路。法理学之学问的火种几乎就此熄灭，至少“法理学”的名称在新政权建立之后即弃之不用，而恢复使用此概念则是较晚的事情，其间经历了20余年并非平静的重新认同过程。

总体上看，近十几年来，法理学学问传统的裂痕在逐渐修复，法理学之自身“学术”因素得到强化，法理学者之“知识共同体意识”越来越得到彰显。时间掩埋了一些历史上发生的事件，吞噬了过去时代辛酸与伤痛的记忆，让新生代的法理学者在“时间悬搁”的环境里成长。法理学似乎像其他生命体一样获得了“自生成的”（autopoietic）力量，开始渐渐脱离政治意识形态的母体而走向自治和开放。历史又好像回到其循环的起点，——对法理学而言，这其实也是跨越“卡夫丁峡谷”的起点。

---

① 一个“高举”，三个“无限忠于”是当时的基本方针，也是科学研究和人才培养的政治标准。参见1970年6月27日中共中央批转的《北京大学、清华大学关于招生（试点）的请示报告》。

② 自1970年以后，全国绝大多数政法院系撤销，只保留北京大学和吉林大学的法律学系还零星地招生。详见李贵连等编：《百年法学：北京大学法学院院史（1904—2004）》，北京大学出版社2004年版，第252页及以下页。

我们对中国法理学之未来有怎样的期待？

中国法理学的未来是什么样子的？相信每一个关心这门学问发展的人都会提这个相同的问题。当然，假如我们抽离掉一切现实的条件在完全“不及物”的真空里遐想，那么法理学所映现的可能是一幅任人依靠想象随意涂抹色彩的景象了。可事实并非如此。我相信：尽管每一门学问演进的轨迹可能有所差别，但均受到当下历史、文化实力、政治法律制度、智识环境和学者资质等诸多因素的影响。“任何一种法律思考都不可避免地带有它得以形塑的‘历史气候’（historisches Klima）的印记；同样，处在‘意义之网’中的著者们也从一开始就被不知不觉地限制在历史可能性和规定性的界限之内的。”[①] 中国法理学的历史发展已经证明了这一点，我们谁也挣脱不了历史和现实情境条件对研究者之视域、问题意识、方法和论述能力的宰制。

不论人们对中国法理学怎么期待和规划，我个人认为当代的法理学人实际上还是在完成吴经熊那一代的学者尚未完成的使命。平心而论，新生代的法理学者无论个人资质、家学渊源、国学功底、游学经历，其实还没有超越民国时期的学人，可能还自叹弗如。所以，若不以学问旨趣论，就承业和守业而言，当代的法理学实际上还面临西学强势如何因应、确立中国话语体系及研究范式、如何建立独创性理论的问题。具体而言，其内容包括：“（a）未来的中国法理学应当培育世界知名的法理（哲）学家；（b）未来的中国法理学应当形成具有中国风格和特色而又能够与世界法理（哲）学界展开对话的独创理论与

① 舒国滢：《寂静的旅途》，载《在法律的边缘》，法制出版社2000年版，第1页。

学说体系；（c）未来的中国法理学应当能够反映时代的自然科学和人文科学总体精神及其成就。”[①] 实现这些目标不是一朝一夕的事情，可能需要相当长的一个时间过程。对此，我们应当有足够的耐心、足够的心理准备和智识准备。在此，我们务必对当代中国法理学面临的智识背景及其资源进行省察。

法理学的生命贵在思想创造和超越，但这种创造和超越必须具有受托的实地。那么，中国法理学可以受托的实地、于斯跳舞的“罗陀斯岛”究竟是什么？我们的法理学家能否展开飞翔的翅膀冲向思想的天空，跳出这个“罗陀斯岛”？抑或脱离“罗陀斯岛”我们能够飞行多远？

这里我们首先需要对西方法理学之影响有一个基本的判断和客观的态度。不管大家承认与否，自从 20 世纪初以来，中国的法学基本上受西方法学的宰制，我们现有的法学概念、认识框架、学术规范和研究范式、方法论，无一不是“舶来品”。至少从表层看，我们现代和当代的法学是西学式样和西方传统的，这对我们有五千年文明史的国度的知识精英们确实造成了一种文化的压力。此种压力在学人内心里形成深深的痛楚，生发封闭与开放、情感抵抗与理性认同之间的冲突，这种心理和文化冲突融入中国近现代历史的过程，构成精英知识生成、知识融合、知识突破的框限。至少从法理学领域看，无视西方法理学理论和思想、方法对我们当下法学者思维的形塑作用，是不客观的。问题不在于我们承认或不承认这种影响，而在于我们到底如何看待这种影响。我相信学问是跨文化的，真正的法理学之学问也不应区分其国别性和地域归属。在法理学领域中研究的问题、分析问题的

① 舒国滢：《面临机遇与选择的中国当代法理学》，载《法学》1995 年第 9 期。

概念与方法、基本原理有一些是共通的，只是中外学者在“发现”这些问题、概念、方法和原理上可能存在出发点、视角和时间早晚的不同，而没有智性上完全不可通约的本质差异。事实上，由于上文提及的法理学发展历史“断裂”现象的存在，当代中国法理学与国外的法理学之间已经存在着思想上的隔阂，有“言路不通”的障碍。西方法理学传统一脉相承，基本上没有中断，当我们闭关锁国自说自话时，西方的理论继续依靠惯性演变。而等我们政治经济秩序甫定再拾法理学时，发现他人思想城头大纛更易、语言更变了。近十几年来，中国法理学者将学问重心之一放在移译欧美法理（哲）学方面，实在是情势所迫：要么对外国法理学界采取排拒态度，夜郎自大，唯我独尊①；要么主动参与对话，将他人各家各派学说之优长融会贯通，生成中国风格之法律智慧和学术。舍此尚无上选之路。在我看来，新生代的法理学者（包括第五代和第六代学人）现下及未来一段时间的学术作业之一还是介译西方法理学理论，而不是建立学派、独创体系。

面临“思想之自我殖民化”的压力，雄心勃勃、奋起“抗战”的学者会另寻他途。其中，提倡通过回望“轴心时代”、寻求本土资源建立汉语文明的法理学之方案或许是颇有诱惑力的。我把这种学术努力看作中国人的“族性意识”在法学领域中的觉醒。从积极的方面看，它是中国近代以来学人面临内忧外患之困迫仍持守中华文明生生不息之确信的一种反映，是中国文化在复兴或跃迁之前的一种早觉的心动。无疑，这种心动获得了“轴心时代”之中国精神原动力的支持。德国哲学家雅斯贝尔斯（Karl Jaspers，1883—1969）的下列看法是有道理的：“人类仍然靠轴心期所产生、思考和创造的一切而生存。

① 参见舒国滢：上揭文。

每一次新的飞跃都回顾这一时期，并重新被它激发出思想才智。自那以后，情况就是这样，轴心期潜力的苏醒和对轴心期潜力的回忆，或曰复兴，总是提供了精神动力。"[①] 照我个人的理解，建立汉语文明的法理学，需要考虑的是未来的中国法理学要有中国人自己传统文化的底色，有中国之话语、范畴、方法、当下经验和问题。也就是说，在法理学领域要有中国人独特的思想贡献，它不完全是西方法理学学问的本土化，而是根基于中国本土固有的理论和思想资源，融通西人之智识，成就以"优美而精确"的汉语表达的法律思想体系。要完成这样一个宏愿，目前应该做的其实还是一个基础的作业，即首先要系统地整理中国历史上各家各人的法学著述，在此基础上进行思想史和学术史的分梳，澄清并复现中国法律思想之流变传承的心灵史轨迹，建立一个中国法律思想的"系谱"，继而形成"汉语版的法理学"诠释体系。这个工作不应由西方学者（包括西方的"汉学家"）来完成，因为无论西方人多么心系汉学、多么虔诚志业，都会避免不了"西方的东方想象"之域限，多少会流失一些中国学人感同身受的价值关切和"内在的"心性体悟。在这方面，中国的法理学者所要考虑的，不仅仅是中国本土理论诠释话语的权力之争，而且也包括中国传统法律智慧复兴和"建设现代中国文明的法律智慧"之责任担当。假如有一天我们在本土的法理学思想和问题上失去了发言的能力和资格，那么就不仅失落了法理学之创造的精神动力，而且甚至可能丧失心性寄托之所，身陷于诸文化的泥淖而不能自拔。由此，"心无定所"的痛苦将灵附于中国知识分子阶层，中国法理学欲在国际法理学界争一席之

---

① 卡尔·雅斯贝尔斯:《轴心期》，俞新天、魏楚雄译，载《史学理论》1988 年第 1 期，第 125 页。

地也终将成为痴人说梦。

对“马克思主义法理学”的承继和发展亦为当代中国法理学研究所不能够回避的。马克思主义作为新中国社会主义革命和建设的指导思想，经过半个多世纪的实践已经型化为我国政治、经济、文化诸领域的制度原则，通过经年的强化教育甚至积淀为人们的某种信念力量。无论学者们怎样想在“偶像的黄昏”里孤独地徘徊，最终也脱离不了已经形成的思想基地，不会离这样的思想基地太过遥远。假如换一种思路看问题，也许我们可以提出如下的设想：“为什么不能把中国建设成为马克思主义法理学的世界学术中心？”应当说，有执政党和政府的支持[①]，有多学科几十年研究马克思主义积累的知识财富，有新中国历史上按照马克思主义进行革命和建设之正反两个方面的实践经验，有一流的学者参与马克思主义法理学的研究，有当下政治—法治实践问题之解释的理论诉求，我们没有道理不在这个研究领域走在国际学界的前沿，成为该思想体系的理论重镇。问题只是在于我们以什么样的姿态、什么样的进路和什么样的方法来研究这门学问：假如我们的法理学理论家像以往一样只是以意识形态的说教者的身份自居（政治家们也不一定期望理论家只担当说教者的角色），那么马克思主义法理学之“学”的成分就会被简化而又无多少解释力和说服力的教条所取代，以这样的“理论”不要说难以在国际法理学界去对话，即使在国内也会越来越失去市场，难以吸引优秀的理论人才为之持守薪火。我们说，维辛斯基版的“斗争法学”不能被视为正宗的马克思主义法理学，就在于它有太强的意识形态的色彩，而较少有理论和学术的性格。若以学术的眼光来建构马克思主义法理学，中国的法理学界

① 据报，中共中央宣传部于2004年开始准备启动“马克思主义理论研究与建设工程”，“马克思主义法理学”作为法学唯一的重点教材纳入其中的规划。

其实还缺乏一定的智识条件，还有许多基础性的工作要做。且不说我们对“西方马克思主义”法理学的理论研究所知甚少，即使对马克思主义的法学经典文献也阅读不够，而直接能够运用德语、俄语等语言读懂马克思、恩格斯、列宁、斯大林著作的人更是少之又少。你读不通马克思主义法理学的基本文献，凭什么说这门学问的中心在中国呢？还有，当今中国的政治—法治实践哪些能够作为马克思主义法理学研究的理论之源？或者说，我们怎样按照马克思主义法理学的理论框架来解释、总结中国当下的政治实践和法治实践？这些问题都还没有令人满意的理论阐释。故此，建设“马克思主义法理学”的理论体系仍然需要一个时间过程。

最后，中国法理学如果不使自己的研究流于空洞、苍白，就必须在法学之外和法学之内寻求理论和方法的支持。我们知道，一个国家法学整体水准的提升，在一定程度上取决于它的法理（哲）学的发展水平。故此，法理学总是要站在法学学科发展的最前沿来追踪、吸纳人文科学、社会科学和自然科学的成就，反思法的基本问题，同时也从法学的角度对各种人文思潮作出回应。不仅如此，法理学作为法学建立在诸应用法学（部门法学及其应用学科）之上的具有普遍意义、属性和职能的法学学科，作为沟通法学诸学科的桥梁，它还必须在法学体系之内与其他法学学科相结合，不断从其他学科中获取理论和方法上的资源，以丰富和完善法理学自身的理论。否则，它就很可能会陷入空泛和游说无根的窘境，也不能起到前导学科的作用，不能对法学其他学科予以理论上的指导。过去，“斗争法学”不仅没有使法理学完成与其他学问（如政治学）的分离，而且败坏了法理学作为一门理论学科及大学基础（主干）课程的声名和学问的品格。它一方面使法理学界之内的人受到某种非学术的“词的暴力”的压力，另一方面又使该学问圈之外的人（如民法学家、刑法学家和法学之外的人文社会科学学者）对法理学普遍产生“腻烦”甚或轻蔑的态度，把法理学看作“幼稚的”概念游戏。这种所谓的法理学造成智慧的抑制，不能满足法学之内和之外的学人的期望，它就愈来愈失去吸引力。那些具有智慧头脑的人把他们的目光从法理学处移走，投向更富有魅力的理论和知识领域。在此情境下，法理学从“理论的市场”中撤离“摊位”，就只是时间早晚的事情。①

法理学家应当把自己当作法律专家，其所建立和守成的是“法学家的法理学”，而不是哲学家、社会学家或政治学家、道德学家的一般理论。法律专家与专业外的法律思考者之区别在于他们始终不能完全游离于各个时代发生效力的实在法。法律专家不能像哲学家或伦理学家一样首先站在超实在法或实在法之外的立场来批判法律，不能完全用道德的评价代替法律的评价，不能简单地预先假设一切实在法都是“非正义的法”，是非法之法。法律专家对法律的批评首先应当是“体系内的”批评，实在法为法律专家提供了思考的起点和工作的平台，但同时也限制了法律专家提问的立场和问题思考的范围。法律专家完全可以表达自己在法律上的个人之价值判断，甚至像抒情诗人那样呈展自己渴望无限接近天空的浪漫想象，但法律专家不能像诗人那样利用过度修辞的语言张扬自己的情感。他们如果不想让自己的判断和想象完全流于无效，那么他们就必须用所谓理性、冷静、刚性的“法言法语”包裹起这种判断和想象，按照“法律共同体”之专业技术的要求，来逻辑地表达为法律共同体甚或整个社会均予认可的意见和问题解决的办法。作为法律专家之志业的法学（包括法理学）应该担当

① 舒国滢：《走出概念的泥淖——“法理学”与“法哲学”之辨》，载《学术界》2001年第1期，第109页。

起这个职能。诚如德国法学家拉伦茨（Karl Larenz，1903—1993）所指出的："假使法学不想转变成一种或者以自然法，或者以历史哲学，或者以社会哲学为根据的社会理论，而想维持其法学的角色，它就必须假定现行法秩序大体看来是合理的。……它所关心的不仅是明确性及法的安定性，同时也致意于：在具体的细节上，以逐步进行的工作来实现'更多的正义'。谁如果认为可以忽略这部分的工作，事实上他就不该与法学打交道。"①

在此意义上，不研究部门法学的法理学者还不算适格的法理学家。应当看到，法理学者在近年的研究工作中总是把自己限定在抽象的理论、宏大叙事的作业上，其结果，一方面，法理学理论越来越抽象，越来越脱离实在法的概念，越来越囿于自我玄想的陶醉感觉；其理论的语言越来越"漂亮"，论述的策略越来越玄妙，思想的引力越来越轻飘。但另一方面，这种理论本身亦越来越不切实际，越来越不及物，因而也越来越晦涩难懂，越来越不像是法律的理论：它们有时像脱缰的野马力图冲出实在法的藩篱，绝尘而去。所以，法理学理论如果不想飞离实在的土地，就不应回避实在法，相反应当在实在法领域找到飞升的动力和羽化的质料，它必须背负起实在法这个"沉重的肉身"一起向法律思想的高度攀进。贴近实在法、贴近法律实践问题，就是贴近人类生活本身。只有贴近生活的法理学才具有绵延不绝的生命力②。相信中国的法理学离这个目标越来越临近，而不是越来越遥远。

---

①［德］卡尔·拉伦茨：《法学方法论》，陈爱娥译，商务印书馆 2003 年版，第 77 页。

② 舒国滢：《从方法论看抽象法学理论的发展》，载《浙江社会科学》2004 年第 5 期，第 43 页。

并非有一种值得期待的宣言

——我们时代的法学为什么需要重视方法？

每一个时代都有自己独特的法律现象或法律问题，各个时代的法学必须针对这些现象或问题提出新的解释或解决方案；每一个时代有自己的法学思考者和法律解释者，这些思考者和解释者的经验和知识的前提、其所依赖的语言和思想情境各有不同，就可能使他们回答法律问题的方式及运用的话语体系存在差异；每一个时代都有不同的法律制度及其变种，受时代之制度推动的法学也会随制度的变化而变化，呈现出时代之精神气质和制度气候的特殊印痕。我们谁也挣脱不了历史和现实情境条件对研究者之视域、问题意识、方法和论述能力的宰制。

职业法学家在处理法律问题上的方式是独特的。法学家不能完全像哲学家、文学家、伦理学家或社会学家那样来对待实在法。法学家无论喜欢或不喜欢，无论是否抵牾自己的天性，都必须对实在法有一种认可的态度，即他们必须基于“内在的观点”接受实在法的规定和效力。法学家与专业外的法律思考者之区别在于他们始终不能完全游离于各个时代发生效力的实在法。法学家不能像哲学家或伦理学家一样首先站在超实在法或实在法之外的立场来批判法律，不能完全用道德的评价代替法律的评价，不能简单地预先假设一切实在法都是“非正义的法”，是非法之法。法学家对法律的批评首先应当是“体系内的”批评，实在法为法学家提供了思考的起点和工作的平台，但同时也限制了法学家提问的立场和问题思考的范围。法学家完全可以表达自己在法律上的个人之价值判断，甚至像抒情诗人那样呈展自己渴望无限接近天空的浪漫想象，但法学家不能像诗人那样利用过度修辞的语言张扬自己的情感。他们如果不想让自己的判断和想象完全流于无效，那么他们就必须用所谓理性、冷静、刚性的“法言法语”包裹起这种判断和想象，按照“法律共同体”之专业技术的要求，来逻辑地表达为法律共同体甚或整个社会均予认可的意见和问题解决的办法。作为法学家之志业的法学应该担当起这个职能。诚如德国法学家拉伦茨（Karl Larenz，1903—1993）所指出的：“假使法学不想转变成一种或者以自然法，或者以历史哲学，或者以社会哲学为根据的社会理论，而想维持其法学的角色，它就必须假定现行法秩序大体看来是合理的。……它所关心的不仅是明确性及法的安定性，同时也致意于：在具体的细节上，以逐步进行的工作来实现‘更多的正义’。谁如果认为可以忽略这部分的工作，事实上他就不该与法学打交道。”①

“返观实在法！”——这对法学（尤其是抽象法学）而言绝不简单是一个姿态的选择，毋宁说是理论生命力再造的必然要求。法学必须背负起实在法这个“沉重的肉身”一起向法律思想的高度攀进。然

① ［德］卡尔·拉伦茨：《法学方法论》，陈爱娥译，商务印书馆2003年10月版，第77页。

而，返观实在法绝不是重走注释法学的老路，将法学的全部注意力转向法律教义学体系的构建。所谓返观，只不过是要求抽象法学放弃逃避实在法、逃避问题的心态，放弃以制造“贫血的概念体系”为旨趣的理论努力。直面实在法及其存在的实践问题，同样可以通达抽象法学“心仪高远”的目标。贴近实在法、贴近法律实践问题，法学才具有绵延不绝的生命力。

假如我们确实不知道“中国法学向何处去”，那么有一点可能不失为一种值得尝试的选择：转向法学方法。从广义上讲，法学方法包括法学建构的方法（即从某种目的出发建构法学概念和理论体系的方法）、法学研究的方法（即正确地进行法学研究所应遵循的一套原则、手段、程序和技巧，如哲学的方法，历史考察的方法，分析的方法，比较的方法，社会学方法等）和法律适用的方法。从狭义上讲，法学方法，主要是指法律适用的方法。因为诚如上述，法学是实践知识，实践学问，它总是通过实践来获取知识，并把法学知识应用于解决法律实践问题，为此提供答案。在此意义上，无论是法学建构，还是法学研究，均具有法律实践的指向。在法律实践中，法律适用总是居于核心的地位。从法律运行的角度看，司法（尤其是法官的法律裁判）居于中心的环节。以事实的认定和法律规范的寻找为中心，法学方法论所研究的主要问题包括：（1）法条的理论；（2）案件事实的形成及其法律判断；（3）法律的解释；（4）法官从事法的续造之方法；（5）法学概念及其体系的形成[①]。这其中又包括法律解释的方法、法律推理的方法、法律论证的方法、体系建构的方法等等。

的确，方法的转向并不是唯一的一剂振兴法学的灵丹妙药（法学

---

①［德］卡尔·拉伦茨：《法学方法论》，第3—7章。

的振兴取决于多种多样的因素和机缘)。而且，过分注重方法论的法学，还会产生拉德布鲁赫(Gustav Radbruch)所讥之“病态”。这位具有深刻法学洞见的法学家曾警告世人：“有关法律方法的研究越来越多。就像人，如果终日为自省折磨，大多数情况下会成为病人，而科学，如果总是抓住机会忙于研究自己的方法论，也常常是有病的科学；健康的人和健康的科学并不总是要太多地了解自身。”[①] 而且，沉湎于“方法论上的盲目飞行”[②]，还可能使我们的法学家仅仅专注于法律技术和法律适用操作的规程，而不抬头遥望灿烂的星空，洞察内心的道德律。久而久之，法学家会逐渐丧失反思的能力，其难免成为附丽权贵的工具，甚至沦为权势者玩弄的奴仆。历史上，一些优秀的法学家(如卡尔·施米特、卡尔·拉伦茨)尽管可以称为法学方法论上的大家，但在某些特定的历史关头终究堕落为政治上的投机分子[③]，这既令人扼腕叹息，又让人忧思自戕。

即便如此，我们仍然不应对法学方法论抱有同样盲目的敌意。我认为，总是人在犯错误，不能迁责于法学方法论本身。事实上，每每处于精神困顿之时，法学家总会投身于“方法的转向”，从中寻求推进思想的动力和进路。比如在德国，从20世纪60年代开始，法律

---

①[德]古斯塔夫·拉德布鲁赫:《法律智慧警句集》，舒国滢译，中国法制出版社2001年版，第139页。

②“方法论上的盲目飞行”一语是德国法学家伯恩德·吕特斯(有人译为“魏德士”)在其一篇文章中所提出来的。见 Bernd Ruethers, Anleitung zum fortgesetzten methodischen Blindflug? *NJW* 1996, S.1249. 后来，其在《法理学》一书中再次提到这个问题，见[德]吕特斯(魏德士):《法理学》，丁晓春、吴越译，法律出版社2005年版，第409页。

③ 有关卡尔·拉伦茨在纳粹时期的表现以及引发的思考，参见黄瑞明:《纳粹时期的拉伦兹：德国法学界的一页黑暗史》，载《法学论丛》(台湾大学)2003年第5期，第1—53页。

制度的规范基础的讨论被法律科学的方法之探讨所取代。由于当时不能重构自然法理论，法学家们开始反躬自问："法律的讨论应当怎样进行？""什么是最有成效的方法？"在法学家的反思方面，较早时期出版的法学方法论作品，如卡尔·恩吉施（Karl Engisch）1943年版的《法律适用的逻辑研究》(Logische Studien zur Gesetzesanwendung)，乌尔利希·克鲁格(Ulrich Klug)1951年版的《法律逻辑》(Juristische Logik)，特奥多尔·菲韦格（Theodor Viehweg）1953年版的《论题学和法学》(Topik und Jurisprudenz)，以及哲学家加达默尔（Hans-Georg Gadamer）于1960年出版的哲学著作《真理与方法》(Wahrheit und Methode）均起到了激励的作用[①]。这种方法的转向，到了20世纪70年代末期在法学领域产生了较为系统的研究成果。尤其是近年来，一批运用当代最新方法论研究法学问题的论著（如法律论题学、法律修辞学、法律语言学等）不断问世，充分显示了德国法学的强劲实力。在此背景下，建立在现代逻辑、语言哲学、语用学和对话理论基础上的道德论证理论和法律论证理论在哲学和法哲学领域悄然兴起。在法律论证理论发展的过程中，德国当代法学家、基尔大学法哲学与公法学教授罗伯特·阿列克西（Robert Alexy）的贡献无疑是独特的，其理论是任何想从事法律论证理论研究的人都无法绕开的高地。他于1978年出版的《法律论证理论》，系其进入学界的成名之作，也是其后来有关基本权利、法与道德之关系、规范理论和正义论研究的奠基性作品。在以后的数十年中，阿列克西又相继出版《基本权利论》(1985年)、《法的概念与效力》(1992年)、《柏林墙射手案：论法、

① See James E. Herget, *Conremporary German Legal Philosophy*, University of Peesylvania Press 1996, p. 7.

道德与惩罚之关系》(1993年)等著作，成为近年德国法哲学的重镇，其著作被译成十几国文字，行销欧美[①]。

德国“二战”以后法学的复兴过程验证了孔子名言的正确性：“工欲善其事，必先利其器。”[②]欧洲法社会学家欧根·埃利希(Eugen Ehrlich)在谈到法学之发展时讲过同样的道理：“一切研究之要务在于寻找到与其对象相适应的某种研究方法。故此，一些伟大学者的一生都花在寻求方法上；方法一旦找到，工作就可以完全由下面的人力来进行。”[③]

回到我的文章副标题的问题上：“我们时代的法学为什么需要重视方法？”更确切地说，“我们当代中国的法学为什么需要重视方法？”回答这个问题，我们可以省略一些细节的考量，但有一点必须指出，那就是：我们的法学过去未曾受到过严格的方法论的“规训”。以至于我们的学者难以保持理性、严谨和科学的问学态度，难以保持思想谦抑的心情，难以抵御形形色色的思想的诱惑和恣意表达思想的冲动；在我们的法学思考中常常可以发现学术传统的断裂、思想链条的中断、思想理路的混乱和思想鸿沟的无理跳跃，缺乏细致入微的分析、论证和说理。而法学方法论的研究，从一个侧面为我们的法学建构提供一种观照的镜鉴，一种特殊的精神气质和建立法学知识标准的某种进路。我们可以对一切缺乏方法论支持的所谓学术创造提出最低

---

① 参见舒国滢：《战后德国法哲学的发展路向》，载《比较法研究》1985年第4期。

②《论语·卫灵公第十五》。见刘宝楠：《论语正义》，载《诸子集成》(第1册)，中华书局1993年版，第337页。

③ Eugen Ehrlich, *Grundlegung der Soziologie des Rechts*, Dritte Auflag, Duncker & Humblot/Berlin 1967, S.5.

限度的质疑。相反，尽管我们可以对德国潘德克顿学派的概念法学之基本立场和观点提出批评，但我们绝不应否定普赫塔、温德沙伊德、（前期的）耶林等人为建立形式化、科学化的法学而在方法论上所做出的巨大努力，不能否定他们对法学方法论在规训学人的思想恣意、抵御来自旧政治势力的复辟和“革命”力量侵袭等方面的远见卓识[①]。此外，还应当强调：对于建立法治国家而言，重要的不是提出制度的框架和方案，而是制度设计的方法论根据。诚如德国的吕特斯（魏德士）教授所言，法律的方法问题本身就是宪法问题，加强在历史上不断丰富的法律方法意识具有法律实践与宪法政治的意义。方法论可以将国家权力的分立精确化，有利于平等对待和法的安定性，可以为裁决提供依据、为展开批判性论辩提供可能，有利于法律工作者自我认知、自我监督，确保法的内在道德。[②]我们应当坚持吕特斯（魏德士）教授之相同的信念：“科学认知的可靠性及其成果对社会的有用性在很大程度上取决于科学自身是否有能力并准备着认识并纠正自身的弱点和缺点。这也是法律方法论的主要任务之一。”[③]正是基于上述认识，我们说：我们的时代需要方法，法学方法论将在我们的时代成为显学。

大家一定看得出来，尽管我一直在强调方法的价值，但当下所写的仍是一篇没有多少方法论含量且较为散漫（抑或凌乱）的文字，没

---

① 例如，普赫塔认定：（当时德国历史法学的）法学方法上的形式化一方面可以对抗反动的复辟，另一方面可以防御“即将来临的革命”，用以捍卫正义主张的保证。参见［德］弗朗茨·维亚克尔：《近代私法史》（下），陈爱娥、黄建辉译，上海三联书店2006年版，第389页。

② 见［德］吕特斯（魏德士）：《法理学》，丁晓春、吴越译，法律出版社2005年5月版，第294、346、409页。

③［德］吕特斯（魏德士）：《法理学》，第409页。

有值得期待的宣言，没有强式的命题，没有限定逻辑条件和严格推论的主张，这也许是一种自觉的无奈吧。行文至此，我不由得想起诗人艾青的著名诗句：

“为什么我的眼里常含泪水？

因为我对这土地爱得深沉……”①

带着同样的追问，我们的法学家身上多了一份沉重的责任。法学之于我辈，乃安身立命之地，经年谨心守望这一片土地，或许能够使我们看到一线曙光从远方的地平线缓缓映射而来。

① 艾青：《我爱这土地》，载牛汉、郭宝臣主编：《艾青名作欣赏》，和平出版社 1993 年版，第 180 页。

学术的光荣与梦想

——“真理标准”的讨论与中国当代法理学的发展

法理学界的微澜

中国当代法理学的发展，大抵如其他学科的发展一样，是与“真理”这样一个话语的诠释方式的变化相关联的。在“条条”“语录”“句句是真理”的年代，一切政治口号均以“真理”的面相出现，取代了学术真诚的思考和严肃的追问，不仅法理学，而且甚至整个法学都在这喧嚣的“真理呐喊”声中湮灭殆尽。

毋庸置疑，1978 年 5 月 11 日《光明日报》特约评论员文章《实践是检验真理的唯一标准》的发表，以及由此而引发的理论界关于真理标准问题的讨论对于中国法理学的进步同样是意义重大的。特约评论员文章所依凭的仍然是“真理”话语，但它所追问的是“真理的检验”而不是“谁言真理”，并且把检验真理的“唯一标准”归结为社会实践。尽管“唯一标准”的提法容易给人一种话语霸权的感觉，但在当时特定的历史背景之下，这无疑是矫正混乱的思想路线的“技术性策略”。事实上，真理之检验诉诸于“实践性”（实践是一种未定式和“试错”的努力），是一种开放的态度和不断探索的认识旨趣。这种态度和认识旨趣，不仅打开了法学理论界的思想禁区，为法学理论的争论提供了思想动力资源，而且也结束了中国法理学徘徊不前的历史，使法理学理论从依附走向独立，从混乱走向有序，从不规范走向规范，从幼稚逐步走向成熟。

应当说，相对其他人文—社会科学而言，法理学界对真理标准讨论的回应总体上显得是较为滞后的。在1980年以前，中国各政法院校、综合大学法（律）学系的法理学教科书仍然沿用50年代苏联法学教材的体系，称作《国家与法的理论》，其内容的相当大一部分讲授国家理论。其法学理论之核心部分（如关于“法的概念”“法的作用”的阐述）仍然照搬“维辛斯基法学”的基本论点。在法学研究方面，由于法理学界长期受“左”的思想的束缚和过去政治运动的负面影响，学者们在当时的理论环境下似乎并没有足够的勇气、知识准备和有效的进路突破理论上的禁区，即使对一些法学基本问题（如“法的继承性”“民主与法制”“法律面前人人平等”“人治与法治”等）有所讨论，但多限于对党和国家文件的诠释和法律基本知识的普及，其中真正有理论突破和学术价值的论著并不多见。

在此方面，学者们所作出的第一次有价值的贡献，是1980年后法理学学科自身的建设和对“维辛斯基法学”体系在理论观点和方法论上进行的一次又一次的冲击和解构的努力。在学科建设方面，政法院系教材的体系和主要内容的变化是一个重要标志。北京大学试用教材《法学基础理论》（1981年）和高等学校法学试用教材《法学基础理论》（1982年）相继问世，在体例上打破了《国家与法的理论》旧有框架，凸显法理学的基本问题和基本理论，这实际上是对多年以来法理学家们把法理学作为一门独立学科之信念、追求和不懈努力的确认。所以，不难理解，上述两种教材成为其后同名教科书之蓝本，影响达十余年之久。1983 年 4 月在上海召开的全国第一次法学理论讨论会，以“法学体系”和“法律体系”为讨论主题，对法理学的学科性质和框架作了新的理论化的检讨。学者们通过讨论而在学科定位等诸多基本问题上达成共识，这就为法理学学科的进一步独立发展创造了条件和氛围。

然而，从法理学观念和思想层面看，其实质性的变化主要还是通过一系列理论和方法问题的突破来实现的。表现在两个方面：

1. 关于敏感性理论问题的争论。1980 年前学者们在讨论法的敏感性理论问题时总是显得有些心有余悸、缩手缩脚。《法学研究》1980 年第 1 期发表周凤举的文章《法单纯是阶级斗争工具吗？》，理论锋芒直指“法的阶级性”这一传统的理论命题。周文所提出的论点激活了法理学者们沉睡的心智和理论争辩的热情，于是也才有了后来关于“法的阶级性”“法的社会性”“法的共同性”长达数年之久的辩论。这些辩论的主题及方法在其他人文—社会科学界看来也许是“幼稚的”，甚至受到了来自其他法学学科的学者们的鄙视，使他们对法理学研究产生了相当轻蔑的态度。但参与讨论的人们明白，正是法理学的这场争论才为中国当代整个法学的发展争得了较为宽松的学术环境，也正是有此争论，法理学界才会在 80 年代中后期讨论诸如“法的本位”（权利本位、义务本位）、“人权与法制”“法的价值”“法律文化”“法的精神”“法制与法治”等等具有一定学术价值的法学基本问题。而这些问题的研究无论在理论层面还是在实践层面都确实产生了积极的影响。

2. 关于法学方法论的更新。面对亟待回答的一系列法学难题，“困惑的法学家们”带着焦躁的情绪在法学研究中接引各种流行的科学方法，就构成20世纪80年代法理学发展的一大景观。一时间，“系统法学”“法学的定量分析”“数量法学”“法的实证研究”等成为颇为风行的语汇。尽管这一阵“方法论更新”的呼声随着研究者热情的冷却而渐趋沉寂，但它所提出的观察法律现象的独特视角，它在传统的法理学研究领域引进各种新方法论的大胆尝试，以及它所透出的对法理学认识之解放旨趣的渴望，均对法理学之陈旧、僵化的观念和理论产生不小的震动。而它那蕴藏着的青年人所特有的朝气、想象力和冲击力，也是后来的法理学讨论和研究中所不曾再现的。

成就背后的隐忧

有人说，20世纪90年代是一个“学术的时代”。这一判断既包含对当下较为成熟、理性的精神和研究品味的肯定，对学术传统的承继和回归的褒扬，也包含对20世纪80年代之“思想喷涌”景象的依恋。就法理学发展而言，20世纪90年代出现的较为显著的变化就是成熟的法理学论著的出版和法理学研究者之新生代的迅速成长。

人们曾做过这样一个比较乐观的估量，认为由于中青年法学家群体的崛起，中国的法理学已走出多年进退维谷的窘境，取代了其他法学学科在学界的影响，形成越来越强劲的发展势头。笼统地讲，这一议论不是没有道理的。最近几年，法理学界确实呈现出繁荣活跃的气象，表现在：

1. 法理学教研队伍增强，群体参与课题研究的活动比过去频繁。

自1978年以来，中国各大学、科研机构已培养了几百名法理学专业硕士、博士研究生（具体数字尚待统计），还有一大批法律本科毕业生充实到法理学教学科研岗位。这样一批新生代的成长，从整体上改变了法理学教研队伍的结构，他们的新观念和新视野，为当今中国法理学的更新和发展注入了催进的动力。而且由于这一代人具有开放的精神，他们之间的相互协助与合作变得相对轻松一些。尤其是在需要集体攻坚的科研课题和翻译外文书籍的工程方面，群体合作已显示出个人力所不逮的优势。

2. 法理学研究日渐深入，其质与量均有增益。如果概括地划界，那么我们可以说：90年代以前，中国法理学的任务主要还是澄清一些理论是非问题，为培育良好的学术环境做准备。此后，由于极“左”思潮渐次失势，法理学界才得以有喘息的机会，在相对平和宽容的气氛中探讨法学范围以内的问题（如法律价值、法律文化、法学范畴、权利本位与义务本位、法制与法治、法与人权、法律解释等）。这一转向的结果，就是一批高品位的法理学论文和专著发表或出版，从而使中国法理学研究跃迁至理论论证的阶段。

3. 注重法理学“请进来”“走出去”的工作，并有了一个良好的开端。法理学的“请进来”有两种方式：一是邀请国外的法理（哲）学家到国内访问、讲学；二是组织力量翻译国外法理（哲）学名著。特别是，近年由一批年轻学者主持的“当代法学名著译丛”的编译工作，使学界能够阅读到活跃于当代国际法理（哲）学界的一些著名法学家（如波斯纳、塞尔兹尼克、麦考密克等人）70年代以来出版的著作。其功德可嘉，自不待言。此外，法理学界多年来也较注重“走出去”的努力。一批学人先后被派往英美欧陆诸国留学或讲学，他们在中外法学的交流与沟通中发挥了不可低估的作用。1990年，中国法学会法理学研究会作为团体会员加入国际法哲学—社会哲学协会（IVR），使我们中国的法理（哲）学家们有机会与国际上有影响的法学家谋面，并在国际法理（哲）学讲坛上展示中国法理学界的学术成就。

但也应当看到：当今的中国法理学研究中也存在着某种“焦躁”的倾向。所谓“焦躁”，乃是指法理学研究者们的一种杂糅急功近利和茫然无措等综合因素的精神状态。这一精神状态的缘起，来自内、外两个方面。从外在方面看，随着当代西方法理（哲）学著作、学说、思想被逐渐介绍至国内，我们的法学家看到了本国法学发展水平的差距，自然生成“技不如人”但又不能心服的矛盾心态，而且，由于法理学有过长达近30年理论传承的中断，法学理论家们面对当今中国政治、经济、社会、文化的变迁，不能像哲学界、经济学界那样提出系统的诠释理论。这样，被迫以先天不足的理论话语去回应纷繁复杂的社会现实问题的焦躁心态就产生了。从内在方面看，新生代的学人大多没有能够受到较严格的治学训练，因而缺乏持之以恒的精雕细镂功夫。面对新课题、大课题，大家热情奔放、慷慨陈词。其兴奋之情有余，但潜心求证不足。由于功力欠深厚但又急于快出作品，这就不能令人保持平和、安静的心态。其结果是，法理学论著洋洋大观，但所充塞的，多为一般性的常识或“人云亦云”之言。

本人的另外一个感受是：当代中国法理学学科方向发展不平衡。众所周知，法理学是一个开放的体系，是一个多向度的人文学科。它随着自然科学与社会科学的分化、整合而不断拓展或限定自己的研究范围。长期以来，学界（包括法学刊物）片面强调法理学的实务化或实践职能，而较淡化其批判认识功能。求真、求实、求善、求美的知识价值被忽视了，大家纷纷转向探讨法的社会学问题、法的政治学问题、法的经济学问，而对法理学的专门理论、法学方法论、法的哲学、人类学、文化学问题则不愿过多地用力。法的语言学向度，更是无人问津。这就给人以错觉，似乎唯有法的社会学、政治学、经济学理论向度才是中国法理学未来发展之正确方向，而本应当构成法理学主要研究对象的法的哲学和专门理论问题反而显得不甚重要了。依愚之见，此一观念阻力不排除，将会扼制有志于研究法哲学、法学专门理论的学人们的信心和旨趣。果若如此，中国法理学未来的健康、均衡发展，就得打上一个问号。

中西理论的隔膜

如果客观检视法学的总体发展，那么我们就应当承认这样一个现实，即当代中国法理学与世界法理（哲）学之间实际上存在着隔阂。表现在：我们的法学家不大了解国外法理（哲）学界讨论的前沿课题；国外的法学家对新中国法理学的发展及成就也颇为生疏。近年虽然也有一些外国的汉学家兼法学家开始转向中国法律文化的研究，但他们所感兴趣的，主要还是中国传统（尤其是西学东渐之前）的法律制度及法律思想。真正从事当代中国法学研究的外国学者，其数量是微乎其微的，而关注中国法理学之人更是寥寥无几。

言路不通，阻碍了中国法理学走向世界，也容易使我们的法学家养成偏狭的擅断主义情绪，在尚不十分明辨理论脉络的情况下，对西方法学采取简单的批判或拒斥态度。缺乏参照和比较，就会使法理学在相对封闭的环境之中生长。这样，夜郎自大、唯我独尊的不良学风的形成，也就在所难免。而这种学术之风，确实又是我们的法理学发育不良的诱因。

说到底，中国法理学与世界法理（哲）学的隔阂，在于它们是两种不同的话语（Rede，言谈）系统。当然，这里的“话语”，主要还不是指言语的表达形式（即纯粹的操作语言），而是指各自的理论体系，即由意识形态、价值观念、述说方式、知识建构及其规则等构成的统一体。

中国当代法理学的理论话语尽管在90年代已经有了很大的变化，但总体上看，这一混合的话语系统仍然维持在较为陈旧的知识框架之内，以老生常谈或注释众所周知的权威观点为己任。法理学教科书公开表明：中国的法学是“马克思主义法学”。但严格说来，至少权威性教科书本身并没有能够对马克思主义经典著作进行认真、系统地整理和解释，也没有很好地批判吸收国外马克思主义理论研究的成果。如此形成的一套话语系统，即使同西方“新马克思主义法学”之间也没有相互沟通的基础，更不能指望以此来与国外其他法学思想之间展开前沿水平的对话了。

由于话语系统不同和多年学术交流的中断，我国法理学界对于国际法哲学界讨论的主题普遍反应较为冷淡，或至少是反应滞后的。这表明：在研究旨趣和关注的问题方面，中外法理（哲）学家也是有较明显的差别的，一般而言，我们的法理学家乐于将过多的精力用于争论国内民主与法制建设的许多技术性、操作性的问题（其中许多属于多学科研究的对象）；而国外的法理（哲）学家即使在其国内组织的学术研讨中，也可能会选择那些关乎整个人类命运的重大课题，或将代表学科前沿发展水平的法学问题作为讨论的主题。形成上述差别的原因是多方面的。其中，除文化、学术传统的差异外，还有其他更深厚的原因，如学人所处的政治、经济背景不同，文化认同的冲突，法学及法学家的当代使命的差异，等等。

国外当代法理（哲）学发展的另外一个显著变化，就是所谓的“语言学转向”。自德国数学家、哲学家弗雷格（Gottlob Frege，1848—1925）出版《概念演算——一种按算术语言构成的纯思维的符号语言》(1879）以来，众多的人文学科及学术流派都开始认真地思考语言问题。在哲学界，人们甚至将“语言学转向”这样一场发端于弗雷格、罗素和维特根斯坦、迄今方兴未艾的哲学运动，称为“新的哥白尼式的革命”。“二战”以后，法与语言关系的探讨与研究，也日益进入法学家们的视野，从而也完成了法学的语言学转向。从世界范围看，这一转向表现为两种不同的法学运动，即以 H.L.A. 哈特为代表、由 N. 麦考密克、J. 拉兹等人继承和发展的“新分析法学”和以沟通理论、符号学、修辞学和论证理论等语言哲学为理论背景的法学理论。一大批法律语言学（如法律语序学、法律修辞学、法律语义学）的著作在近年相继出版。而最能体现科际整合与“语言学转向”优势，以法与实践理性为讨论范围（论域）的法律论证理论，已成为近 20 年来欧洲法理（哲）学界谈论的主题话语。

人文科学的泛语言学倾向，也给我国社会科学各界提出诸多亟待探讨的严肃课题。加拿大华裔学者梁燕城曾在《社会科学战线》(1994 年 2 期）撰文评述西方后现代主义对中国儒家哲学的冲击，不无忧虑地指出：“儒家若不开出对语言的观点，根本就不能和当代哲学对话，因而只能闭门造车了。”

我想，这一警告对当代中国法理学的发展同样是适用的。如果我们的法学家不能及时回应法学的“语言学转向”这一“学”潮，如果不具备广泛的哲学、逻辑学和语言学的知识背景，那么我们与其他国家法学家之间的隔阂就不会消除，言路不通的问题就不可能从根本上得以解决。

法理学面临的特殊时间背景

审视中国当代法理学的发展，也还离不开对“世纪之交”这样一个特殊的时间背景的认识和判断。应当说，法理学在历经本世纪的百年演进之后，已经走向新的发展之路。从时代的世界背景看，法理学的发展所面临的智识环境已不同于以前：

首先，我们当下所处的是一个“科际整合”（inter disciplinary integration）的时代，学科之间的渗透与合作成为科学发展的一个总趋势。因此，法理学在与其他人文社会科学相互合作的过程中又不可避免地遭受到相邻学科的入侵，学科之间的边际界限变得有些模糊，这就给法理学造成困境——难以确定纯粹属于本学科研究对象和范围的界限。或者说，传统上专属法理学研究的问题（如“法律是什么？”），可能会成为一个哲学、社会学或人类学探讨的问题；而一个其他人文社会科学的问题（如“进步与代价”）或部门法学的问题（如“犯罪与刑罚”）也可能会纳入法理学研究的视野。以问题为中心来选择研究的方法和理论的姿态已是学科发展的一个方向，加强学科与学科之间和本学科内部的交流显得愈加重要，不同法理学流派和学说之间的渗透、吸收成为必然。法理学家们也已感受到：单靠某一学派的方法和观点，不可能完成法理学所应完成的任务。当今的法理学所需要的就是把分析法学（关于法律的概念、渊源、形式、效力的解释）、社会学法学（关于社会和文化事实的社会学解释）以及自然法理论中的价值（如自由、平等、安全、人类幸福等）分析统一起来，建立一门整合诸法学流派理论的“综合法理学”。

其次，20 世纪末似乎又是一个“没有根据的时期”。这个时期的人文社会科学领域一直在进行着理性与非理性、基础主义与反基础主义、理性建构与理论解构、现代性与后现代主义的论争。在法学领域，一方面，启蒙时代所倡导的法学世界观占据统治地位；另一方面，普遍主义的法治观和法治秩序本身却出现了深刻的正统性危机，传统的法律和权利哲学基础出现动摇，多元、界限、动态、混沌、怀疑和批判的思潮广为流行，地方性知识、特殊性问题和非正式的规范受到重视。法理学的经典理论体系受到前所未有的挑战，它必须能够在接受理论挑战的同时突破传统的法律思维和知识范式，为正在动摇的理论问题，如法治的现代性、法治的理性原则等等，提出足够合理的论证。

最后，随着冷战的结束和苏联—东欧的解体，交织着意识形态（主要是社会主义与资本主义）冲突的国家—民族文化冲突也日益凸显。这就为具有不同文化—意识形态背景的学者之间的交流带来障碍。例如，马克思主义者很难与那些反马克思主义者（如自由主义者）达成共识。就法理学而言，它在发展过程中必然遭受到这种文化—意识形态冲突的影响，这不仅表现为东西方法律文化、价值和理论的冲突，而且即使是在西方世界内部英美和大陆之间法理学/法哲学学术传统的差异，也不会很快消失。故此，不同国家—民族法理学家之间要寻找到沟通和对话的渠道，须取决于国际间社会政治、经济、文化诸因素的互动和良性循环。

在中国，当代法理学面临的问题有其特殊性。例如，法理学研究的学术环境的培养和保护，法理学学术传统的重建，中国的现实对法学家们所提出时代课题，法理学与应用法学的结合，法理学方法的变革，法治进程中的知识转变，法理学研究的国际化、规范化与本土化，等等。在此背景之下，中国当代法理学继续本着20年前“真理标准”

讨论时的探索精神，本着实事求是的原则，提出一整套适应中国国情而关注人类生存和发展的一般法律问题的独创理论体系，这对每一个从事法理学研究的人来讲就显得日益重要而又迫切了。

新世纪的企盼

一个国家法学整体水准的提升，在一定程度上取决于它的法理（哲）学的发展水平。故此，法理学总是要站在法学学科发展的最前沿来追踪、吸纳人文科学、社会科学和自然科学的成就，反思法的基本问题，同时也从法学的角度对各种人文思潮作出回应。不仅如此，法理学作为法学建立在诸应用法学（部门法学及其应用学科）之上的具有普遍意义、属性和职能的法学学科，作为沟通法学诸学科的桥梁，它还必须在法学体系之内与其他法学学科相结合，不断从其他学科中获取理论和方法上的资源，以丰富和完善法理学自身的理论。否则，它就很可能会陷入空泛和游说无根的窘境，也不能起到前导学科的作用，不能对法学其他学科予以理论上的指导。

当代中国法理学走向世界，已经有了一个很好的开端，但还有一段相当艰苦的路程。这方面，当然有很多工作要做。例如，追踪当代西方法学及其他人文科学的最新发展动态，整理马克思、恩格斯等思想家的法学著作，关注我国实践中的新问题、新动向，等等。

从学科长远发展的角度看，法理学家们也应为未来中国法理学做些精神上和物质上的准备。首先，要在整个学界树立“敬业”精神。这里的“敬业”，主要是指法学家们要多培养一些“为知识而知识”“为真理而真理”的科学精神，少一些急功近利、专重物利的短视行为。其次，打破法理学的封闭状态，拓展它的开放度，即应向一切学问和知识开放。尤其是面临今天科际整合的大知识背景，这种开放显得格外重要。鉴于我国法理学尚不能与当代世界法学展开对话的事实，可以考虑让法理学率先与国内已较成熟的学科（如哲学、经济学）进行交流、沟通与对话，从中把握国外人文思潮的脉络，逐步扩展法理学家的学术视境。再次，养成平等商谈的良好学术风气，创造宽松的学术环境，使更多的学人怀有尊重不同的意见、听取不同声音的宽容心量。最后，学界应借鉴国外一些科学的教育经验，建立一套训练优秀法学家素质的机制，为中国法理学的传承与弘扬提供雄厚的人力资源。

"21世纪是中国的世纪。"这向所有的中国人展现出一个复兴强势经济和文化的美好前景。我们的法理学家应当有这样一个眼量和胸怀，去迎接面临机遇、挑战和选择的"中国世纪"，将中国的法理学推展至整个国际法理（哲）学界的前台。跨超世纪的年青一代法理学家将要承受这样一项使命和责任。

中国法理学的上下左右

《法学研究》和《法商研究》编辑部准备联合召开“法理学向何处去”的专题研讨会，应当说，主办者提出讨论的问题视角是敏锐的。不过，这也是令每一个吃法理学饭的人都会感到有几分难堪的话题。1986年德国有一位教授在他的法哲学著作中几乎提出了相同的疑问：“法哲学面临着无路可走的处境了吗？”(Ausweglose Situation der Rechtsphilosophie？)[①]看来，大家的心情都是一样的，均感受到了世纪之末特殊的精神和文化氛围对法理（哲）学的发展所带来的影响。我把它看作法理学人所面临的“剪不断，理还乱”的无奈和尴尬。

我觉得，从发现和审视问题的角度来讨论“向何处去”的话题，可能更为贴近现实。那么，中国当代的法理学的发展到底存在什么“痼疾”以至于不治不足以平心愤？大概，每一个法理学人都会有自

---

① Wolfgang Naucke, *Rechtsphilosophische Grundbegriffe*, 2.Aufl., Alfred Metzner Verlag, Frankfurt a.M, 1986，S.176.

己的判断，也会根据自己的经验开出救治的药方。在各种形式的法理学研讨会上，在法理学饱学之士和青年才俊的鸿篇巨制中，我们听到或读到的慷慨激愤之言之辞，并不是为了仅仅满足茶余饭后的消遣或故作惊鸿之态。即使如此，但我更关心那些真正是基于学术的良心和学者的理性而进行的审思和诊断。在此方面，我们似乎更应该重视的，不是讨论者到底在说些什么，而是他/她凭借什么言说。

近年以来，学界中人对法理学者的理论旨趣做类型学的分析乃至对各路人物按“学派”归类，似乎表现出越来越浓厚的兴趣。这一现象的出现，至少表明：

1. 法理学一家独大的时代已经结束，呈现出多元化的局面。如果说，法理学在过去很长一段时间存在着“幼稚病”的话，那么这种幼稚主要表现为对所谓权威观点不加反思的信任和对所谓“理论热点”的过分投入。但经过若干年的理论分检积淀之后，法理学人已经逐渐学会鉴别学术问题之真伪和理论诠释之异同。在此基础上，每个人开始按照自己的旨趣来选择理论的方向、渊源、方法，朝着法理（哲）学的边界拓展各自的领地。

2. 与这个局面相关联的是“权威”的缺席和“中心”的散落。既然理论本身存在着多种发展的可能性，那么理论权威也就不再享有过去那种毋庸置疑的“合法性”和神圣的地位。一切在辩谈和论证中重新建构说服力，就越发显得重要了。随着“权威”的渐次缺席，理论的地域中心也正在悄悄地发生变化。过去，理论界有一种笼统的说法，认为学术中心有所谓京（北京）沪（上海）两地。但事实上，就法理学发展而言，仅仅将其理论中心归于两地，恐怕还有失偏颇。我们毋宁说，法理学的学术中心是正在形成之中的，还有待法理学人才和理论资源的进一步流动和重新配置。

3. 以“我”为视点寻找理论的“盟友”，组成特殊的“学术共同体”。学术讨论越来越趋向“内部人的交往”。但与此同时也可能会形成新的宗派倾向，产生某种不正常的学术交流和辩谈的气氛及规则。这样，在特殊的共同体之内产生的某些评价体系，很可能会成为划分学术之“规范”、理论品质之优劣、理论水准之高低的标准，使本来正常的学术批评和争论很可能衍变为纯粹的人身攻击和“小团体”之间的私议。在此情形之下，所谓学派的归类和理论观点的类型分析，不仅无助于学术事业的健康发展，反而可能会使尚未真正建立学问传统的法理学界在“寻找组织”的过程中消耗过多的精力和时间，法理学思想伸展的时机亦由此将会白白地流逝而去。

我特别看重世纪之交的时间背景。它能够唤醒人类本源的时间意识，使人们在“向时间（命运）之思”中寻求救生济世之途。它将使思考者们突然有一种跨越大历史时间段的紧张、兴奋和惊雷炸地之前的沉默的感觉。一切在旧世纪“时间之框”内的平静、安逸连同腻烦和无奈，都将随着时间的更替而被冲破。我们不得不面对新旧两个长时间段的问题进行更大范围的和更深入的思考。因此，在学术发展史上，世纪的交会往往也是一次又一次的思想形成的高峰期（如果我们看一看 18 世纪至 19 世纪、19 世纪至 20 世纪交替所带来的学术史的变化，就不会对这一点存有疑虑）。也可以说，是历史赐予了我们扩展心灵与智慧的契机，而丧失了这样一个时机，也就等于丧失了智慧延展的可能性。

这一结论同样适用于我国当代法理学的发展。由于特殊的历史过程和原因，我们的法理学家们在整个 20 世纪里并没有贡献出多少在法理学发展史上值得记录的思想和学说，在 20 世纪的法理（哲）学舞台上扮演重要角色的，几乎清一色来自欧美的法理（哲）学家，诸如鲁道夫·施塔姆勒（Rudolf Stammler，1856—1938）、拉德布鲁赫（Gustav Radbruch，1878—1949）、罗斯科·庞德（Roscoe Pound，1870—1964）、赫伯特·哈特（Herbert Lionel Adolphus Hart，1907—1992）和罗纳德·德沃金（Ronald Myles Dworkin，1931—2013）等人。而在整个汉语圈中能够被称为具有世界声名的法学家，我看也唯有原东吴法学院院长吴经熊先生（John Ching-hsiung Wu，1899—1986）一人而已。①

正是吴经熊先生在20世纪之初曾经提出了一个我们目前可能还会提出的问题："中国法学家也能够很快有在法学上普遍被承认的贡献，这门学问的中心为什么将来不能在中国呢？"②但吴先生可能唯一没有料到的是历史本身的狡黠对他的乐观判断开了一个玩笑。毕竟，从世界范围看，法学学问中心的形成不是靠我们良好的意愿实现的，也不是说一两位法学家在特殊时期的过分突出的法学见识足以使一个地方变成一个被普遍承认的学问中心。即使某个地方可能会由于一些法学家的影响而暂时成为一个世界学问中心（如北欧的乌普萨拉学派、奥地利的维也纳学派），但要保持这个中心的持久的生命力和影响力，仅仅有少数几位法学家的个人贡献是远远不够的。我们毋宁说，一个世界性的法学学问中心的建立，实际上是一个法学学术传统的建立，是一个由无数个不那么知名的学问人在若干年代甚至数个世纪里默默地将自己的智慧不断奉献于法学研究而自然生成的结果，是一个国家法学整体实力和法学家群体优良资质的映现。在没有足够的

① 有关吴经熊先生思想及其影响的简要评述，参见 Wolfgang Fikentscher，*Methoden des Rechts in vergleichender Darstellung*, Band II, J.C.B. Mohr / Tuebingen,1975, S.405—406.

② 引自王健：《超越东西方：法学家吴经熊》，载《比较法研究》1998年第2期，第220页。

实力成为学问的中心之前，放低"狂飙突进"的姿态，致力于法理（哲）学传统的恢复和重建，满足于法理（哲）学事业的一点一滴的进展，最大限度地做我们这一代学人以及每一个个人所应该并且能够做的事情，或许是比较切合实际的，而且也可能离我们期望达到的目标更近。

回到本文开头的话题——关于"中国当代法理学现存的问题是什么"，我于近年也曾做过一些思考，在有些报刊发表过若干片断的看法。[①] 近期经与学人同道几次交谈，我感到尽管我国法理学研究中要解决的问题很多，但似乎关于"法理学范围"的问题的讨论则显得更为重要。[②] 因为这一问题不仅要处理一个纯属法理学学科自身定位的问题，而且在某种程度上直接影响着法理学人理论旨趣和方法的选择，决定着法理学未来发展的方向以及我们为此所可能作出的贡献。兹事体大，不可不察。而且，法理学以往的发展也表明，法理学风向的转换往往是受"为法理学划线"的某些强势的理论话语所宰制的。一旦自认为找到法理学之研究范围的"理论之风"盛行，则可

---

① 见拙作:《面临机遇与选择的中国法理学》，载《法学》1995 年第 9 期;《法学的知识转型》（编后小记），载《比较法研究》1998 年第 1 期;《"真理标准"的讨论与中国当代法理学的发展》，载《政法论坛》1998 年第 5 期;《法理学学科的缘起和在当代所面临的问题》，载《法学》1998 年第 10 期。

② 有人说，法理（哲）学研究对象属于目前法理学讨论的重点，我亦持相同看法。但如果我们笼统地定义，法理学的对象也还是比较清楚的。例如，我国台湾法理学家洪逊欣指出:"法理学之名辞，系指示社会哲学中，以研究关于法及与有关事项之根本问题，尤其以研究法之全体的存在原理及法学方法，为其任务之特殊学问。"洪逊欣:《法理学》，台湾地区 1998 年 1 版第 11 次印刷，第 39 页。德国当代法哲学名家阿图尔·考夫曼（Arthur Kaufmann, 1923—2001）也表达了相类似的观点。他说：法哲学就是将法学上的原则问题与根本问题，以哲学的方式加以回顾、讨论和回答。法哲学的对象（或其形式的客体），即指"法律之整体"。（A.Kaufmann & W.Hassemer[Hrsg.], *Einfuehrung in Rechtsphilosophie und Rechtstheorie der Gegenwart*, 3.Aufl., Heidberg/ Karlsruhe，1981, S.1ff.）

能形成挤压力，迫使学人们必须作出抉择：要么进入新的理论话语的中心，要么在这个中心的边缘孤走自怜。无论从哪个角度看，这种局面都不能算得上是法理学发展的一种健康的走势，它很可能造成法理学理论资源配置的不均衡甚或导致理论自生成力的萎缩。故此，通过此一问题的辩谈，尽管不一定必然达成所谓“视阈的融合”（Horizontverschmelzung），但至少使我们的法理学家明白自己所从事的理论研究的方位及价值，仅此一点做到了，也是很有意义的。

从另一个角度看，中国法理学发展的问题，实际上是一个“上下左右”的问题。几年以前，吉林大学的张文显教授已经谈到了“上下”问题，他把法理学研究中存在的问题形象地概括为“上不去”“下不来”，[①] 一时引起众议。在我看来，张教授所描述的“悬置状态”，是中国当代法理学在攀升过程中必然面临的现象。经过20多年的演进，中国的法理学已经完成了所谓“拨乱反正”的任务，该是迈上一个更高的台阶的时候了。

但“何为上”“上什么”“如何上”？这并不是一个可以简单作结或解决的问题。不知“上”，也无从“上”，则只好在“悬空”处顾盼，茫然无措了。

其实，“上”的问题也不是到了今天才被人察觉到的。可以说，我们在恢复法理学研究的那一天起就一直渴望能够有“上档次”“高品位”的法学产出，能够在世界法理（哲）学讲坛听到来自中国法理学家的充满思辨的声音，与世界范围的法理（哲）学家们一道讨论关涉人类整体命运的法理（哲）学前沿问题，能够在较短的时间内孕育出体现中国智慧的原创性法学理论和思想，培育出“世界级的法理

---

① 见《政治与法律》1994年第5期，“刊首语”。

（哲）学大师”。但这种“上”，仅仅停留在感性欲望的层面，在学问旨趣的追求方面，我们确实很难说是在以“上”为标高。意识形态的风动倾向，急功近利的焦躁心态，立竿见影的“求新”意识，参与决策的治学志向，如此等等，很难让我们的法理学家保持纯静的心态，在本来需要法理学家投力运思之处（如“法和法学的根本原理”问题）戛然止步，而在与其他法律学人争夺“稻粱”的地方，我们也未见得占有“先手”、显出优势。有此等近视和动顿心绪，人不在半空虚悬，还能奋袂前行、有所精进吗？

说到“下”，我在不同场合也听到过不少的议论。大抵上有一种代表性的意见，主张法理学应当从“虚空”中走下来，能够对其他部门法学的研究起指导作用。从法理学学问性质和功能上讲，这无疑是完全正确的。但问题是采取如何一个“下”法，是不是像有些学人所孜孜以求的那样，把法理（哲）学降低至“法教义学”（Rechtsdogmatik）的层次？是不是法理学通过法教义学的方法为现行法律找到一个可以自圆其说的逻辑（概念）体系和结构，就确立了它赖以存在的基础，体现了它“当有”的价值，同时也就算是一门“有用的”学问了？依我看，这样人为地为法理学限定一个所谓“下得来”的范围（像 John Austin 的“分析法学”和 Hans Kelsen 的“纯粹法学”那样），则未必是法理学智慧精进之福，反而可能是法理学发展之悲哀了［假如它确实成为法理学人之普遍解释学态度中唯一的“前判断”（Vorurteil）的话］。所以，让法理学理论本身（尤其法学方法论）的发展而不是法理学家先验的预设来决定其“走下来”的方式和姿态，是非常重要的。没有生命力的法理学，无论怎样调整其“下降”的姿势，也不会平稳地落在坚实的土地之上。只有那些起落自由的理论学说，才会伸展出多样态影响的可能性。

最后要提及的是所谓“左右”问题。对学术风向素来敏感的人，往往会从意识形态层面理解法理学研究中的“左”“右”之别。以至于我们看到，法理学人在多年的学问生涯中已经习惯于以左右的空间直观意识来判断相互间思想的政治—社会倾向。“左”“右”的标签，不是被贴，就是贴人。而争抢权威真理的话语霸权，亦不过是为了获取一己的“贴签权”。历史上法理学的争鸣，在冲破非学术的语言魔障重重遮蔽的同时，实际上也造就和强化了学人内心深处的左右惊悸的善感性（sensibility）。但随着“姓社”“姓资”问题辩谈之音渐弱，法理学界在意识形态上的“左右”之论自然也不再属一种暗在的诱因，从而能够激起“理论的狂澜”。

所以，我更愿意（但可能是很不切当地）把当下的法理学之左右问题看作另一种意义上的现象——一种在学问路向选择上的游弋不定状态。“科际整合”（inter disciplinary integration）的知识背景模糊了法理学与其他人文社会科学的学科边界，这使得我们的法理学家在领略学科边际灿烂风景的同时，也将迷走自我的视线，不能辨认回归学科之内的路径。处在这种“左冲右突”困迫局面，真正会感受到诗人曾经描述过的一种悲凉的心境：“我不知道，风是在哪一个方向吹？”固然目前我们还不能完全断定左右摇摆的行走将会给我们的法理学研究带来什么样的负面影响，但它毕竟值得每一个仍然随风飘逸的学人慎思。

21世纪的智慧之门向我们开启。但愿吴经熊先生的期望在这个新的世纪不至于落空。我也希望法理（哲）学的智慧之光会照耀在这片古老的土地，我们这一代学人负有责任小心地护卫这一点点“法学之光”，不致使其在历史的风尘中熄灭。

法学的知识转型

时值世纪之末，总不免回眸过去一个世纪的学术历程。自然，法学的反思也不会逃逸于学人的视野之外，这可以从现下报刊杂志文论越来越多谈论此一问题而得以印证。今年，《读书》杂志第1期刊载梁治平先生《法治进程中的知识转变》和苏力先生《反思法学的特点》两文，再度将法律学人的目光引入对自己所从事的职业活动本身的审视。问题的实质是，晚清以降，随西学渐进，法学在中国已历经百年的积淀，但至今似乎仍未融入普通知识分子的知识体系。对此，梁先生文章称：

一个直截了当的解释是，中国的法律人本身就不是知识分子，这个群体虽然垄断了所谓法学研究，而且在最近十年间保持着数量惊人的产出，但是它从未向知识界提供真正优秀的产品。实际情况是，经此群体建构的“法学”自然会被排除于知识分子理论思考的视界之外。这也许是中国现代智识史上最严重的事件之一，其影响至为深远。

此言谈一出，多少令法学界同人有些惶惶不安：法学研究到底出了什么问题？假若我们对这个问题没有足够客观、清醒的辨识，那么我们似乎将永远在自己圈定的知识框架内闭门造车了。所谓“法学幼稚”的印痕，也就不会在一般的知识人的心像中抹净。

不过话又说回来，判断一个学科的发展水准和知识品格，是一个较为复杂的问题。仅从某一基点和立场出发，对法学研究的智识价值作是非评断，似乎有欠公允。明理人都很清楚，中国的法学是在怎样的学术传统、环境、条件下孕育和成长的。在中国，我们很难以文史哲经政诸学科的发展历史来检视法学曲折和消长的历程（其实，每一个学科的兴衰都有其独特的原因和式样）。重要的是，面对外部世界的诸多诱惑，面对要承担比一般知识人更为沉重负担的压力，一批学人毕竟还是选择了法学研究作为志业，且为重塑法学的形象、重建法学的传统正在做一点一滴的努力。

谈到法学与其他人文社会科学之间的隔膜，同样不可忽视的，是法律智慧及其语言的独特性质。法学是成年人的理性的学问，是历时性的时间积累的结果，是人的经验、理性和智慧的综合体现。就其本性而言，法律学问是与一切展现感性才情、浪漫趣味的思想方式及创作相牾的。诚如德儒古斯塔夫·拉德布鲁赫所言，法是最为僵化呆板的文化构体（Kulturgebilde），法的语言是冷静、刚硬、简洁的，它不诉诸任何情感的声调。一个真正的法律人从不过激地咒骂自己的职业，而那些抒情诗人却可能会把法律看作“每时每刻折磨人的灵魂、令人恐惧”的东西（G.Radbruch，Rechtsphilosophie，S. 205-206）。这也正是大量早年投门法律的才华横溢之辈（如歌德、席勒、马克思、雅斯贝尔斯）后来又纷纷放弃法律职业的原因。

我们当下所处的是一个“科际整合”的时代：法学需要与其他人

文社会科学相沟通；其他人文社会科学也应当把法律问题纳入研究的视野。然而，这种沟通与合作，是建立在相互了解、相互信任和尊重的基础之上的，勉强的知识转型很可能会走向良好意愿的反面。

IV
法治思考片断

法治与文明过程

——从埃利亚斯的《文明的进程》的视角出发

诺贝特·埃利亚斯（Nobert Elias，1897—1990）指出："文明尚未结束，它还在形成之中。"[①] 我们似乎也可以站在埃利亚斯的"文明过程"（Zivilisationsprozess）观点上说，法治也没有终结，它同样处在形成和发展之中。事实上，我们在谈"法治的历史性"中已经说明：法治的意义充实是在历史过程中完成的。这里我们将认识的角度稍作调整，来继续讨论与该主题相涉的问题。

这个问题的提出源于对所谓唯理主义（rationalism，一译"理性主义"）法治观的质疑。长期以来，我们在研究法治问题时往往受一种唯理主义思考方式的宰制。这种思考方式自觉或不自觉地从"理性预设的"某种前提出发，满足于简单的观念或概念推导，以求得出法治问题的"正确"答案，发现法治的"终极真理"。但唯理主义法

①［德］诺贝特·埃利亚斯：《文明的进程：文明的社会起源和心理起源的研究》（II），袁志英译，三联书店 1999 年版，第 358 页。

治观的思考方式在认识论上存在着一些明显的不足:(1)它在方法上满足于一种“二值逻辑”(有关真/假、有效/无效、善/恶等)的推导结论,而相对忽视对象问题的复杂性、逻辑值的模糊因素以及历史中的某些变数;(2)强调前提与结论演绎的无矛盾性、一致性,则必须运用一些自己杜撰的概念和命题;而这些概念和命题一旦不能客观化和普遍化(即由个人的观念转化为公共的观点),就难免会出现独断论或不能证立的强命题。例如,将“法治”与“人治”绝对对立起来,并以“人治”理念在实践上的挫折为根据反证法治的绝对正当性;从线性历史观(这是唯理主义法治观所必然采取的理论姿态)出发,把法治的过程描述为社会—法律制度不断“进步”的过程,甚至将它视为人类制度走向“一体化”的必然过程和唯一的途径。这就把复杂的问题简单化了[①],也就是说,其过分把历史的进步问题看作是一个物理时间的累积过程了。而阿尔弗雷德·韦伯(Alfred Weber,1868—1956)的文化社会学研究告诉我们:每个民族、每个时代都有其独特的文化气质,从希腊、罗马、中古到近代的艺术风格各自不同,它们的价值关注和审美标准不一定是连续发展的,也就是后来的并不必然比早先的更好、更“进步”。[②]

职是之故,我们在研究西方法治时应强调这样的认识:描述作为一种制度事实的法治的过程,揭示所谓法治的真谛,发现法治发展的规律性,并不是完全依凭唯理主义的方案和逻辑推导来进行

① 英国历史学家汤因比持相同之论,他说:“把进步看成直线发展的错觉,可以说是把人类的复杂的精神活动处理得太简单化了。”([英]汤因比:《历史研究》(上卷),曹未风等译,上海人民出版社 1997 年 1 版,第 48 页。)

② 引自顾中华:《人类的文明与命运——埃利亚斯的学术关怀》,载《国外社会学》1994 年第 5 期,第 2 页。

的。我们需要选择另外一些认识路径来拓展法治的研究视野，使我们的思考本身保持一定的敞开度（openness），避免独断论和简单化。在此方面，埃利亚斯的文明过程论和费尔南·布罗代尔（Fernand Braudel，1902-1985）的历史时间和历史空间的观点可以作为认识和考察法治现象的一个路径选择。

埃利亚斯在其所著的《文明的进程》中认为："文明"是人类在物质上和生活方式上不断积累的成果，社会发展的进程是没有计划的，或者说文明和国家的形成并非是以任何"合理"的方式进行的；由于进程没有目标，所以也不可将发展进程视为进步的进程。对社会发展的进程不可以单方面的因果关系来加以解释，相互依存的水平和情绪的调控、竞争和分化、暴力独占和税务独占、社会发展和心理发生，都是相互制约、相互促进的，我们无法确定哪些是原因，哪些是后果。但任何的变迁皆不是偶然的，都不是一片混乱的，而是有序的。发展的进程是有一定阶段性的，有一定结构性的，是有一定方向的，是朝着人的情绪愈益得到控制，社会愈益整合的方向前进的。①

从另一方面看，文明过程的观点实际上也是一种历史时间和空间的观点。按照法国"年鉴学派"第二代宗师费尔南·布罗代尔的看法，在文明和历史的研究中，"时间"是最突出的一个面向。历史的时间可以分为三个不同的层次，即"短时间""时期"（conjunctures）、"长时段"（longue duree）。在历史—文化中，长时段因素（文字、信仰、习俗、制度）扮演的角色是决定性的，它们是历史过程的"结构的限

---

① 参见［德］诺贝特·埃利亚斯:《文明的进程：文明的社会起源和心理起源的研究》(I)，王佩莉译，三联书店 1998 年版，序言；袁志英:《埃利亚斯和他的〈文明的进程〉》，载埃利亚斯:《文明的进程：文明的社会起源和心理起源的研究》(II)，第 359—415 页；顾中华：上揭文。

制”(structural limits),而我们所谓的“文明”便是这“结构的限制”的产物。从历史空间上看,所谓“核心地区”(core area)、“半边缘地带”(semi-periphery area)和“边缘地区”(periphery area)的关系构成了另一种“结构的限制”,也决定性地影响着世界或地区的物质生活、思想、制度乃至整个历史实体的存在。①

从上面的视角出发,我们从西方法治的研究中到底看到了什么呢?或者说,什么样的认识是我们在探讨该问题域时应当关注的呢?下面仅就其紧要方面得出一些试探性的结论:

(1)法治是一个文明过程。在西方,法治的意义充实表现为历史的过程,这个过程同样“是朝着人的情绪愈益得到控制,社会愈益整合的方向前进的”。在近现代史上,西方社会所发生的一系列事件,如商人阶级的崛起、资产阶级革命、宗教的改革、民族国家的建立、议会权力的加强、独立的司法制度的形成、法典的编纂,等等,不仅改变了封建的制度体系,而且从内在精神的层面导致了人们行为方式的变迁。从此,以强调“人民主权”“个性自由”为价值基础而以“国家(权力)克制”(“限制权力”)、“法律至上”“司法独立”“严格法定”“法律平等”为内容要素的法治知识才通过社会学习机制逐渐成为西方各国普遍接受的“典型”知识,而法治的传统也就构成了西方近现代文明传统的一个组成部分。显然,法治如何转化为具有“自然态度性”或惯性的制度事实,如何由“宣示性的制度”变为“实效性的制度”,由法律的“社会强制”(外部强制)转化为法律的

① 参见[法]费尔南·布罗代尔:《资本主义论丛》,顾良、张慧君译,中央编译出版社 1997 年版,第 100—204 页;高承恕:《布罗代尔与韦伯——历史对社会学理论与方法的意义》,载《社会学理论与方法研讨会论文集》,(中国台湾地区)1982 年版,第 104 页及以下页。

“自我强制”（内部强制），乃至形成非外部强制的“以法而治”“普遍守法”的集体惯域[1]，是非常重要的。这一过程在整体上显现出渐进的理性化和通过制度塑造人类心灵的文明转化，在这里，“法律上的制度”（die rechtlichen Institutionen）成为文明进化的一个承担者（Traeger，载体）[2]；或者说，正是通过法治过程，人类习得抑制本能、理性化解冲突、尊重个人权利和价值尊严以及和平相处的品德。

（2）不应从短时段或单一的核心地区的文明标准来评价所谓“法治的进步”[3]。自15世纪后，我们的人类似乎生活在“世界的时间”[4]与“地方性时间”的交汇与变化之中。一方面，经济世界的统一体把人类历史“拖进”了世界的时间过程[5]；另一方面，人类社会的各个民族又有自己不同的时间概念，他们生活于不同的时间阶段和时间结构

---

① 有关“自然态度性”“集体惯域”的概念，见叶启政:《再论传统和现代的斗争游戏——正规化的搓揉形塑》，载《社会学研究》1996年第6期，第84页。

② Herbert Zemen, *Evolution des Rechts*, Springer-Verlag . Wien/ New York 1983, S. 62.

③ 有关“进步”的话题，瑞士的苏黎世大学曾在1969年组织各学科（历史、文学、艺术、心理学、物理学、神学、法学、经济学、音乐、医学、语言学等）的教授进行研讨，后出版论文集，题为《进步的问题——当代》。其中法学院的国际法－国家法－宪法史教授维尔纳·凯基（Werner Kaegi）从法律进步的观点谈当代为权利而斗争的文章，颇有参考价值。（Werner Kaegi，*Vom Kampf um das Recht in der Gegenwart*, in:Rudolf W. Meyer[Hersg.],Das Problem des Fortschrittes—Heute,Darmstadt 1969,S.164-182.）

④“世界的时间”概念，详见布罗代尔:《资本主义论丛》，第3章。

⑤ 布罗代尔曾经谈到“世界时间不可抗拒”，见布罗代尔:《资本主义论丛》，第199页。在此方面，沃勒斯坦的“世界体系”的观点也有相同之论，他认为：人类各民族的历史不是孤立地发展的，而是相互联系着发展和演变的，总是形成一定的“世界性体系”。但16世纪以前，“世界性体系”主要表现为一些“世界性帝国”（如罗马帝国，中华帝国等），到了16世纪，随着资本主义生产方式的发展，开始以西北欧为中心，形成“世界性经济体系”——资本主义的世界经济体，它是由中心区，半边缘区和边缘区这三个组成部分联结成的一个整体结构。（[美]伊曼纽尔·沃勒斯坦:《现代世界体系》第1卷，尤来寅等译，高等教育出版社1998年版，中文版序，第4页。）

之中[①]。在近现代法治的发展历史中，西方推动着世界的时间，与世界的时间节奏同步，甚至主导和控制着世界的时间，相形之下，那些非西方国家在法治的发展上则似乎表现出某种“滞后”或“脱节”，所以，法治过程在更大的时空范围[②]（超越西方文明圈）内呈现出“非均衡发展”（uneven development）的态势，甚至具有某种“颤动”（palpitating）的性质[③]。但文明（包括法治文明）是一个长寿命—长时段的实在，我们不能用单个人的寿命去衡量它[④]，甚至不能以单一的核心地区的文明标准来评价各种文明的短长优劣，或者更不能像某些人那样，把文明看作单数的名词[⑤]。尽管西方法治“在时间上的领先”也许使它在有关法治进步的判断上处于优势地位[⑥]，但仅从短时间的角度来观察这个问题可能还是不够的，因为我们很难把在某一时间段中居于优位的“法治文明”看作整个人类的“世界历史精神”或人类“统一的精神本质”的绝对反映。或者如汤因比所言，不管你同意

① 所以，杰瑞米·瑞夫金在《时间的战争》中指出：“每一种文化都有它自己独特的时间指纹。认识一个民族，其实就是去认识它如何使用时间。”引自［美］罗伯特·列文：《时间地图》，范东生、许俊农等译，安徽文艺出版社 2000 年版，第 1 页。

② 关于空间的哲学分析，见［英］R. J. 约翰斯顿：《哲学与人文地理学》商务印书馆 2000 年版。关于法律地理的概念以及法律的地理学分析，见 Kim Economides, *Law and Geography: New Frontiers*, in Philip A. Thomas（ed.）: *Legal Frontiers*, Dartmouth, 1996, p. 180ff. 也见舒国滢：《法律的地理空间》，载氏著：《在法律的边缘》，法制出版社 2000 年版，第 78 页及以下页。

③ 关于“非均衡发展”“颤动”现象的描述，见［英］安东尼·吉登斯：《社会的构成》，李康、李猛译，三联书店 1998 年版，第 201、221 页。

④［法］布罗代尔：《资本主义论丛》，第 162 页。

⑤ 文明一词的单数与复数的考辨，见布罗代尔：同上书，第 124 页及以下页。

⑥ 关于“时间上的领先”这个因素对空间上的优越性之影响，见安东尼·吉登斯：上揭书，第 222 页及以下页。

还是不同意，文明具有多种，而不是只有一种[①]。故此，对法治进步的评价，有时须参照多元文化的知识框架。

（3）法治趋同过程中存在着文化冲突。无疑，西方的法治知识，借助西方文明在近代史上的成功以及西方国家目前在经济、政治、军事等领域的强势而不断向后发展中国家渗入，越来越成为世界走向趋同和一体化的整合性知识和力量之一，表现为由“核心地区”向“半边缘地带”和“边缘地区”的推进。在这个过程中，既有半边缘地带—国家和边缘地区—国家对核心地区—国家的法治文化—知识的主动继受，也有它们的被动选择；既有核心地区—国家对半边缘地带—国家和边缘地区—国家的纯文化的输出和交流，也有前者对后者在军事、政治、经济和文化等方面的征服。而且，随着技术—经济一体化进程的加快，便利交通所造成的时间—空间距离的“收缩”或“时空收敛”现象（time-space convergence）[②]，人类的活动也越来越趋向一种所谓机械的“标准化运动”[③]，这在客观上强化了法治知识的整合和趋同性，使西方法治的传播呈现出某种惯性。但问题的另一面是，随着世界整合与一体化趋势的出现，一种与自然生态平衡失调相伴行的所谓“文明—文化生态平衡失调”现象也就出现了：文明的趋同性将破坏现有的世界文明—文化的生态多样性。在此情形下，那些处于“低发展阶段”的或属于弱势的文化圈的民族—国家（地区），反而激活其“族性意识”（ethnic consciousness）和本命文化的认同感，以

① 参见［英］汤因比:《历史研究》上卷，第45—69页。

② 见［英］安东尼·吉登斯：同上书，第200页及以下页。

③［美］罗伯特·列文:《时间地图》，第89页。

求得在文化生态竞争中续造本民族—国家文化的生存力和竞争力①。就法治而言，其趋同过程中也必将遭受到多样态文明—文化的阻力，各民族在应对西方法治知识普遍化的压力时将从本民族文化的语境来解释甚至解构这种知识，所以，未来的法治话语中也必然会包含有非西方知识的内容，这不是纯粹意志的妥协，而是文明—文化生态平衡的结果。

概言之，“法治化”绝不是指法治形态的“一元化”，不是说，世界各国最终将采取同一种法治模式，走完全相同的法治道路。事实上，由于法律发展的起点和社会背景不同，要求一切后发展国家重复西方国家 17—18 世纪以来的法治演进的轨迹是不可能的。正如美国法人类学家霍贝尔（E. Adamson Hoebel）所指出的：“在法的进化过程中，没有一条笔直的发展轨迹可循，作为社会进化一个方面的法的进化，同生物界中各种生命形式的进化一样，不是呈一种不偏离正轨的单线发展态势。”②这主要是因为法治的进化像文化的进化一样，是“由简单而复杂、由同质而异质的发展过程”，这样一个过程在未来将仍然表现出多样化的特点。③

---

① 德国哲学家雅斯贝尔斯曾经指出：得到“轴心期”突破的民族在每一次飞跃前（也许是面临文化压力的结果——笔者）都要回顾这一时期，从中得到精神原动力，达到新的复兴。（卡尔·雅斯贝尔斯：《轴心期》，俞新天、魏楚雄译，载《史学理论》1988 年第 1 期，122—131 页。）此为上述现象之一解。

② [美]E.A. 霍贝尔：《初民的法律——法的动态比较研究》，周勇译，罗致平校，中国社会科学出版社 1993 年版，第 323 页。

③ 关于法律未来演进趋势的分析，见舒国滢：《法的演进：过程、式样和趋势》，载氏著：《在法律的边缘》，中国法制出版社 2000 年版，第 34—45 页。

中国法治建构的历史语境

(一)

历史即将进入21世纪，这对于正在步入现代化的中国而言，不啻是一个焦虑与期待同在的历史时期。在这样一个时期，讨论中国法治的建构问题，其意义自然是非同寻常的。

90年代的法治讨论，呈现出的一个显著特点，就是理论话语的多元化。学者们从不同的理论旨趣、逻辑出发点和不同的话语渊源出发，建构或诠释中国法治化的道路。大致有三个不同的理论向度：

1. 权利定向的法治论。这种法治论强调西方启蒙时代以来的人文主义话语，以尊重人、关怀人的价值和尊严为主旨来建构中国当代的法治模式，因而在“个人权利—国家权力”的双向秩序中较为注重对个人权利、自由的保护，主张法律应以权利为本位，倡导普遍的契约自由原则，要求建立国家权力的制约机制和以宪法为基础、以私法(民商法)为主干的新的法律体系。

2. 改良主义法治论。此种法治论强调政府在法治建构中的主导地位，认为与西方一些国家的社会演进型法制（法治）不同，中国目前正在进行的法制建设是一种政府推进型的法制，其前景在很大程度上取决于政府对法制目标和实现步骤的战略设计与思考，取决于政府对近期行动计划与长远行动目标的统筹谋划和适时合理推进的结果。中国当代法治的出路，在于从整体上设计出法制（法治）的外围部分（加强法制）与核心部分（政治体制改革）相统一的法制发展战略。①

3. 历史主义法治论。此种法治论认为，在中国不可能有先验确定的法治之路；中国现代法治的建立和形成是一个渐进发展的模式，它最需的是时间；现代的，作为一种制度的法治不可能靠"变法"或移植来建立，而必须从中国的本土资源中演化创造出来，中国的法治之路必须依靠中国人民的实践，利用本土资源，重视社会生活中形成的习惯、惯例和传统。②

我们之所以要对当前法学界流行的各种法治建构的话语作上述类型的归结（当然，任何类型学分析都不可避免地带有"非此即彼"的武断色彩），目的在于厘清我们当下所要谈论话题的语路和语境。笔者感到，当下学者们关于法治建构问题的争论，其实并未超出19世纪末以来中国法律近代化过程中出现的"礼法之争""体用之辨"这个大的历史语境。所不同的是，今天所谓的"礼""法""体""用"已随着社会的变迁而被注入了新的文化内涵，在更为广泛的语义空间

---

① 参见蒋立山：《中国法制（法治）改革的基本框架与实施步骤——邓小平民主法制思想的启示》，载《中外法学》1995年第6期。苏力在《变法，法治建设及其本土资源》一文中将政府运用强制力规制经济和社会的法制建设的模式称为"变法"模式，见《中外法学》1995年第5期。

② 见苏力，前引文，《中外法学》1995年第5期。

展现传统／现代、东方／西方、守土／西化、整合／解构、一元／多元、特权／平等、人治／法治、集权／分权、稳定／发展、权力／权利、封闭／开放、保守／创新、主流文化（正统意识形态）／边缘文化、政府／公民、政治社会／市民社会等多重矛盾的话语。这些多重复杂矛盾的话语，就成为我们在建构当代中国法治模式时不可能舍弃的言谈条件（前提）。舍弃这样的话语，我们就不可能寻求到大致认同的知识范式和共同商谈（或论辩）的思路。

（二）

笔者赞同这样一种看法，即认为，中国的现代化是属于外发型的，是由外部刺激引发或外部力量直接促成的传导性的社会变迁。[①] 它起始于以英、法为代表的资本主义列强“船坚炮利”的刺激和对这种刺激、挑战的回应，因此一开始就带有仓促、焦躁和被动抉择的特点。反观中国近现代的法治化进程，其情形亦大体相同。

这就给了我们一个非常重要的警示：中国的法治化与英国资产阶级革命以后并发的法治化过程是有所不同的。中国已失去了依靠内部因素促成、由内部创新自然引发法治化变迁的社会经济、政治和文化背景条件。换言之，随着西方列强的政治、经济、军事的渗透和西方文化的东渐，中国已不能完全重复西方发达国家的法治化道路。

事实上，法律近（现）代化的历史告诉我们：中国的新法律体系的建构之初，即与中国经年积久的传统法律文化发生激烈的对抗，而

① 杨耕：《传统与现代性：当代中国社会发展的深层矛盾》，载《哲学动态》1995年第10期。

始终处于一种不即不离、相互消长的张力状态。也许是我们的法律文化的积淀太深厚，对于西方法律文化的抗拒过于强大，所以我们国家，没有像同样深受儒学传统影响的其他东亚国家（如日本、韩国）那样完成法制的现代转型。而这样的法律文化的冲突、煎熬过程，也使中国在进行现代法制建设时进进退退、曲曲折折，曾为此付出了较为沉重的政治和经济代价。

另外，中国的法律近（现）代化过程又确实受到了西方法制和法律文化的影响。中国像任何其他处于现代化过程之中的国家一样，在受到外力的介入而与传统的历史断别之后，一时间还不能自生成一整套现代社会的文化和制度，而不得不依照西方现代国家的模式来建构自己的政治和法律制度。在中国，从清末修律到国民党政府“六法全书”的创制，甚至新中国的法制建设，都不同程度地参照或借鉴了西方法制（尤其是法典法系）模式，一些体现现代法治精神的法律原则，如“公民在法律上一律平等原则”“罪刑法定原则”“无罪推定原则”等，也渐次被接受为中国宪法和法律的基本原则或制度。这表明：中国初步建立起的新法律体系，已经在形式和内容上融入现代法律的精神，不仅体现了国家性和民族性，而且也体现了构成现代性要素的合理性、科学性、民主性。或者说，当代中国的法制（法律制度），已摆脱了“富于情感和激情的秩序”特征，而部分地实现了德国著名社会学家马克斯·韦伯（Max Weber，1864—1920）所称谓的“法律的理性化”（Rationalisierung des Rechts）。

但不幸的是，我们与西方发达国家处于同一个“地球村”和“共时态”结构。本来尚未完全成熟的法治建构，却鬼使神差地被抛入“后现代主义”（Postmodernism）的语境之中。中国的法治化，不得不与那些发达国家的法治一道，接受当代美国批判社会学家丹尼尔·贝尔（Daniel Bell，1919—2011）所称的“后工业社会”的挑战。尽管从总体上看，中国的现代化程度还远远没有资格患有“后现代综合症”（如经济、理性、动机、合理性的危机，① 等等），但随着当代国际间政治、经济、文化交流的日益频繁和密切，我们这样一个发展中的国家将不可避免被动承受“后工业社会”及其文化的负面效应。

因此，在建构法治模式时，必须看到中国当代这个“共时态”结构中包含有前现代（传统）、现代与后现代三种“历时态”的法律文化的混合形态，这是一种由前现代、现代与后现代同时构成的“时间叠合”现象。这意味着，中国必须在两个有时间落差但又相互交织的语境（前现代与后现代）的巨大张力之间来进行现代的法治建设。一方面，中国的法治化将继续承受改造和继承传统（前现代）法律文化的巨大压力，尤其是消解以“封建专制主义”为特征的变态人治统治所造成的负成本；另一方面，它又必须面对后现代主义、解构主义的“否定性”“非中心化”“反正统性”“反权威”“非连续性”“不确定性”等反理性话语的冲击。② 中国的法治建构理论必须为以理性、科学为根基的法治“现代性”，提出足够合理的理论论证。

① 德国当代哲学家尤尔根·哈贝马斯（Jürgen Habermas，1929— ）指出，晚期资本主义存在着四种可能的危机，即经济危机、理性危机、动机危机、合理性（正统性）危机。见 Jürgen Habermas，*Legitimationsprobleme im Spaetkapitalismus*，Frankfurt/ a.M.，1973.

② 参见王治河：《扑朔迷离的游戏——后现代哲学思潮研究》，社会科学文献出版社 1998 年版。

（三）

由此可见，中国法治化充满着远比人们想象的要复杂得多的问题，甚至具有某种令人难以预测的不确定性和风险性。[①] 所以，我们在建构中国法治模式时，既要看到法治化是一种有目的、有价值理念导引的法律（制）发展过程，又要看到这一过程的复杂性和风险性。

就第一个方面而言，既然法治化是有价值导向、有目的的活动，那么它就不仅仅是一个自然变迁的过程。在这一点上，它与“法律变迁”这种社会法律制度的纯粹事实变化还不能够完全等同。也就是说，将中国法治化看作一种自然演化的时间流程，不能说完全错误，但至少是消极悲观的。

笔者认为，中国的法治化应当走政府推进型与社会推进型相结合的道路，以政府推进法制的改革为主导，辅之以社会、民间自然生成的具有现代法治精神的制度、规范和力量。[②] 离开前者，仅仅依靠社会生活中习惯、惯例和传统的磨合和实践经验的积累来促进法治化，将会延宕这一过程的尽早实现，而且自然的磨合和积累可能会产生无

---

① 塞缪尔·亨廷顿根据对社会动员、经济发展、社会挫折感、社会流动机会、政治参与、政治制度化诸因素的因果关系的分析，提出这样一个命题：“现代性产生稳定，而现代化却会引起不稳定。”见［美］亨廷顿：《变革社会中的政治秩序》，李盛平等译，华夏出版社 1988 年版，第 1 章。

② 美国杜克大学亚太研究所所长林南教授认为，中国现在进行的社会转型，主要是三个变量在重新组合着：地方性（local）、市场机制（market）、社会主义（socialism）。依笔者看，这其实是中国现代化过程中存在的相互关联的三种经济和政治力量。见《转型理论的地方性景观——林南教授谈东亚与中国现代化》，载《社会学》1995 年第 3 期，第 43 页。

目标、无序化或多向目标的冲突，将会使法治化过程无端浪费、消耗更多的资源和成本。离开后者，把法治的实现仅仅说成依靠政府的法制发展战略的框架设计，将会忽略亿万民众在法治化过程中的首创精神。这样的法治设计，无论怎样缜密周详，都将丧失其坚实的社会基础。而历史恰恰证明，缺乏民众支持的变法改革，是不会获得成功的。由这一点出发，我们强调，中国未来的法治建构，应当激活政府与社会两个方面的积极性和创造力，很好地将两方面的经济、政治资源利用起来、统一起来。

就第二个方面而言，法治化的不确定性和风险性，要求我们对法治的建构和设计采取较审慎的态度和步骤。美国当代政治学家塞缪尔·亨廷顿（Samuel P. Huntington，1927—2008）关于政治发展的论点未必都是正确的，但至少有一点值得我们的法学家们在讨论法治模式时必须注意的，那就是：发展中国家普遍发生政治动乱的原因，不是由于它们贫穷落后，而是由于它们力图实现现代化。高度传统的社会和高度现代化的社会都是十分安定的，恰恰是那种处在现代化的过程中的社会最容易发生动乱。[①] 尽管这一说法可能有些夸大其词，但它提醒我们：法治化的任何步骤都不能脱离中国所特有的前现代（传统）、现代与后现代三重混合的文化背景来进行，否则就会导致变法改革决策的失误，造成不应有的社会动荡和资源损失。

我们所期望的法治化是既保持社会政治安定、又能有效利用各种经济、政治资源，避免损失和浪费的“一场静悄悄的法制革命（变革）”。从整体上讲，这一进程，应当与经济的市场化、政治法制化、

① 见亨廷顿，前引书，译者前言。

权力制约化、社会生活世俗化和“解神圣化”[1]等相关联地、协调地发展。其中，有许多具体而重大的理论与实践问题尚待清理和讨论，例如，“市场经济、政治安定与法制发展的关系”“政治体制改革与经济体制改革的协调发展的战略”“法治理念的普遍性与多元文化冲突的调适”“由市场政治[2]到法治政治（宪政）过渡的条件和程序”“消除权力私有化和寻租现象的方针与策略”，等等。笔者相信，上述问题的进一步研究，将深化和拓展我们关于中国法治建构的主题，会使这种建构不再停留于“要不要法治化”“如何法治化”这样笼统的论题层面。

---

①“解神圣化”是近年文学界的学者们使用的概念，用来描述西方“世俗化”的含义。其实，此一概念应当有更广泛的语义功能。参见陶东风、金元浦:《人文精神与世俗化——关于90年代文化讨论的对话》，载《社会科学战线》1996年第2期。

②“市场政治”，是笔者借用“市场经济”的名称提出的一个概念，用来描述那些不是用宪法和法律来规制调整的政治过程和政治活动，这样的政治过程和活动遵循市场竞争的规律来维持政治结构和秩序的稳定。

法治品格的重塑

——“刚性法治”片论

究竟什么是中国的法治化道路？中国的法制转型与近代以来的西方国家法制现代化进程在历史条件、人类精神、基本价值和理论资源等方面有什么样的共通性和差别？中国的法治国家建设有什么样的社会动力和将面临什么样的问题？

对于上述问题的思考，应当基于这样一个基本的事实判断：中国当下的法治化进程，像整个社会现代化进程一样，面临一个很大的时代落差，即我们不是在西方工业文明方兴未艾之际来实现由传统农业文明向现代工业文明转型的现代化，而是在西方工业文明已经高度发达，以至于出现某种弊端和危机，并开始向后工业文明过渡之时才开始向工业文明过渡的。这样，在中国当代这一“共时态”结构中包含有前现代（传统或农业文明）、现代（工业文明）和后现代（后工业文明）三种法律文化及精神的“历时”形态。我把此一景观称为“时间叠合”现象。时间的叠合，预示着中国的问题有着极为复杂的性质。

这需要我们认真分析所应对的问题的根源及形成的背景，找出问题的症结所在，如果可能的话，也应有针对性地提出解决的方案。

腐败衬映出传统法治的弱点

中国目前存在的最难以应对的问题是什么？答案是不言自明的，即腐败。腐败，这个在健康的社会机体里滋生并蔓延的“政治之癌”，正吞噬着我们整个社会的公共资源，腐蚀着我们人民的心灵，已经成为阻碍转型社会良性发展的主要社会问题之一。（有人将“腐败现象”“社会无序”“分配严重不公”和“通货膨胀”视为当前社会生活中出现的严重阻碍社会发展的“四大发展问题”。[①]）无论是国家领导人，还是一般民众均对此表示出莫大的忧虑。越来越多的分析和对策之论频频见诸报刊杂志，但似乎并未显示出其应有的效用。甚或相反，腐败现象在程度和规模上变得较以往更为严重，呈愈演愈烈的趋势。

这似乎产生了一个吊诡的现象：腐败与反腐败成为共生的东西——反击弥坚，腐败弥深。人们不禁要问：我们的反腐败策略和运行机制本身到底出了什么问题？法学家们的解释是多种多样的，或认为是“立法不健全”，或归结为“打击力度不够”，或证明“尚未形成完善的法律监督机制”，如此等等。但大家似乎都忽略了一些更为深层的问题的探讨，譬如：腐败现象的出现，对我们正在进行的法制现代化（法治化）目标的建设提出了什么样的难题？现行法律能否以及在什么限度和范围内能够完成反腐败的重任？

---

① 邵道生：《阻碍转型社会良性发展的四大问题》，载《社会学研究》1995 年第 4 期。

腐败与反腐败之二律背反，至少表明，认识腐败现象不宜采取过分简化的思考方式，对其所采取的治理方案，亦不宜太过于简单。从法学家立场看，中国法制现代化所要面对的腐败问题绝不仅仅是一个单方面的社会疾病，而是一个波及范围广泛、交织问题复杂的社会经济政治现象。

当然，处理此一问题，首先能够利用的控制手段，就是按照形式合理性原则建立起来的法律制度。依靠法律治理腐败，无论怎样强调它的重要性都不为过。但是，面对腐败这一复杂的社会经济政治问题，仅仅把法律调控作为最终的、彻底的解决方案，多少有些高估了法制（或法治）的能量和效用，不免带有浪漫主义的意愿。事实上，单纯强调“依法治腐”，不仅不能提升法律的品格和实效，反而由于人们过分倚赖法律或仅仅停留在口号的宣示、滥用法律的形象化威慑力，而销蚀了法制（法治）这种“内在的、默默起作用的力量”的应有权威和效力。其结果，“加强法治”的呼声山响，而实际效果微乎其微，大大出乎议论者的期待。

故此，应带着复杂的眼光来认识和筹划反腐败的法律对策，致力于理性而实有成效的持久努力，避免那种骤起骤落的法律运动。这是因为，法律的变迁，相对于其他社会变迁而言，是较为缓慢而平稳的，有时甚至是悄无声息的。法律正是在这渐进的变化中树立其权威（多少可能还有一点至高无上的尊严）形象，确立其在社会公共生活中作为“理性化制度”调整手段的地位。任何没有程序和规则的激进改革或革命，都是与法律的保守性质相冲突的。它们之间的矛盾，采取妥协的、和平的方式解决，在历史上虽不能说没有，但也是屈指可数的。据此我们似乎应该承认，法治的品格是法律在应对突发性社会危机、处理复杂的社会问题的过程中逐渐形成的。

需要增强法治的能力

基于上述认识，我们较容易看出，反腐败与我国正在进行的法治国家建设是相互钳制着的：腐败现象的根治端赖法治国家的建成；法治的实现也必须以腐败的有效控制为条件。在这一互动的过程中，后一方面显得更为重要。问题很清楚，腐败，无论在哪个意义上讲都是法治发展中所面临的最大障碍。此一障碍不排除或不减轻它对于国家政治经济体系的危害，那么要完成建设法治国家的任务，无异于痴人说梦。所以，我国现行的法制所承受的负担是非常沉重的，它必须而且注定要接受腐败现象所提出的挑战和考验。以法律治理腐败的过程，也是法律提升其权威性、地位及品格的过程，是形式化的法制向实质意义的法治逐步过渡和嬗变的过程。

说到底，在反腐败过程中塑造中国法治的品格，就是要完成现行法制从消极被动到积极主动、从依附到主治、从低效率到高效率、从软弱无能到强大有力的功能转换。简言之，就是在已经初步形成的法制基础之上培育和生成能够应对和处理复杂社会问题的现代法治，强化法治的能力（法治的能力，或法治能力，是笔者借鉴经济学界关于“国家能力”的概念而提出的一个表达语。毕竟，每一个国家的法治的式样和能力的强弱是有所不同的。采用此一用语，可以对法治的性质和功效作经济学和社会学的分析）。故此，是否形成强固的法治能力，是判断法治是否建立、是否成熟的一个标准。

按照笔者的理解，所谓法治能力，是指法治在按照预设的原则、目标和要求完成其社会调整任务的过程中所应具有的能力。其内容包括：（a）调控能力，指法治对社会关系和社会生活的有效调整和控制能力。（b）应对能力，指法治对快速的社会变化的反应和对重大而复杂的社会问题的处理能力。（c）强制能力，指法治运用强制手段维护其在社会生活中的普遍效力、促使人们一律遵守的能力。（d）正统化能力，指法治通过自身的运行确立其正统地位（legitimacy）和权威性、为人民普遍认同有效的能力。

国家的法律专门机关（立法机关、执法机关、司法机关）自身的努力，对于法治能力的渐进生长和提高是非常重要的一步。在一定意义上可以说，法治能力的增强，也就是指立法能力、执法能力和司法能力的增强。

概言之，所谓立法能力的增强，是指立法机关通过行使立法权不断积累法律资源和政治资源，进而确立其在国家政治法律权力架构中的实际地位，无论在法律生活中，还是在政治生活中均能充分展现其作为“国家权力机关”所应发挥的作用。

所谓执法能力的增强，主要是指（行政）执法机关“依法办事”能力的增强，包括两层含义：其一，“办事”能力的提高，即执法机关应改变工作作风、提高工作效率，特别是对于执法活动投入更多的财力和人力，以便有足够的条件和能力对需要干预的事项（事件）作出迅敏快速的反应，使国家、集体和公民个人的利益得到有效的保护；其二，“依法”能力（合法性能力）的增强，这是对执法人员素质所提出的要求，其包括执法人员对法律知识、理念和原则的通晓，对敬业精神的追求，对宪法、法律和执法的“正当程序”的忠诚与尊重，执法经验和智慧的修养，诸如此类。从执法的质量和水平角度衡量，“依法”能力的加强，对于提升执法的整体能力具有更为现实而迫切的意义。

所谓司法能力的增强，是指司法机关（主要是法院）在司法过程中培育和强化自身独特的行使权力的方式、处理社会矛盾和冲突、平衡社会利益的能力。进一步讲，司法机关所应强化的能力是多方面的，其要者如下：

1. 通过自身的司法活动，维护“依法独立行使司法权”的能力。司法权是直接处理社会矛盾（有时甚至是很激烈的政治矛盾）、冲突和纠纷的权力，很容易遭受到来自各种社会力量（或政治力量）的干预和压力。因此，能否抗抵干预和压力，维护其独立裁判的地位，是对司法能力的最大考验。而司法能力正是在这种考验中不断增强的。

2. 保守不偏不倚、秉公持正的中立性的能力。司法权是裁断权，具有中立的特性。但在具体适用法律过程中，如何保守中立性并不是一个简单的问题。有时候，司法者即使没有受到外界的干扰而纯粹由于业务素质的欠缺，都有可能使自己裁断的结果失之偏颇。故此，中立性能力的培养是提高司法官素质的基本要求。

3. 处理复杂社会矛盾、冲突，平衡各种社会利益的能力。司法者的职业使之处于社会矛盾和冲突的中心，他所处理的事项很可能纠结社会政治的、经济的、外交的、文化的、道德的、民族的等各种复杂的关系和利益。合理合法、有理有节地处理这些矛盾和冲突是法治国家对司法者能力的初始期待。

4. 通过纠错调整司法自身机能的能力。司法的权威性，除了依赖上述所谓中立性、公正性、独立性以外，还要靠它的形象的清廉性及其对自身错裁的及时纠正等方式来维持。无能力纠正自身的错误，也就谈不上其他诸种司法能力的增强。法治对司法机关所要求的，可能正是不断反省、主动纠偏的能力。

上述论点可作如下概括：中国法治品格的形成，取决于法治能力的强化，取决于立法、执法、司法的职能、角色的转化及地位的重新确立，有赖于立法机关、执法机关、司法机关自身能力的增强和权威性形象的塑造。总之，权力分工明确、强而有力的国家立法、执法、司法系统，是完成包括反腐败在内的一系列重大而复杂的社会调整任务、推进法制现代化（法治化）的基本保证。

呼唤“刚性法治”

也许人们会担心，过分强调法律机关的能力及其在法制转型中的作用，会导致所谓“法律之瘾”（the addiction to law）的片面依赖法律的现象［美国法社会学家唐纳德·布莱克（Donald Black，1941— ）在《社会正义》（Sociological Justice，1989）一书中认为，在现代社会中人们过分依赖法律，形成所谓“法律之瘾”］，甚或由于弱化社会监控而出现过分膨胀的法律部门权力体系，形成庞大的超级的“权力利维坦”，无论对国家政治结构及其运转，还是对一般民众的私人生活领域都可能造成难以预料的威胁。

应当承认，这种担心不是没有道理的。原因在于：

首先，所谓能力的增强是权力介入社会生活的力度的增强，简括地说，就是法律部门实际权力本身的增强。政治学常识早已晓谕世人：权力具有扩张性和侵略性，一切拥有权力的人或机关都容易滥用权力、造成腐败。立法权、执法权、司法权（下文简称三权）具有一般权力的本质特性和缺陷，大抵不会逃脱权力发展演化的普遍规律。故此，三权导致膨胀以致法律专制的后果，也就有可能发生。西方国家学者曾经议论的所谓“议会专制”“司法专权”，绝非空穴来风、耸人听闻。

其次，三权的强化引起社会资源和社会力量对比关系的变化，民众对法律专门化活动的陌生感和一定程度的敬畏感，人们的怠惰和责任感的销蚀转而对法律的过分信赖，如此等等的因素，客观上也会为三权的滥用提供便利。

最后，三种法律机关本身也属于“半自治社会领域”(semi autonomous social field)，有本部门的特殊需求、利益和生存规则［“半自治社会领域”是美国人类学家莎利·福尔克·穆尔（Sally Falk Moore，1924— ）用来描述“非国家法”（non state law）及程序特征所使用的概念］。它们在与社会交际以及本部门内部交际过程中形成同国法不完全相符的行业规矩、惯例、传统，并且由此而损害国家利益和民众私人利益，是完全有可能的。

不过，这里有一个问题需要交代，即我们的言谈似乎混淆了“事实”（Faktizitt，fact)与“价值”(Geltung，value)的界限，而且这种混淆正在困扰着我们的思考习惯和对问题之关键的清晰把握。我们知道，价值判断和事实判断是两种不同的推理形式，它们的能指（signifer）分别对应不同的所指(signified)，其所要回答的，分别是“应然”(Sollen)和“实然”(Sein)的问题。

就现下所讨论的主题而言，我们必须有一个基本的事实判断，即中国法治的品格是否已经具备？现行法治（法制）的能力是显得足够强大以至于应严加限制和削弱呢，抑或还显得软弱无力而应予加强和充实以强化其权威性和实效性？从对腐败现象惩治乏力的现实看，后一个问题才真正反映了我国法治（法制）能力的现状。

不论从哪一方面讲，增强我国法治（法制）的能力，建立一个成熟的“刚性法治”（本文侧重在功效和能力方面界定“刚性法治”的概念，倾向于把它描述为“有能力公正而有效控制国家权力、应对社会冲突和矛盾的制度体系及其运行状态”)，至少在现阶段仍然是绝对必要的。在这一点上，采取某种极端的价值干涉立场宣扬“最小法治”

或“柔性法治（最弱意义的法治）”的观念，未必对我国法制现代化（法治化）的进程有利。

依赖与担忧，反映出人们对未来法治二重期待的矛盾心态。一方面，面对诸多复杂的社会问题，人们对“依法治国”的制度设计寄予过高的期望，指待用“法治”这样一剂万灵之药根治腐败这个政治之癌及其他社会痼疾，以此彻底排遣整个国家、社会和民众在物质和精神上长期以来所承受的沉重负担。另一方面，人们又从中国的政治法律制度（多半是从清代及以前的封建统治制度）的经验出发来看待法治的幽暗面相，至今仍对“一切皆有法式”的、无孔不入的、形象狰狞的所谓“法治”（确切地说，是“专制的法治”，或者说根本就不是什么法治的“法治”）心有余悸。

对于几千年来深受专制的法律之累的人民而言，其对旧时代的“法治”存有挥之不去的幽暗意识是完全可以理解的。问题仅仅在于：我们的国家和民族似乎还没有经历过与民主相关联的现代法治的洗礼，事实上至今尚未完成从前现代（传统）到现代的转型和过渡。（否则的话，我们今天在这里谈论的，就不再是“法治品格的塑造”或“法治能力的形成”诸如此类的逻辑大前提问题，而是“现代性语境中的法治”“法治与法律的多元化”或“后工业社会的法治问题”等所谓后现代主义话题了。）

或许，现代法治的形象并不像我们想象的那样森然可怖。毋宁说相反，建立在科学、理性和民主基础上的法治，主旨在于对国家权力滥用的限制，它可能更注重对人性恶的抑制和人性善的张扬，在这样的“理性化制度”中生存可能会感到更为安全一些。一个基本价值判断前提就是：连法治这样的制度设计都不能保证人们的安全，不能使人们消除对它的恐惧感，那么我们人类还指望什么来解救我们的生存危机，进而相互之间平等、稳定、协调（甚至还有那么一点自由）地生活？

的确，法治社会远远不是人类最为完美的社会（其实完美主义或唯美主义的制度设计在操作层面上也并不是没有问题的，此作题外话，另当别论），它在处理人类生存问题方面还存在着很大的局限性。而且法治越来越趋向复杂化、技术化和专业化，纯粹由法治所产生的人的“生活世界殖民地化”（Kolonisierung der Lebenswelt）问题也会愈加严重。但同样重要的事实是：随着生命的进化，人类的认知能力和智慧水平将会不断提升，其通过相互沟通、对话和商谈（Diskurs，discuorse）方式协调解决自身问题的能力将大大加强，由此人类抵御“权力利维坦”侵害的能力也将不断增强。我们总不至于幼稚地认为，人类越向“复杂的未来”迈进，其智识能力反而愈加简单，以致不能判断法治的善恶，或者受法治“必要之恶”的遮蔽而看不出它的“基本之善”（最低限度的道德正义，秩序和安全的保障等）吧？

一点补充

在结束本文之前，再简要补充申述以下观点和立场：（1）“刚性法治”是中国建设法治国家进程中的一个必经阶段，其理由已在上文陈述。但这远远不是说，未来的中国法治将永远保持一个权威有余而仁善不足的强暴形象。刚性法治是建立在对人的平等和自由权利的关怀与尊重的基础之上的；没有“平等的关怀与尊重”，也就歪曲和否定了法治的本质。“刚性法治”的提法，只是相对于现行法制较为软弱无力的背景而言的，它反映出人们对现行法治（法制）能力的信心缺失和对未来法治品格及能力的殷切期待。若借强化法治能力之名扩充部门私利，确实有悖于“刚性法治”的应有之义。（2）法治的形成，事实上也就是一种新的“公共秩序体系”的形成，它是基于社会成员对法律之正统性的认同和信仰而构成的一个具有自足性的、约束性的体系。基于这一点可以看出，刚性法治的建立，绝不仅仅是立法机关、执法机关和司法机关几个法律部门的事情，它也是全社会共同奋斗的事业。立法能力、执法能力和司法能力的增强，其每一步都离不开民众（舆论）的督促和支持。在一定意义上，民主力量的增强，民众理性的成熟，社会潜能的动员，才是法治能力增强的保证和标志。（3）就目前的情势看，中国刚性法治能力的增长点，是对腐败现象的整治和控制。腐败是有危害性的，但它对社会可能出现危机的预警，也将会激活民众对社会问题关注和期待解决的热情及敏感度。这些都是对反腐败、重塑法治品格和形象的有利条件、资源和力量，应予足够的重视。如果丧失了这样一个振兴法治的契机，那么我们只有等待社会历史的自然变迁惠赐一个“法治国家”了。

法治不是什么？

“法治”“司法公正”“程序正义”等具有“家族类似”的词汇已越来越多地被普通人所熟知；法学家们的鸿篇短论屡屡被报刊媒体辗转复制，法学亦日益成为一门显学。

在这些现象的背后，我们看到了这个时代的人们面临剧变、动荡的生活而寻求理性的规则和安定的秩序的急切焦躁的心绪。的确，正如德国基督教神学家迪特里希·邦霍菲尔（Dietrich Bonhoeffer，1906—1945）所言，我们这个世界已经长大成人。然而事实的另一面是，经验理性的成熟、科学技术的进步以及不断增长和积累的物质财富，似乎并没有使人摆脱躁动、恐惧、彷徨和深层的烦苦。我们生活的当下似乎仍然属于一个“没有根据的年代”。

面对惶惑与焦虑，人们或许把希望寄托于法律精神的重建和完美的法律制度的设计，以此作为弥补理性和信仰危机的权宜之策。于是乎，人们带着既戒备又渴望的矛盾心态选择法治这样一个救世的“正义之神”，而把过高的期望、浪漫的热情，甚至一些自我的私欲注入它的精神和理念之中。

正是基于“法治”的正当性，立法家们加快了立法的节律，将立法驶入“快车道”，向这个社会不断颁行难以数计的法律规则和条文；司法者们依凭他们的案件制作技术，为社会制造出堆积如山的案卷和判例，将判决的声音传播至公共生活的各个角落；法学家们热衷于连篇累牍地谈论大家耳熟能详的法律知识和问题，不断扩张法治的“词的暴力”；参与法律纠纷的当事人“为了讨个说法”而在“细微的纠纷”上锱铢必较、倾尽家资。

总而言之，法律的运行已融入我们的日常生活，成为其中不可分割的部分。它像一架飞速转动的机器，把我们的利益交换、资源配置、行为方式和思想观念一并强制纳入它的运动过程。

不过，面对无所不在的“法律之治”，我们还是要保持一丝应有的清醒。我们在颂扬法治的精神和理念时，应当看到它本来的界限。在生存论意义上，法治及其制度的价值与职能毕竟是有限的，它不能对人类历史发展的终极目标作出承诺。它所要回答的问题是：“权利和自由被侵犯了，我能做些什么？”但它不能回答：“到底什么是我们的可能生活？”我们毋宁说，法治是人类依靠人的理性和智慧而不是依托神性或神谕来规制自我生活及其关系的制度，而且它也可能是迄今为止人类为世俗社会所能设计的最为完善的制度。除此之外，法治的理念并不隐含更多的生存论价值。事实上，终极的法治乌托邦理想是不存在的。

故此，在讨论法治的效力、实效、价值和职能时，我们要省察以往的提问方式所可能具有的误导，而应持相反的问题意识：“法治不是什么？”

回答这一问题，其实是非常简单的。常识和经验直觉告诉我们：法治不是政治（或狭义的“政策之治”），不是“德治”，不是借正义之名而行不正义之实的借口，不是个人情感宣泄的工具。进一步讲，法治是摆脱人的情感的理性体现，法律的语言是冷静、刚硬的，它不诉诸任何情感的声调；法治可以通过它的原则来保持对所谓“自然法”或道德精神和内涵的有限吸纳，但它从不逾越其本有的界限，介入道德范围之内的事务；法治不能不处理或应对社会的政治事件，但它不完全等同于政治过程和政治类型。把一切问题作为法治的问题来对待，甚至过分依赖法治的功能和作用，夸大法治话语的魔力，不是提升了法治的地位，反而可能是损害了法治的品格，销蚀了法治这种“内在的、默默起作用的力量”的应有权威和效力。

法治的形象，绝不是仅仅呈现为“一切皆有法式”的森然可怖的面相。强暴有余而仁善不足的“法治”，绝对也不是法治应有之义。绝不是说，我们在一切恶法的宰制之下，都应该成为这种所谓的“法治”的奴隶。我们不应忘记德国法学家拉德布鲁赫（Gustav Radbruch，1878—1949）曾经说过的一句话：

“法律制度所考虑的，不是要人们都像哨兵一样时时刻刻目不转睛，而是要他们偶尔也能够无忧无虑地抬头观瞧灿烂的星光、盛开的花木和生存的必要及美感。”[①]

① G.Radbruch，*Aphorismen zur Rechtsweisheit*，Goettingen，1963，S. 17.

法治进程中的大众文化背景

——兼谈现代化之“时间叠合”结构

进入 90 年代，中国社会变迁最引人注目的现象，就是经济的市场化和大众文化的勃兴。大众文化，这个“以当代生存的个人领域为基础生长出来的一种新的消费性文化”，正影响着我们这个时代的社会精神、价值观念、行为模式、社会风习。

大众文化表现为人类的一种普遍的精神气质和心理状态，是由时代的社会精神、价值观念、道德观念、思想感情、生活方式、行为动机，乃至审美、消费趣味等构成的混合整体。这样一个混合形态的文化的主要特征，在于它对主流意识形态的消解，对精英文化的抗拒，对传统的道德理想主义（如革命理念、至善论）的反叛，以及对于现世的物质生活的眷念，等等。同时，大众文化消弭了人类对虚幻神的盲目崇拜，张扬个体生活的目的与价值，关怀个人自由、平等与权利的保护，强化个体的自觉意识和崇尚世俗的观念。

从总体上看，大众文化趋向平实、实利以及人的地位、身份、待遇、尊严、知识水平、消费等的“平均状态”和类型化。

无疑，文化的大众化也是社会的政治和法律变迁的映现。从政治层面言之，大众化现象的出现意味着社会的经济—阶级结构的变化。它在主要方面改变了前资本主义社会贵族／平民、地主／农奴二元对立的简单阶级（阶层）关系，淡化了区分阶级层别的身份和地位标志。反过来讲，这在一定程度上消解了等级社会的政治权威（王权、贵族特权）的“神圣性”，为政治制度的民主化创造了条件。从法律层面言之，迅速成长的大众观念、价值和理念，也直接或间接地作用于法律的变迁。文化大众化的进程，也是法律传统的更新转型、法律精神和法律原则的嬗变、新旧法律制度的更替过程，尽管这一过程本身表现出复杂的面相，但在整体上带有法治化的形态特征。

然而，“通过大众化的法治化”也不是一个简单的线性历史发展过程。应当说，大众化只是与法治化处于同一时间结构（历时性）之中并相互共生的现象，它们之间并不存在相互承诺的保证，即法治化的目标并不必然是建立一个趋向崇尚实利和功利主义的大众社会；大众化过程的完成也并不一定能够实现法治预设的理想。法治化与大众化都可能有不同的走向，并不存在唯一纯粹的法治化与大众化模式。具有不同历史传统、文化背景、民族构成及经济发展阶段的国家，其法治化与大众化过程和形式会呈现出不同的特点。它们之间也存在着既相融、又相斥的内在张力，而其负面的影响对它们二者自身的健康发展都是极为不利的。

事实上，大众化与法治化之关系，实际上隐含着一个更为深刻的问题，即如何看待人类历史的进步及人类对于生存方式的选择。应当指出，大众化与法治化都是正在演化中的社会文化形态和制度形态，它们所反映的是近二百年来的人文精神、科学技术、生产方式、社会关系诸方面的变迁及其趋向。与人类历史的漫长生涯相比，大众（化）社会与法治（化）社会仍然不过是特定历史时段内存在的现象，它们均带有这个特定历史时段的精神和物质特征。它们的进程本身都不可能解决处于近现代史中的人类社会深在的矛盾和困境，如“世界的祛魅”（die Entzauberung der Welt，一译“世界的解咒”）[①] 与返魅（reenchantment）、道德、知识的进步与退化，经济增长的极限与人类生存环境的恶化，科学技术的发展与人类可能面临的自毁，人的自由的扩张与其本质的异化，形式的合理性与实质的非理性，理想主义的幻灭与乌托邦的寄托，等等。

的确，近现代的历史表明，人类社会在人文精神的激励与感召之下创造了此前世纪难以比拟的物质财富和精神文化。然而，财富的积累与宇宙—历史之谜的真相大白，似乎并没有给现世的人类带来灵魂的拯救。德国哲学家尼采在 20 世纪末宣称：“上帝死了”，人类“只为大地而牺牲”，要忠实于大地，建立“地上的道德”。但是，这样的宣言，除了加速推进 20 世纪人类生活和文化的世俗化、大众化过程，在整合人类精神与价值方面并没有多少贡献，甚至起到了相反的作用。

面对这个世纪的惶惑与焦虑，人类或许把希望寄托于法律精神的重建和完美的法律制度的设计，试图通过法治化的道路来寻求一种清晰可辨的、有规则的生活，以此作为弥补理性和信仰危机的权宜之策。

---

① “世界的祛魅”（die Entzauberung der Welt）乃德国著名社会学家马克斯·韦伯于 1917 年在德国慕尼黑发表的演讲《以学术为志业》中使用的术语，指对世界的一体化宗教性统治与解释的解体，它发生在西方国家从宗教社会向世俗社会的现代性转型（理性化）之中。自世界“祛魅”以后，世界进入“诸神纷争”（价值多元化）时期：对世界的解释日趋多样与分裂，社会活动的各个领域逐渐分立自治，而不再笼罩在统一的宗教权威之下（See Max Weber, *Wissenschaft als Beruf*, 3. Aufl., Verlag von Duncker & Humblot, München/ Leipzig, 1930, SS. 32, 36.）。

但在生存论意义上，法治及其制度的价值与职能毕竟是有限的，不能对人类历史发展的终极目标作出承诺。它所要回答的问题是："权利和自由被侵犯了，我能做些什么？"但它不能回答："到底什么是我们的可能生活？"

据此，我们毋宁说，法治是人类依靠人的理性和智慧而不是依托神性或神谕来规制自我生活及其关系的制度，而且它也可能是迄今为止人类为世俗社会所能设计的最为完善的制度。除此之外，法治的理念并不隐含更多的生存论价值。事实上，终极的法治乌托邦理想是不存在的。

谈到中国目前的大众化与法治化之关系，问题恐怕显得更为复杂一些。毋庸置疑，中国的大众文化和法治的演进确实存在着相互启动的关系。一方面，大众文化作为一种"内在的、默默起作用的力量"正塑造着国人积极进取、勇于创造、批判—参与的精神，塑造着权利和自由意识、平等和效率的观念、宽容与开放的心态，等等。这些精神的转型，将推进中国的法治化。另一方面，中国的法治化（法制现代化）作为一种有价值导向、有目的的活动过程，也将以其制度的力量和它的精神、原则的指引，反过来影响大众社会的生活和文化，使之朝着法治所预设的目标健康发展。因此，中国的法治化，已经而且注定是要与大众化进程相伴随，共同经历一个历时形态。这是 20 世纪末的经济、政治和社会文化条件所给予它的一个特殊的历史定位。

然而，应当看到，中国的现代化，属于"非西方后发展社会的现代化"，或者说是由外部刺激引发或外部力量直接促成的传导性的社会变迁。所以，这一过程呈现"时间叠合"的现象，即现代化这个"共时"结构中包含有农业文明（前现代）—工业文明（现代）—工业文明（后现代）及其精神的"历时"形态。

中国的现代化之“时间叠合”的性质，似乎隐藏着某种不确定性和引发不规则的社会震荡的可能性。它意味着：中国的社会转型，像其他非西方后发展国家的社会转型一样，面临着深层的文化—价值的冲突、发展与代价的矛盾、总体性进步与局部性退化的困境等难以回避的问题。在一定意义上，大众文化的勃兴及其对中国现有的思想—文化均衡结构的冲击，就是这些矛盾、冲突和困境的直接表现。

在此背景之下，中国提出“依法治国，建设社会主义法治国家”的决策，可谓及时而又深谋远虑的。这预示着，在世纪之交，中国将依靠党和政府的推进，辅之以社会、民间自然生成的具有现代精神的制度、规范和力量，而走上法制现代化（法治化）的道路，并筹划完成文化的现代转型或平稳过渡的任务。

显然，这两项任务都是相当艰巨而复杂的，它不仅要求在法治的建构和设计及精神文明建设的过程中采取较为审慎的态度和步骤，而且要求对市场经济建设和改革开放的代价和成本、大众文化的兴起及对中国思想—文化结构的正负两方面的影响，以及当前社会发展的文化—价值的冲突等有一个较为清醒、客观的判断和评价，做到既不因为价值取向上的混乱而影响或延宕法制现代化的进程，又不因为过分偏重法治和文明建设的设计本身而忽略亿万人民在文化转型、法制转型过程中的创造精神和生动而又具有生命力的生活实践。

问题仅仅在于，我们将通过什么手段或能够通过什么样的手段激发和保护亿万人民的创造力，而又避免无端的浪费、消耗更多的资源和成本，将法治和文明／文化发展的代价降低至最小的限度。

法与道德“深度的消失”

大众文化的勃兴及其对中国现有的思想—文化均衡结构的冲击，使生活在这个时代的人们都感受到了一种前所未有的社会精神环境的变化：通俗小说、电影、电视、卡拉OK、流行音乐、儿童卡通和漫画、香水和各种五颜六色的广告等构成了大众社会的舒适、稳定、富足和温馨的世俗生活情调和景观。追逐实利的商业精神铸就了大众文化的品格与气质。传媒（报纸、广播、电视等）技术的发展，进一步塑造了大众社会作为“拜物教化的或物化的社会”的特征。这样，不仅物质消费，而且文化消费（文学、艺术的消费）本身都带有商品结构的性质：在这里，商品“获得了一种幻想的客观性，一种自主性，似乎完成了如此精确的理性和包囊一切的东西，以致人际关系——它的这个根本性质的一切痕迹都被掩盖住了”。（乔治·卢卡奇语）

面对此一现象，人文、社会科学界的学者们的反应看起来是一片惊慌，甚至遭受到百年来从未有过的危机感。一时间，“理想主义的幻灭”“信仰危机”“道德滑坡”“道德失范”“道德沦丧”等议论纷至沓来。在法学界，法学家们对当前“社会风气不正”“贪污腐败”“犯罪率居高不下”“黄毒泛滥”“假冒伪劣产品充斥市场”诸现象也表示出相同的忧虑，其反思与对策之论频频见诸报刊，构成法学之热门话题。

的确，应当看到，尽管大众文化的兴起可能会（也可能不会）在一定程度上推进中国的法治化进程，但它在总体上似乎也表现出一种所谓“间离化”的特征。

这种间离化，首先，体现在个人主体性与社会主体性的疏离，个人利益与他人利益、社会利益界限的明晰化（甚至绝对化）。每个个人在扩张自我的生存空间，争夺自由与权利资源的同时，相对漠视他人及社会的利益与权利。

其次，它体现为大众文化与精英文化、主流意识形态的间离。其突出的表现是，人们对一切由精英或政府设计的、指向未来承诺的社会理念（道德理想主义、历史主义、乌托邦主义等）失去热情，直至形成抗拒的心态。

最后，它表现为大众主体道德观念和价值整体性的分解及道德的绝对性与相对性的分离。或者说，传统的绝对主义、普遍主义的道德观念受到怀疑，道德的所谓“绝对命令”的有效性逐渐趋向虚无，道德的普遍公认标准也走向多元化。

道德的“深度的消失”，是大众社会心力资源短缺的表征。这种心力资源的短缺，至少在两个方面使法治化进程可能丧失民众的精神动力的支持：

在立法上，大众对现行实在法将会采取非理性的评价态度，要么是站在“局外人”的角度对法的原则和规范采取既不肯定又不否定的无反思立场；要么是仅仅出于私见或“事关乎己”的原因而对立法采取简单否定、甚或拒斥的批评立场。这两种非理性的态度，都可能有损于法的权威及其有效性。换言之，由于缺乏理性的反思和批评，实在法之标准能否为公众所普遍认同尚属疑问，那么也就难免会出现法的合理性（或正统性）危机。

在法的实施上，大众的冷漠使其对法的实施过程同样可能采取漠不关心或不合作的态度，脱身于法的实施过程之外，对各种违法犯罪现象熟视无睹，既不谴责也不公开评论，甚或无原则地予以宽容和原谅。这样就会造成“自律—他律”“守法—执法”的间离化：法的实施似乎只是专门执法机关的事务。而执法活动本身一旦缺乏民众的信任与精神支持，那么就意味着国家或政府不仅要为此投入大量的物力与人力资源，而且还可能面临更大的风险，即由于执法机关与大众的对抗而导致执法过程的系统扭曲或整个执法体系的崩溃。

无论如何，上述现象的发生，都将越来越偏离法治化的目标。

V

西域法学拾零

艾克·冯·雷普高与《萨克森之镜》

（一）

艾克·冯·雷普高（Eike von Repgow）的名字，对于我们中国法律学人来说可能是陌生的；同样，《萨克森之镜》为何物，即使专攻西洋法制史的学者，也不一定能够道出究竟。

就我阅读所及看，在我国，最早提及《萨克森之镜》的人，大概是梁启超先生。他在《论中国成文法编制之沿革得失》（1904年）中，征引日本法学家仁保龟松著《论法律之发达》一文，谓德意志中世纪有“索逊士比奇”（Sachsenspiegel，《萨克森之镜》）、“疏华彬士比奇”（Schwabenspiegel，《施瓦本之镜》）等所谓“保存的立法”。但梁先生也只是点到为止，对更进一步的材料和史实却未予着墨铺陈拓展。查阅目前国内各种版本的《外国法制史》教科书，亦无多大收获。近年新版教材讲“德国法”一章（节）时，也间或例举13世纪德国习惯法“著名者有《萨克森法典》和《施瓦本法典》等”（“法典”一词，可能取自德文“Spiegel”或“Rechtsbuecher”的英译law books），然而对其生成年代及背景说明，则语焉不详。

1994年3月至6月，在德国哥廷根听受法律史教授沃尔夫冈·塞勒特（Wolfgang Sellert）的德意志法律史课程，我第一次注意到德国13世纪“朦胧的历史帷幕”遮罩下的法律的发展。这一段记录着德意志民族之法律创造和心灵自觉过程的历史，散发出幽暗的馨香的气味，具有独特的魅力。我深切感到，凡治德国法律史和法学史的人，都不能不把他们的目光投向德意志法律文献和法学理论的原点，不能不研究艾克·冯·雷普高和他编纂的《萨克森之镜》。

说雷普高是最早的德意志法律思想家（Rechtsdenker），《萨克森之镜》是德国中世纪历史上最重要的法律文献，这一点是客观公允的。众多的德国法律史家的研究和评论，也凸现出雷普高和《萨克森之镜》的重要性：

据前莱比锡大学法律史教授吉多·基什（Guido Kisch，1889—1985）所著《〈萨克森之镜〉与圣经》（Sachsenspiegel and Bible，1941年版）一书“附录”初略统计，至19世纪40年代，有关《萨克森之镜》研究的德文文献已达百种之多。

德国波恩大学教授格尔德·克莱因海尔（Gerd Kleinheyer，1931— ）和图宾根大学法学教授扬·施罗德（Jan Schröder，1943— ）合编的《五百年来的德意志法学家》将雷普高列为德国500年法律和法学发展史上的第一人，认为：雷普高在整个德意志民族还没有很深的法律知识基础的时代，在《萨克森之镜》的领土法和领地法中试探着为该民族的法律蕴构了一个深厚的根基（谱系）。

前弗赖堡大学法学教授、著名刑法学家埃里克·沃尔夫（Erik Wolf，1902—1977）在长达近800页的巨著《德意志精神史上的伟大法律思想家》中亦将雷普高作为17位德意志最伟大的法学家之一，与人所共知的法学巨擘（如格劳修斯、普芬道夫、萨维尼、安塞尔姆·费尔巴哈、温德萨伊德、耶林、基尔克和拉德布鲁赫等）相提并论。

在英语文献方面，一些重要的百科全书或词典（如《不列颠百科全书》《牛津法律指南》）均设有关于雷普高和《萨克森之镜》的专门条目，予以释介。

关于这一领域研究的概况，专攻《萨克森之镜》之学的著名史家卡尔·奥古斯特·埃克哈特（Karl August Eckhardt）的评论是有代表性的。他指出：

几个世纪以来，《萨克森之镜》一直是学问旨趣之焦点，法学家和历史学家均投身探讨类似的问题，所以如果说还有任何偶然的情况没有被《萨克森之镜》众多研究者的这一位或那一位所考虑过，那简直是不可想象的。[①]

总体上讲，这一断言的正确性是毋庸置疑的。它至少表明德国学者对《萨克森之镜》重视的程度和研究的细致。不过，面对浩如烟海的考辨材料，我们也只能择其要者而述之。

（二）

首先令我们感兴趣的，乃是《萨克森之镜》名称的来历和它寓含的意义。

---

① 引自 Guido Kisch，*Sachsenspiegel and Bible*，Notre Dame 1941，Preface.

镜者，关照形象之器物也。人对森类万物、社会政制、风土人情之体贴，其实也是对自我心性之关照。镜鉴与法律之联想，盖出于初民的“诗性思维”，故以镜（鉴）喻指法律一说，其源久矣。

在欧洲中世纪，人们开始采用“镜（鉴）”作为法律渊源的名称。据威廉·瓦克纳格尔（Wilhelm Wackernagel）在《短札》（Kleinere Schriften，莱比锡，1872 年版）一书中考释，中世纪人喜好“镜（鉴）”一词，乃因它具有直观的自我关照的性质。按照中世纪的观点，镜（鉴）能够折射出一种理想化的图像（idealized picture）。[①]

德国中世纪各种习惯法之“镜”（Spiegel），其实是“法镜”（或法鉴，Spiegel des Rechts，英译 Mirrors of the Law）之简便称谓，其又名曰“法书”（Rechtsbuecher，英 law books）。它们大都出现在 13 世纪至 16 世纪。故此，人们往往把德国 1200 年至 1500 年这一法律历史发展时期称为“法书的时代”（Die Rechtsbuecherzeit，The “Age of the Law Books”）。

“法书”，其实是私人编纂之书（近似我国春秋末年子产铸“刑书”、邓析刻“竹刑”之类），是对法律懂行的人汇编成册的德意志习惯法，旨在对某一特定的法律领域的法律材料总体上作一个全面的记述。它并非属于现代意义之“法典”，其内容甚至也不涉及中世纪“神圣罗马—德意志帝国”在其疆域、城市和农村地区发布实施的所谓“立法作品”（如罗马教皇的敕令、通谕，王室法令，等等）。

---

① 对此，艾克·冯·雷普高在《萨克森之镜》的“韵文体序言”中曾有相关的说明，可作一解：他说自己写此书的目的是想让人们都知道萨克森的法律，把法律当作镜鉴，就好像镜子让妇女能够知道她们自己的脸庞长的是什么样子。（See C. G. Homeyer[Hrsg.], *Des Sachsenspiegels, Erster Theil, oder Das Sächsische Landrecht, 3.*, Ausg., Ferd. Dümmlers Verlagsbuchhandlung, Berlin, 1861, “Praefatio rhythmiea”, S.131.）

在一定意义上，法书也可以被看作私人就德意志法编写的最早的“科学”论著（treatises）。几乎所有的德意志法书都是在罗马法还不被大多数德国人知晓，罗马法在德国各地几乎没有任何影响的时候出现的。它们在源头上是民族的东西，而且较早产生的一些法书在内容上是地道的德国产物，没有任何罗马法的模仿痕迹。

另外，这些作品所具有的民族特性还表现在：它们都是用德语写成的（尽管当时德国各地的德语尚不统一，流行着不同的地方方言）。故此，法书既是德意志法的最早的德文记录，也是德语诗文（prose，散文）最古老的纪念碑石。海因里希·米忒斯（Heinrich Mitteis）说：“它们（法书）是中世纪生产德意志法律精神的最伟大的艺术作品。再也没有其他的东西会像德意志法一样显示出如此的创造力或类似的宏富的观念。”①

从效力上看，这些由私人编纂的法书一开始并没有获得任何法典法（codified law）的权威。但在实践中，其中的某些法书受到人们的重视，被作为法典（codes of law）对待。由此，它们对于德意志法的进一步发展作出了极大的贡献。其作为法律史的重要渊源的价值是显而易见的。更进一层说，它们作为中世纪德国文化的民族遗产，也享有极其重要的意义。

（三）

的确，在所有伟大的德国法书中，甚至在13世纪出现的所有欧洲国家的法书中，《萨克森之镜》有其特殊的地位。它不仅是所有这

① Heinrich Mitteis，*Lehnrecht und Staatsgewalt*，Weimar 1933，S.12.

些法书中最古老的一种，而且在原创性和深度上也显然是最为出色的一种法律纪念碑（legal monument）。人们评价说："随着它（《萨克森之镜》）的产生，在中世纪德国法律的文字处理的历史就开始了，而且同时达到了其发展的最高峰。"（Guido Kisch，Sachsenspiegel and Bible，p5.）在法律语言还没有生成的年代，在没有人懂得科学清晰地归纳法律概念而把德国法作为诸法合体对待的时代，《萨克森之镜》的出现，代表着一种极高度的文化成就。

《萨克森之镜》成书的时间，由于缺乏文献记录已无从精确断定。史家根据多方考辨推测，其原始稿本可能形成于 1221 年至 1224 年，文本为韵文体。

上文做过交代，《萨克森之镜》的作者为艾克·冯·雷普高（现代文献中大多将其姓名拼为"Eike von Repgow"）。其编纂者身份出现在《萨克森之镜》韵文体序言第 266 诗行中，上有"Ecke von Rypchow ez tete"["艾克·冯·雷普可（高）完成了它"]的字样。

但除此之外，雷普高的生卒年月和生平均无详细的记录。他的名字第一次出现在中部德国（Central Germany）1209 年至 1233 年的 6 份法院文件材料中。材料证实他是一位具有骑士封号的陪审法官。"雷普高"，乃因袭先辈在安哈尔特（Anhalt，时为勃兰登堡侯爵阿尔贝特一世的领地）的封地"雷匹考（Reppichau，位于德韶 Dessau 和科滕 Koethen 之间）"而得名。他大约生于 1180 年至 1190 年，死于 1232/1233 年。

雷普高肯定接受过远远超出骑士阶层通常所能受到的良好教育。他也无疑拥有广泛的教会学校的知识。在教会学校，他可能接受过基督教箴规和伦理的训练，而且相当熟悉《圣经》、基督教的某些著名的文献以及教会法。最重要的，雷普高一定学习过拉丁文（因为在当时拉丁文知识是高等教育的一个必备基础)。而参与其家乡的法律事务则进一步拓宽了他的视野。由此获得的实际法律知识和高度的智识修养使其有能力把活的法律(the living law)型塑成为法律诫条,并作为内涵一切的整体表述出来。在他之前,德国尚无一人尝试过完成该项工作。

在《萨克森之镜》中,雷普高所表现出的实在法知识是综合全面的;他在这本法书中传达给读者的方法论和观念的联想也是深厚而颇具光彩的;其熔炼而成的一套德意志法律语言代表着一种卓越的成就;他诠释所有法律现象并以伟大的统一范畴来整理法律现象的法律推理能力,也极富天才。总之,雷普高创造了第一部纯粹德意志民族性质的法书。

根据雷普高自己的记录报告,《萨克森之镜》最初是用拉丁文写成的。然而,这个文本没有传世。后来应其领主霍耶·冯·法尔肯施泰因伯爵(Grafen Hoyer von Falkenstein)的请求,雷普高将《萨克森之镜》拉丁文本译成了下德意志地区方言。在这个低地德语(Low German)文本中,他于韵文体序言第178—182行赋予《萨克森之镜》(Spiegel der Sassen)这样一个名称。

(四)

在内容上,《萨克森之镜》大体上分为两个部分:一部分是土地法(Landrecht, territorial law),另一部分是采邑法(Lehnrecht, feudal law)。前一部分包含有我们现在称为公法或宪法、刑法、民法和程序法等法律的一些原则特性。后一部分则限于采邑法的个别领域。《萨克森之镜》没有涉及城市法(Das Recht der Staedte),

无自由民法（庄园法，Hofrecht），王室伺臣法（Das Recht der Ministerialen）等法律。

雷普高用韵文诗节（第97—280行）为这本法书写了一个序言，其中解释了该书的缘起、写作的目的和意图。他可能还写过该韵文体序言的前半部分（第1—96诗行），申明《萨克森之镜》呈送批阅的理由。序言后来增加的部分（“论领主的诞生”），可能出自他人之手。事实上，雷普高并不是一口气（连贯地）写下《萨克森之镜》这一作品的，他在原稿本的基础上一再不断地添加了新的内容。例如，所谓对土地法的“旧本添加”（“old additions”），约1/6多的内容是由雷普高亲自完成的。他对《萨克森之镜》的增订工作一直持续到其生命结束。

《萨克森之镜》在许多内容上体现出雷普高的法律世界观。他在神那里发现了所有法律的起源。他深信法律起源形式的“双刃剑理论”（Zweischwerterlehre），认为国王（皇帝）和教皇两者均从上帝那里获得象征性的剑来保护（基督）教界，因而驳斥了双刃剑理论的“教廷官方的”变体学说（认为国王是从教皇那里取得世俗之剑的）。这实际上维护了世俗政权的统治地位。不仅如此，雷普高还特别强调国王权力，如最高裁判权、执掌经济性主权（如采矿权、发行货币、税收等），军事统帅权等。同时，他在《萨克森之镜》中也规定了臣民对亵渎国王的不合法行为有进行抵抗的义务。

根据人的神性相似论（Gottesebenbildlichkeit），雷普高推导出“一切人均自由”的学说。但另一方面，他又根据当时的法律而把人分成不同的等级。自由与等级似乎在雷普高那里是协调一致的。他说：每一个法律社民（Rechtgenossen）均根据其出身而取得权利（资格）；因此，受封的人（贵族）根据土地法与采邑法来生活，城市市民根据城市法来生活，农民根据土地法和庄园法来生活，等等。这种按照采邑的阶位细致分层（7 个等级）的做法，甚至是雷普高的一项独特的创造。

《萨克森之镜》最初只是为萨克森的特定地区（奥斯忒伐利亚，Ostphalian）所写，其重点也仅放在（骑士）贵族封地方面。但其后来的影响却是巨大的，主要表现在两个方面：其一，它把记录有关萨克森的思想逐渐传播至整个北德意志。《萨克森之镜》有时用作城市法的模型（草案）；有时也被视为弗里德里希 · 巴巴罗萨（Friedrich Barbarossa）帝国法律的范本。它作为"萨克森普通法"（gemeines Sachsenrecht）在继受后被萨克森各法院指定为权威性法律书（a statute book），与罗马—教会法同等重要，同后者形成势均力敌的局面。在德国的某些地区，《萨克森之镜》作为有效的法律渊源一直沿用至 19 世纪末《德国民法典》被通过之时。其二，在《萨克森之镜》之后，有一系列相类似的法律记录文献或"法镜"模仿其风格和形式出现在南德意志（如《施瓦本之镜》《德意志人之镜》《法兰克人之镜》等），只是后者的水平和重要程度还远远赶不上《萨克森之镜》。

《萨克森之镜》的实际影响力甚至远超出德语区。它除了被翻译成各种德语方言，还被译成拉丁语、荷兰语和波兰语等，成为名副其实的一部影响广远的"法经"（假如 Rechtsbücher 可以被译作"法经"的话）。

浪迹于法与童话之间

——雅科布·格林印象

初识德国的时候，给我印象最深的，是几位名噪世界的“德国兄弟”。

首先值得提及的是“洪堡兄弟”——威廉与亚历山大：威廉·冯·洪堡（Wilhelm von Humboldt，1767—1835）以其在语言学、哲学上的著述，倡导自由主义，创办柏林大学而著称于世；其弟亚历山大·冯·洪堡（Alexander von Humboldt，1769—1859）作为近代地质学、气候学、地磁学和生态学的创始人而享誉自然科学界（德国的“洪堡奖学金”即以其名义设立）。其次是“韦伯兄弟”——马克斯和阿尔弗雷德：马克斯·韦伯（Max Weber，1864—1920）作为社会学的巨擘至少在人文—社会科学界可以说是无人不知、无人不晓；其弟阿尔弗雷德·韦伯（Alfred Weber，1868—1958）在社会学（尤其是文化社会学,Kultursoziaologie）上的贡献亦令人瞩目，杂志文论和报刊屡有评述。

自然，最为全世界各国普通民众所熟知的，当属雅科布和威廉两位“格林兄弟”。雅科布·格林（Jacob Grimm，1785—1863）与其弟威廉·格林（Wilhelm Grimm，1786—1859）于1812年和1815年梳理出版的《家庭和儿童童话集》(Haus und Kindermaerchen，俗称“格林童话”)，讲述一个又一个鲜活有趣的故事：“白雪公主”“小红帽”“灰姑娘”“睡美人”“狼和七只小山羊”“青蛙王子”“穿靴子的猫”……这一则一则耳熟能详的德国乡间童话，绽陈梦幻与纯洁给这个急于成熟老化的世界。其纤柔宁静无潮无涌，如清泉流经千万人心溪间，轻起几分恬淡、欣喜。

不过，人们对格林兄弟的了解，大抵止于童话。俄国学者Γ.舍甫琴科在《格林兄弟传》的俄文版序言中曾指出：“格林兄弟属于这样一类知名人士，大概人们对他们的尊敬多于了解。”的确，格林童话带来的过分显著的声名，反而遮蔽了格林兄弟的其他贡献，使我们知道的格林只不过是一个“单向度的人”。本文通过采撷其生平片断所要展现的，是作为一位重要的德国法学家形象的雅科布·格林。

求学于卡尔·冯·萨维尼

雅科布·格林1785年1月4日出生于哈瑙（Hanau，德国黑森州）的一个法律之家。其父菲利普·威廉·格林（1751—1796）早年学习法律，后从事律师职业，曾担任哈瑙“公国城市和地方秘书”和斯泰诺的裁判官。父亲中年因病去世，格林一家举迁至卡塞尔（Kassel）。格林兄弟在卡塞尔接受了中学教育，而且在以后50岁以前的岁月里大部分时间也是在此地度过的。

出于对父亲及其职业的景仰，格林于1802年开始在马尔堡

（Marburg）大学学习法律。这无疑是格林兄弟一生中最重要的阶段：大学拓展了青年格林的视野，也铸造了他们聪灵浪漫而又严谨求实的心性。

在马尔堡，格林兄弟系统学习了自然法、国家法、私法、刑法、司法方法论、继承法、债法、罗马法等课程。他们与弗里德里希·卡尔·冯·萨维尼（Friedrich Carl von Savigny，1779—1861）这位未来的法学巨子的接触和交往，对他们将来的生活、文学创作和法学的研究产生了巨大的影响。

萨维尼比雅科布·格林年长6岁，1800年在马尔堡获得法学博士学位，从1800/1801年度的冬季学期开始在该校任教，讲授刑法、罗马法、法律史和方法论等课程。1803年萨维尼出版其成名之作《占有权》（Das Recht des Besitzes），奠定其作为德国历史法学派创始人的地位。

格林在马尔堡求学时，萨维尼在事业上正崭露头角。萨维尼的课程是他们最喜爱听受的课程。年轻的格林被萨维尼渊博的学识、勤谨的治学态度和富有朝气而又不失谦抑的人格魅力所深深吸引，而萨维尼也对与其年龄相仿的学生颇为赏识。大家谈论投合，遂成好友。

位于马尔堡城堡脚下的萨维尼私宅，是格林兄弟经常造访的地方。在这里，萨维尼通过私谈，以“认真、明睿而且以所具有的极大的敏感性”把格林兄弟带入浩瀚无垠的知识领域和科学研究的世界。而且，也正是在萨维尼的社交圈里，格林熟悉和认识了一些时为德国浪漫主义文学流派的代表人物，如著名诗人、小说家和剧作家、海德堡浪漫派创立者克列缅斯·布伦塔诺（Clemens Brentano，1778—1842）。布伦塔诺作品的非凡音乐性和丰富的想象力，甚至其飘忽不定的灵敏感觉，在另一方面型塑了格林兄弟的性格，使他们有一种

"向往世界的无限性，渴望冲向天空"的浪漫情怀。这也是他们（尤其是威廉·格林）后来把主要的精力用于搜集、整理德国民间文学的主要原因。

谈到自己大学时的恩师萨维尼，威廉·格林这位在未来岁月中几乎完全与法学职业绝缘的文学研究者，在1850年10月31日柏林科学院为纪念授予萨维尼法学博士学位50周年而举行的隆重大会上，满怀深情地说：他（萨维尼）对于自己著作中历史方法的形成赋予了重大的影响。事实上，格林兄弟正是在他们的导师那里学会了一种在研究社会现象时珍视历史主义的态度，并将它运用于他们各自的研究工作之中。

发表《论法之诗》等法学著作

雅科布·格林终身未娶，一生奉献给了他所钟爱的学术事业。这位伟大的研究者试图"通过科学的途径证明日耳曼人自古以来就是以自己的思想、道德品质，以自己的社会发展而远远胜过其他民族的民族"（车尔尼雪夫斯基语）。客观地说，《家庭和儿童童话集》给他和他的弟弟带来了异乎寻常的声名并不能完全使其在学界立足，真正得到学界认可的，是他在一生中所从事的多项"严肃的"研究工作和出版的研究成果。雅科布·格林的研究领域兼跨诸多学科，这使之成为包括日耳曼民族语言、文学、历史、法学、文化和风俗习惯等各个独立分科在内的日耳曼学的奠基人。他所提出的语音对应规律通称为"格林（一译格里木）定律"。

1815—1828年，雅科布·格林在家乡卡塞尔担任图书馆的第二管理员（Zweiter Bibliothekar）期间，是其学术创作生涯的一个高峰。在此期间，他与威廉经十几年搜集的民间童话第 2 卷出版；确立其大语言学家地位的扛鼎之作——《德语语法》问世。雅科布在一块完全的“处女地上”构筑了德意志语言规则的大厦。诗人海因里希·海涅（Heinrich Heine, 1797—1856）称赞《德语语法》是“一部伟大的作品”“一座哥特式的大教堂”。

1816 年，雅科布·格林在“历史法学派”的理论刊物——《历史法学杂志》[萨维尼和艾希霍恩（Karl Friedrich Eichhorn, 1781—1854) 主编] 第 2 卷发表其第一篇法学论文，题目为《论法之诗》(Von der Poesie im Recht)。该文篇长 77 页，分 14 节。在这篇长文中，格林以童话作家的灵敏性和感受力，语言学家的丰富知识和法学家的眼光，考察了德意志古法（如《萨克森之镜》）的诗性因素和独特的民族性格。格林在文章的开篇即指出：“法和诗相互诞生于同一张温床……所以，诗中蕴涵有法的因素，正像法律中也蕴涵有诗的因素……我们有责任把它作为一项遗产从祖辈那里继承下来，流传给后代。”他证明说：在一定意义上，诗是纯真的、虔诚的，它不过就是古代简朴的法（das einfache Recht）。例如，德国古法是像诗歌一样表达的。在德语中，法官被称为“发现者”，他们发现判决，就像诗人也被称为发现者一样（Trobadores，Trouveurs）。法官和诗人二者都是 Schaffer(创作者，希腊文 ποιηται)，他们创造规则，确定秩序。

在《论法之诗》之后，雅科布·格林相继出版了长达数千页的几部法律巨著，这其中包括《德意志法律古董》(Deutsche Rechtsaltertümer，1828）和《智判询答汇编》(Die Sammlung der Weisthümer，1840—1863)。前者是从一个“古代文化研究者”（Altertumsforscher）的角度对日耳曼（包括北欧、盎格鲁萨克森）

古代和中世纪的法律制度（Rechtseinrichtungen）所作的一个资料汇集，它包括一个导论和6卷，涉及身份、家政、财产、计件契约（Gedinge）、犯罪和法院等内容。后者是格林搜集整理的德国乡间的智判询答（die bäuerlichen Weistümer）而集成的资料，其中包含大量民间裁判者对法的解释，体现着“乡间智者”对法的认知和处理案件的智慧。格林对这些智判询答给予了特别高的评价，认为“它们在本质和内容上完全可以同一般的民族语言、民歌相提并论”，“它们是德意志民族自然生成的法律自由、高贵式样的极好证明。新的、变化着的和不断年轻化的法律，在其外形上总是包含着纯正血统的古代法律风习，它们虽然长期以来不再被适用，但却被普通人所信奉，并且带着完全的敬畏……”

格林的后几部法律著作在法律史家那里只得到非常低调的回应（反响）。他们认为格林只是抢先将不同世纪的原始证据毫不费力地汇集在一起，他的工作只是“汇总和简单的叙述”，而不是“思量、建构和诠释”。这种苛评是有失偏颇的，应当承认：《德意志法律古董》和《智判询答汇编》的学术价值仍然是独特而重要的，它们为我们了解一切日耳曼法律的历史关联提供了一种导引。正如R.Huebner的评论指出的那样，《智判询答汇编》对于法律所起的作用，就像《德语语法》对德语语言所起的作用一样：两者都可以看作“巨大、浩瀚的德国古代文化研究的伟大篇章”。格林的法律著作也许在具体的问题点上是可以加以校正的，但作为整体是不可能被超越的。德国当代著名法律史家弗朗茨·维亚克尔（Franz Wieacker，1908—1994）在其大著《近代私法史》（Privatrechtsgeschichte der Neuzeit，Goettingen 1952）中，也非常公允地说：格林的所有法学著作都以其巨大的热情、想象力和散发着令人着迷的、创造性的人格魅力而给所有的人留下深刻的印象。《德意志法律古董》还以其浩瀚的原始材料知识和语文体的精确性而著称。

正是由于其在法学上的贡献，雅科布·格林被列为自艾克·冯·雷普高（Eike von Repgow）开始500年以来德国重要的法学家之一，与艾希霍恩和格奥尔格·贝塞勒（Georg Beseler，1809—1885）并称为德国历史法学派“日耳曼支派”的重要代表人物。

格林与“哥廷根七君子”事件

1829年由于在卡塞尔没有获得图书馆第一管理员的职位，雅科布·格林便接受哥廷根大学（Universitaet Goettingen）的邀请，担任该校文学教授和图书馆馆长的职务，其弟威廉·格林一同就职，担任编外教授和图书馆副馆长。当时的哥廷根大学（1737年建校）是全欧洲最著名的大学之一，集聚了一大批卓有成就的一流自然科学家和人文—社会科学家，属人文荟萃之地。

格林兄弟在哥廷根的8年生活总体上是优裕而安定的。雅科布开设的日耳曼学、古代法律文献、文学史和文学资料研究的课程吸引众多的听众，使他获得了“更加受人尊敬的”快乐。在学术领域，他继续以极大的热情投入“语言、诗歌艺术和法学”课题的研究，并完成其语言学巨著《德语语法》第4卷，准备把它作为哥廷根大学成立100周年纪念日的献礼。在其哥廷根社交圈中，一些法学界名流与他建立了良好的关系，这其中包括当时仍然健在的古斯塔夫·胡果（Gustav Hugo，1764—1844）。胡果自1792年起担任哥廷根大学法学正教授，由于其在罗马法文献资料的考辨和法哲学学说上的贡献，而获得当时包括萨维尼、艾希霍恩和安东·弗里德里希·尤斯图斯·蒂堡（Anton Friedrich Justus Thibaut，1772—1840）等一大批法学同行的尊敬，被视为德国历史法学派的奠基人之一。共同的法学志趣，使格林和胡果这两位年龄相差 21 岁的法学名家走到了一起，并在古代法律文献资料的整理和研究方面相互支撑。

但格林在哥廷根安逸的学术生活，不幸被一个意外的事件所打破。1837 年在哥廷根大学庆祝正式建校 100 周年不久，英国国王兼汉诺威（哥廷根属其管辖区域）国王威廉四世（Wilhelm IV，1765—1837）去世，其弟厄恩斯特·奥古斯特（Ernst August，1771—1851）继任汉诺威国王。新汉诺威王刚愎自用、专横跋扈，对其兄于 1833 年批准的较开明的宪法不予理会，甚至考虑予以废除。这激起了得自由风气之先的哥廷根广大师生的愤慨，但多数教师害怕失去既得利益，敢怒不敢言。天性素来自由浪漫的格林兄弟，虽一生志献学术、不谙于世故，貌似文弱，却有一腔义气。面对强权，遂联合另五位慷慨悲歌之士陈书抗议［他们分别是历史学教授达尔曼（F.C.Dahlman）、法学教授阿布列希特（E.Albrecht）、文学史教授格尔维努斯（G.G.Gervinus）、东方学教授埃瓦尔德（H.Ewald）和著名物理学家韦伯（W.Weber）］。

雅科布·格林抱着“为法律观念献身”的决心，甘冒解职和逮捕的危险，悲愤地写道：

公法教师和政治教师应当从自己的信仰和科学研究的最纯粹的源泉中获得社会生活的原则；历史教师应当不惮其烦地说明宪法和政府对于人民的幸福和痛苦会产生什么样的影响；哲学教师经常研究那些创作非常有趣的古代统治者故事的古典作家，他们应当以历史上的实例证明，人民的自由和压迫人民对于诗学的发展，甚至对语言状况，会产生什么样的影响。至于渴望揭开宗教和自然界秘密的神学，甚至医学，应当促进青年人对于神圣的、纯朴的和真正的事物的要求和向往，这是毋庸赘言的。因此，可以想象，听到废除国家宪法的消息后，大学的震惊多么巨大。[①]

格林兄弟等七人以自己的行动捍卫宪法的尊严，表现出了身羸气弱的文化人所能够表现出的最大的勇气和力量，为哥廷根的教师争得了荣耀，博得广大青年学生的尊敬和全德国有识之士的普遍同情和声援。但，格林兄弟们也为此付出了沉重的代价：参与抗议的教授被强暴的国王一并解职，逐出公国。这就是历史上著名的“哥廷根七君子”事件（Göttinger Sieben）。

可叹哥廷根大学欢庆建校百年未定，不料遭此一劫，多少有些凄凄苍凉。不是情势所迫，断不会有此悲幕。格林兄弟，泪别哥廷根“井旁的牧鹅姑娘”。浪迹天涯，竭尽余生才智，编纂工程浩繁的《德语大词典》（Deutsches Wörterbuch），终至不能成就（该词典经过德国学者一个世纪的不断努力，直至1960年方告竣）。

人类的一对相濡以沫的“兄弟”，在他们度过古稀之年后，分别离开了这个繁忙的世界，面颊上“带着充满他（们）一生的内心慈祥的表情”。不过，只有他们兄弟内心明白，“哥廷根七君子”事件在他们的心里到底造成了什么样的创伤！人类不能理解“童话世界”背后的格林，其悲苦之心，也只有苍天可知了。但愿这样的悲剧不会在历史上重演。

---

① 引自［德］盖斯特涅尔：《格林兄弟传》，刘逢祺译，湖南文艺出版社1995年版，第187页。

莱纳河边的法学家们

文静的溪流旁的小城

莱纳河（Leine），是源自德国小城哥廷根（Göttingen）东的海因伯格山的一条溪流。它缓缓流经哥廷根市区，给两岸一幢幢、一排排如诗如画的屋宇和屋宇里蛰居的人家，留下一段幽丽和灵秀。莱纳河小溪与城西南的集思湖（Kiessee）秋枫飘飞时节由近至远细碎的涟漪，构成了哥廷根小城独特的气质。

哥廷根，像它的名字一样文静而别致。从北德重镇汉诺威（Hannover）乘车南下，穿过高低起伏的哈茨山谷地，约两小时即可到达这个只有13万人口的“以香肠、大学和报刊闻名”的城市。关于它的历史，《简明不列颠百科全书》（Concise Encyclopaedia Britannica）设有专条：

Göttingen，德国下萨克森城市。临莱纳河。953年首见记载。约1211年设市。14世纪加入汉萨同盟，成为主要成员。1737年创立乔治·奥古斯特大学，为欧洲著名大学之一，该校图书馆藏书之多，在全国名列前茅。市内有14世纪的市政厅和几座哥特式教堂等古迹。主要是大学城。[①]

哥廷根的美景（尤其是秋色），是令人迷醉的。对此，季羡林先生在《留德十年》里曾作这样的一段描述：

这小城东面的一片山林在秋天就是一幅未来派的画。你抬眼就看到一片耀眼的绚烂。只说黄色，就数不清有多少等级，从淡黄一直到接近棕色的深黄，参差地抹在一片秋林的梢上，里面杂了冬青树的浓绿，这里那里还点缀上一星星鲜红，给这惨淡的秋色涂上一片凄艳。

哥廷根是“德国童话之路”（Deutsche Maerchen Strasse）的驿站。她孕育童话，又在童话里沐浴。格林兄弟的笔，鲜活地记录“井旁的牧鹅姑娘”一则动人的故事，让千万颗纯真的心留驻哥廷根。不知何时，哥廷根人在市政广场的喷泉旁雕立一座牧鹅女铜像。这个恬静稚气的“牧鹅”小姑娘，成为大学和城市的象征。踌躇满志的哥廷根博士，在毕业庆典之后，乘坐裹红挂绿的“博士马车”，被簇拥着来到广场之泉，亲吻可爱的牧鹅女，向他们的“哥廷根时代”告别。当年，海因里希·海涅（Heinrich Heine，1797—1856）正是从这里出发，出温德门（Wende），经诺德海姆，漫游至哈茨山的布罗肯峰（Brocken），写成脍炙人口的《哈茨山游记》。在游记的开篇，人们可以领略到这位哥廷根法学博士眼中“高傲的”乔治·奥古斯特（大学）的形象和风情。

---

①《简明不列颠百科全书》(卷3) 中文版，第346页。

哥廷根天然出产技术、科学和思想。这个具有260余年历史的大学所在地，由于数学家高斯（Carl F.Gauss，1777—1855）和希尔伯特（David Hilbert，1862—1943）等人的贡献，很长一段时间成为世界“数学的圣地”和欧洲学术思想的中心。20世纪一大批物理、化学和医学的诺贝尔奖获得者（著名者如马克斯·普朗克、M.玻恩、K.海森堡、L.劳厄等）的理论也诞生于此。在莱纳河西岸的城市公墓，鲜花和水池之旁，那些伟大的灵魂伴着东岸教堂的钟声静静地沉睡，像莱纳河水一样安详和缓。沉静的德国人没有忘记高斯和他安息的土地，在流通最广的10马克纸币上印铸这位伟人的头像和他创立的“正态分布”图形，以及“正态分布”掩映的哥廷根大学的礼堂、教学楼、天文台、市政厅和两个中世纪教堂——圣·雅各比和圣·约翰内斯。

法学大师灵魂的铸造之地

哥廷根大学以“乔治·奥古斯特”冠名，乃因它是由当时的德国汉诺威选帝侯、后为英国国王的乔治二世（Georg August II，1683—1760）出资创建的。大学校址选在哥廷根这个汉诺威公国的边缘小镇，主要考虑到大学乃静心问学之所，远离都市，可以使生活在象牙塔的教授们免受政治的纷扰。

大学于1737年9月17日正式举行开学盛典。当时按照古典的模式，设神学、法学、医学、哲学4个学院。在哥廷根创建时的4个学院中最早兴盛发展的是法学院（Göttinger Juristenfakultät），而且它作为“高级学院”（Höhere Fakultät），一直是哥廷根学科领域在后来的发展中的重心之一。它每年吸引来自德国和世界各地的莘莘学子在这里寻求法律的知识和智慧，学院也因为在历史上培养出了大批名噪世界的伟人［如诗人海因里希·海涅、普鲁士“铁血宰相”奥托·冯·俾斯麦和后来改行的大地理学家亚历山大·洪堡（Alexander von Humboldt，1769—1859，威廉·洪堡之弟）等］而博得世人的景仰。

不过，给哥廷根法学院带来永久声名的，还是那些长年在此任教的、被称为法学院灵魂的法学教授们。二百多年来，在哥廷根法学院担任法学课程的成名教授不计其数，这里只选择其中几位有影响的人物予以简介。

哥廷根创办之初的法学院的崛起，是与一位被称为德国近代“国家法之父”的人密切联系在一起的，此人即约翰·斯特凡·皮特（Johann Stephan Puetter，1725—1807）。皮特出身于商人家庭，自幼是一位神童，1738 年 12 岁时即进入马尔堡大学学习法律，18 岁博士毕业并留校任教，讲授罗马古代文献、罗马法制度、德意志私法和自然法等课程。1747 年不满 22 岁的皮特被哥廷根大学创办人、著名教育家明希豪森（Adolph Gerlach Freiherr von Muenchausn，1688—1770）看中，聘为哥廷根法学院副教授，6 年后升任正教授。据称，皮特在哥廷根的 60 年间共写了 126 本著作。其中，代表作有《德意志帝国国家改制大纲》（1753）、《德意志帝国公法制度》（1770 年）、《德意志帝国现代国家宪法的历史发展》（1786—1787 年）、《德意志国家法文献》（1776—1783）等。皮特在德意志国家法和公法研究上的成就，不仅为他个人而且为哥廷根带来了显赫的名声。哥廷根法学院一度成为“国家法—宪法的信徒们朝圣的麦加”（Mekka der Ade pten des Staats und Verfassungsrechts），大批的学子投奔在皮特的门下做学生（据统计，1774 年哥廷根全校注册的 894 名学生中竟有 563 人学习法律）。皮特在国家法和程序法的教学实践中创造的“哥廷根实习课程”（Die Goettinger Practica）也一直享有盛誉，而在他周围形成的“哥廷根学派”（Die Göttinger Schule）甚至可以看作德国历史法学派诞生之前在母腹中躁动的婴儿。

作为皮特学生的古斯塔夫・胡果（Gustav Hugo，1764—1844）以其理论上的贡献，成为哥廷根法学院历史上第一位具有世界声名的法学家。胡果 1782 年开始在哥廷根学习法律，1785 年因写过一篇法定遗嘱顺位（Intestaterbfolge）的论文获得学院奖励而一举成名。1788 年胡果 24 岁时在哈勒（Halle）获博士学位并被聘为副教授。1792 年被召回哥廷根担任正教授，此后直到 1844 年去世，他再没有离开过哥廷根。其间曾拒绝海德堡（Heidelberg）大学和哈勒大学受聘的邀请。胡果在学术上因坚持实证主义观点、反对古典自然法学（尤其是当时的大哲学家 C. 沃尔夫的自然法学说）和“学说汇纂的现代运用”（“usus modernus pandectarum”）而闻名。他提出应当将自然法和实证法完全分开，在他看来法学应当回答三个最基本的问题：其中两个属实践—历史的问题（“什么是正当的？”“如何才成为正当的？”），一个属哲学问题（“什么样的正当才是符合理性的？”）。针对这些问题，胡果开设一系列课程（包括自然法、当代罗马法、罗马法史、古典罗马法等）逐个予以解答。胡果的思想和方法对弗里德里希・卡尔・冯・萨维尼（Friedrich Carl von Savigny，1779—1861）及其创立的历史法学派产生了重要的影响，他因而被尊为该学派的奠基之人。萨维尼本人对胡果也极为尊崇，当他还在马尔堡（Marburg）做学生时，有一个学期（1796/1797 冬季学期）专门转学至哥廷根听课（胡果为此感到骄傲，常常向他后来的学生指点萨维尼曾经坐过的座位）。萨维尼成名之后，尚不忘胡果点教之恩，在 1838 年祝贺胡果获得博士学位50周年的纪念庆典上，萨维尼感谢胡果，说胡果对于自己的科学研究工作曾给予了具有决定性的激励。

哥廷根法学院在19世纪后期的荣耀，应该归功于另一位具有重要地位的法学家，这就是赫赫有名的鲁道夫·冯·耶林（Rudolf von Ihering，1818—1892）。耶林出身于法律世家，1836年开始在海德堡、哥廷根、慕尼黑、柏林等大学学习法律，1842年在柏林获博士学位。1846年至1852年分别在罗斯托克（Rostock）、基尔（Kiel）和吉森（Gießen）等地担任罗马法教授。1861年至1866年在《普鲁士法院报》（Preußische Gerichtszeitung）连续发表6篇匿名文章《关于当前法学的秘密通信》，引起轰动。1868年接受维也纳大学邀请，前往任教，听众爆棚（课堂听课学生常常超过400人），获得极大成功。耶林在维也纳的最后一年（即1872年）发表著名演讲《为权利而斗争》（Der Kampf ums Recht），使其声誉鹊起，名冠学界。该演讲出版后不到20年即被译成7种文字，20多个德文版本。耶林事业如日中天之时（1872年），如约来到哥廷根担任罗马法教授。在此之前，耶林拒绝了莱比锡、海德堡等大学的邀请，而选择了哥廷根。在这里，耶林获得足够安静的环境和大学给予的充裕时间从事学术研究（这也是耶林受聘哥廷根提出的条件）。也可以说，在哥廷根这个由约翰·斯特凡·皮特和古斯塔夫·胡果等法学家耕耘了一个多世纪的地方，耶林才真正找到了他的学术之根和最终的归属。哥廷根的土壤孕育了这位法学大师晚年最重要的几部法学巨著，包括两大卷本的《法的目的》（Der Zweck im Recht，1877—1883）、三册《罗马法的精神》的修订本（1878—1888）、三卷本的选自《当代罗马法和德国私法年鉴》的《论文集》（1881—1886）以及《法学的谐趣和严肃》（Der Scherz und Ernst in der Jurisprudenz，1884）等。这些著作的出版，使耶林的名声远播至海外，获得广泛的赞誉。各种不同的名签也纷纷落在他的头上，有人称他是“现代社会法学之父”，有人把他视为“德国的边沁”（功利主义法学的继承人），而德国法学家更愿意把他看作胡果—萨维尼一脉的历史法学派的最后一位传人。耶林的存在，是哥廷根大学走出1837年“七君子事件”（见拙作：《浪迹于法与童话之间——雅科布·格林印象》）带来的阴影，再次登上欧洲学术高峰的标志之一。哥廷根人将一条街道以“鲁道夫·冯·耶林”的名字命名（耶林是少数获此殊荣的法学家，哥廷根大部分街道是以自然科学界的泰斗冠名的），以此来纪念他为哥廷根所做出的贡献。

谱写法律思想新的篇章

在20世纪，整个哥廷根的历史发展可以说是大起大落的。30年代以前，哥廷根的自然科学独执世界科学界之牛耳。它的成就之高，创造领域之广泛，其他大学难以匹敌。

但不知何种原因，耶林之后，哥廷根法学没有再现18世纪至19世纪的辉煌。法学的重镇，又开始重新向德国西南部转移；中部和北部除柏林大学仍保持其优势外，其他地方的法学进展渐趋低落。而在属西南德意志的海德堡、弗莱堡、慕尼黑等地，法学呈强劲的发展态势。

哥廷根法学院（至少是理论法学）晚近形成的一次“法哲学理论中心”的记录出现在20年代至30年代。当时法学院从维尔茨堡（Würzburg）大学聘来了在法哲学界颇有些名气的尤利乌斯·宾德（Julius Binder，1870—1939）担任教授。宾德著述丰富，大部头著作有30余种，代表作有：《作为国家生活原则的正义》（Die Gerechtigkeit als Lebensprinzip des Staates，1926)，《法律规范的受范者及其责任》(Der Adressat der Rechtsnorm und seine Verpflichtung，1927)，《法哲学基础》(Grundlegung zur Rechtsphilosophie，1935)，《法哲学体系》(System der Rechtsphilosophie，1937)等。宾德初信新康德主义，后奉新黑格尔主义法学，把黑格尔的"理性国家"与民族主义、国家至上、元首至上论混为一体，实际上为"第三帝国"和纳粹统治的合法化作了理论的支持。宾德的学生，时任哥廷根私人讲师(Privatdozent)的卡尔·拉伦茨(Karl Larenz，1903—1993)在法哲学和民法理论上均坚持新黑格尔主义和实证主义，进一步发展了宾德的学说。拉伦茨于20世纪30年代末受聘于基尔大学，成为在"第三帝国"得势的基尔学派(Die Kieler Schule)的干将[基尔学派是自1934年以后由基尔大学的年轻教授组成的一个学术组织，倡导建立国家社会主义(纳粹)理念的"新法学"。该组织除拉伦茨外，还包括刑法教授达姆(Georg Dahm)和沙夫斯泰因(Friedrich Schaffstein)、公法学家胡伯尔(Ernst Rudolf Huber)、民法教授西伯特(Wolfgang Siebert)以及日耳曼学教授埃克哈特(Karl August Eckhardt)等]。战后，拉伦茨曾有过一段时期的沉寂，恢复教职后在民法和法哲学、法学方法论诸领域均有建树。

纳粹的统治给哥廷根造成的损害是难以用数字计量的。一大批一流的科学家(包括诺贝尔奖获得者)和著名学者被驱逐或流放，使哥廷根自然科学蓬勃挺进的势头被突然打断(也许哥廷根的兴衰注定要与"37"这个数字扭结在一起：1737年建校；1837年处发展顶峰时生"七君子事件"而暂衰；1937年第二次兴盛时遭遇战争破坏)。哥廷根的科学中心的地位失落，拱手相让于英美的大学(如后起的麻省理工学院)。

战后重建时，哥廷根的法学走势一直没有摆脱低迷状态。只是到了20世纪60年代中后期，一些名教授［如罗马法大家弗朗茨·维亚克尔（Franz Wieacker，1908—1994）］的引入和中年一代法学教授［如民法教授狄德里希森（Uwe Diederichsen）、行政法教授施达克（Christian Starck）、法哲学教授德莱尔（Ralf Dreier）、罗马法教授贝伦茨（Okko Behrends）等］的崛起，其发展才稍微有上扬的趋势。

哥廷根的法学地位的重新确立，可能是在20世纪70年代以后的事情。随着哥廷根一批法学青年才俊在世界法学舞台上崭露头角，哥廷根法学院再度成为世界各地学子求法问学的热选之地。在哥廷根近20年卓有成就的学生中，最令法学院感到骄傲的，大概要算法哲学博士罗伯特·阿列克西（Robert Alexy，1945—）了。阿列克西在其导师R.德莱尔教授的指导下完成博士论文《法律论证理论：作为法律建构理论的理性商谈论》，该论文于1978年出版，被称为是在法律论证理论上的一项独创，很快在国际法学界和哲学界引起反响。它译成多种文字，远播至北欧、英美、西班牙、意大利、南美诸国（近年东亚和中国学者极为关注阿列克西的学说，在学术论著中屡作评述）。阿列克西后任基尔大学法学教授，又连续出版《基本权利论》（1985年）、《法的概念与效力》（1992年）、《柏林墙射手案件：论法、道德与惩罚性之关系》（1993年）等著作。他还与国际上比较活跃的一些法学家［如瑞典隆德大学教授佩岑尼克（Aleksander Peczenik，1937—2005）、芬兰赫尔辛基大学教授阿尔尼奥（Aulis Aarnio）等］合作，推动了国际领域的法律论证理论的发展。

哥廷根翻开了历史上的新的一页。圣·雅各比和圣·约翰内斯教堂的钟声依然悦耳动听，和着集思湖的层层微波、莱纳河的涓涓流水。人们知道，这一切涌动着的是思想主题的变奏和科学的华彩乐章。

访欧语丝

——从罗马到牛津

2002年1月23日，我校组4人团出访欧洲5国12所大学（波伦亚大学、剑桥大学、牛津大学、巴黎第一大学、慕尼黑大学等）。访问团由校长徐显明教授带队，国际交流处杨勤活处长，法律系岳礼玲副教授随团，本人亦忝列其间。此行目的主要有三：（1）邀请欧洲最著名大学院校长参加我校50周年校庆；（2）磋商筹建中德法学院；（3）拓展我校与12校间建立经常性、多向度的校（院）际关系。由于这12所大学皆名声显赫，以我校现下之声名地位欲与攀得亲缘，诚属不易。亦正因如此，访问团使命尤重，诚惶诚恐。好在显明校长见多识广，与欧洲同行谈笑自如，纵横捭阖，使多项重要交流项目得以落实，亦展现出我校之教育构想和发展之蓬勃气象。与这些大学古老厚重之精神相比，我校访问团所透露出的昂扬激情，给欧洲的同行留下了深刻的印象。

这一路航线所串联的是欧洲古老（尤其是11世纪以后）的历史，访问团的每一位成员尽管带着奔走的疲惫，但每天仍寻得间隙在不同风格的大学文化间徜徉，浸润在各学术和思想重镇的独特曦辉之中——其实，笔者难以完全言传其间感受的所有细节，惟采撷片段作为行游记述罢。

罗马天际的松影

1月23日当地下午，访问团由意大利米兰转机抵达罗马。在夜色朦胧里，我们透过车窗打量着这座并不太靓丽的古老城市。然而，罗马毕竟与众不同，它吸引着各国学人的目光。这里散发着从古城废墟里幽幽飘动的精神魅力——罗马的整个城市是一座偌大的露天博物馆。我知道，有数位享有世界声名的学者（如孟德斯鸠、歌德、拉德布鲁赫）都是在中年之精神生命处于委顿之时，分别在不同的时代朝觐过这个城市，希图追寻拉丁文明的源头。歌德曾写道："（在罗马）我看到我青年时代的一切梦想又复活了……从我踏入罗马的那天起，意味着真正的再生。"（歌德：《意大利游记》第114页、136页）确实，古罗马市政厅、斗兽场、巴拉蒂诺山丘、罗马的旧城墙和浴场、梵蒂冈以及数不尽的雕塑、绘画和喷泉……像风暴一样席卷着每一个踏进此城之游客柔弱而敏觉的心灵。

但可惜我们无暇在匆匆的行程中悠闲地欣赏这人间的美景。按照预定的计划，到达罗马的翌日，即拜访罗马第二大学，在罗马法教授斯奇巴尼先生（Sandro Schipani）的引见下，两校校长商谈并签署了进一步交流的协议。罗马二大的校长是一位从事生物化学研究的教授，其为人谦和，面部始终带着微微的笑容。协议签定之后，他目送我们一行再进罗马的暮夜，神情安详静穆。

当离开罗马古城的时候，我情不自禁地回头再看一眼这个逐渐远逝的城市。其实，真正映入眼帘而永不磨灭的，是在天际线上依然迎风挺立的罗马松——那枝干上扬形成伞状的姿态，或许蕴涵着更深邃、更不可捉摸的意义。

波伦亚——法律者的麦加

从罗马乘车北上经佛罗伦萨（一个被徐志摩称为“翡冷翠”的城市，那里埋葬着文艺复兴巨匠的身魂，我匆匆一瞥其毓秀的轮廓，久久无语），25 日中午时分到达心仪已久的世界最古老的大学城——波伦亚。

“波伦亚”可能是来自拉丁文的音译。但按照意大利语的发音，其应当译作“波洛尼亚”（或博洛尼亚）。它于 1088 年建立起世界上第一所近代意义的大学，尤其以研究《优士丁尼法典》为代表的罗马法而闻名于世，12—13 世纪处于鼎盛，形成注释法学派，一度学生云集，成为欧洲各国法科学生的朝圣之地。14 世纪后学道中落，但至今仍有世界各地的学子来到这“梦中的精神家园”求学。它目前与世界上 500 多所著名的大学保持着校际交流关系。

波伦亚城市主色呈米黄，各建筑物均有多柱回廊贯通接连，自成一体。在该校比较法教授玛丽娜·蒂默特奥（Marina Timoteo）女士的陪同下，我们在大学古老的行政大楼会客厅与该校管外事的副校长就两校的合作（学者与学生交流事项）达成初步的意向。之后，蒂默特奥带我们穿过由若干回廊连接的街道，拜访了波伦亚大学法学院的法哲学研究所。我记得 1995 年 6 月 16—21 日，全世界各国的法哲学家曾汇集于此，召开国际法哲学与社会哲学协会（IVR）的第 17 届世界大会（笔者曾于 1994 年在《中国法学》就会议主题进行过报道），该研究所的恩里科·帕塔罗教授（Enrico Pattaro）由此当选该协会的新一任主席。我们匆忙到访，不巧未能与帕塔罗教授谋面，但研究所的其他十几位同事对远道而来的客人表示出友好的热情，他们的脸上透着兴奋和惊异。10分钟的会谈过于短暂，我们想急切沟通的愿望只能化作“尽在不言中”了。

傍晚时分，我们被引领至一座带有钟楼和天井的中世纪院落，这就是我们心中敬若神明的最古老的法学院，是伊纳留（Irnerius）、阿佐（Azo）和阿库修斯（Accursius）等硕儒讲学论道之所。天井中央的圆石昭示着过往的行人：这里是大学的原点，所有的大学都从这一点开始起步。

“高会长”其人

1月27日下午3点，经空中2个小时的飞行，访问团成员到达法国的巴黎。这是一座以艺术、时尚、堂皇的建筑与浪漫的风情装点的都市。塞纳河、卢浮宫、巴黎圣母院、凯旋门、香榭丽舍大街、埃菲尔铁塔……当这一连串年幼时即耳熟能详其名之所，像一个个生动的精灵真实地显现在眼前时，笔者在瞬间所感受到的冲击力难以用文字来缓缓叙述。但我们在巴黎停留的时间十分短暂（不到一天），且公干在身，故只能利用晚间空余去领略一下它的夜色。我们至午夜时分仍然在香榭丽舍上漫步，当时感觉仿佛整个巴黎的心脏在静谧的夜风中正均匀地跳动。

在巴黎接待我们居行的，是法国塞纳－黄浦交流协会。协会会长高德晗先生（Jean-Jacques Godfroid）是一位硕健、敦厚而热情的老者，他于当天从中国上海专程赶回巴黎为我们的计划进行安排。

其人一下飞机，直接赶到我们的住地，在附近的一家巴黎老店为访问团接风。高会长话锋机巧，与饭店老板娘风动雅致的神情相映成趣，构成一幅和谐轻松之“夜巴黎”一景。次日上午，高会长亲自引领我们与巴黎第一大学的领导人会谈，气氛热烈而友好。两校就进一步多方面交流的意向达成一致意见。中午，我们在大雨滂沱的洗礼中别离第一大学和高会长，奔赴机场，赶往下一个目的地。

在弗莱堡拜谒胜雅律

离开巴黎的当日下午，即来到与瑞士巴塞尔一界之隔的德国著名大学弗莱堡。按照德文的意思，“弗莱堡”（Freiburg）是指“自由的城市（堡）”。它位于德国巴登－符腾堡州黑森林山西麓，莱茵河上游的谷地，风景优美。19 世纪法国大文豪维克多·雨果（Victor Hugo）在其莱茵河游记里曾有这样的记述：“（弗莱堡）中央是黑色的教堂和它的尖顶；周围是城市中的尖顶山墙，以及带风信标的房顶……城外是广阔无垠的绿地毯式的平原，边上有一些茂盛的灌木丛，好似地毯的流苏。”（雨果：《莱茵河》，第 182—183 页。）弗莱堡于 1457 年由奥地利大公爵阿尔伯特创建大学，历史上以法律教育而闻名欧洲。20 世纪上半叶，由于埃德蒙德·胡塞尔（Edmund Husserl）与马汀·海德格尔（Martin Heidegger）等人在哲学上的贡献，弗莱堡一度成为世界学术思想的中心之一。“二战”后，德国著名的马克斯－普朗克外国及国际刑事法律研究所也设在此地。

我们此行到弗莱堡的目的之一是为筹建中德法学院寻求德方的合作伙伴。在 29 日上午的会见中，弗莱堡大学的校长、法学院院长以及马克斯－普朗克外国及国际刑事法律研究所所长阿尔布莱西特教授（Hans-Joerg Albrecht）均对该项目表示出浓厚的兴趣与合作的愿望。在座的其他弗莱堡教授们的言谈中也透现出强烈要求与法大结好的情绪。

这种热烈的情绪一直笼罩在我们访问团的每一位成员身上，至当日由阿尔布莱西特教授主持的晚宴上达到高潮。利用晚宴的间隙，笔者在附近的旧书店里购得英文－希腊文对照版四卷本的《理想国》和《法律篇》以及叔本华（Arthur Schopenhauer）于19世纪出版的《人生智慧》，这些书的版本价值较高，虽价格不菲，但亦有如获至宝之得意感。

晚宴过后，承蒙该校汉语系教授胜雅律先生（Harro von Senger）邀请，笔者个人拜访了汉学系图书馆及胜雅律的办公室。雅律先生20世纪70年代曾先后在中国台湾地区和中国大陆学习汉语，且获得过法学博士学位，兼任瑞士洛桑大学的比较法学教授。经过十几年对中国古代“三十六计”的潜心研究，于1987年写成《智谋》上册，震动西方学界，遂被翻译成10多种文字，甚至还被移译汉本在中国出版，前后发行40多万册。笔者于数年前结识雅律先生，对其为人为学钦佩有加，在翻译德文文献方面也多有讨教。这次办公室会见，雅律先生用式样有些陈旧的收录机播放“太阳最红，毛主席最亲”的乐曲，曲调柔美婉转，在这样的氛围中交谈，我不由得感叹：时空变幻，沧海桑田，人类精神尚能如此通达乎！

波恩会谈

在随后的一周，访问团又马不停蹄，先后访问了德国慕尼黑大学、法兰克福大学、汉堡大学、荷兰鹿特丹伊拉斯谟大学，就筹建中德法学院及其他交流事项广泛交换意见，有些学校（如伊拉斯谟、汉堡）还提出了进一步交流的具体项目。

2月5日上午，我们一行4人由荷兰鹿特丹中经德国的科隆，乘车抵达德国重镇波恩。波恩与科隆毗邻，由莱茵河南北连接，因古罗马人于公元1世纪在此修筑波恩西亚城堡而得名。波恩在战后长期作为西德的首都，联邦政府和许多著名的社团在此设有办公机构。我们要拜访的是位于波恩肯尼迪大街50号的“德意志学术交流中心”（DAAD）总部。该中心是德国与国外进行多方面学术交流（如资助学者互访、互派公费留学生、资助学术研究、翻译出版等）的机构，在近20个国家设有驻外办事处。目前，DAAD在总部有专门负责中国－蒙古国事务的办公室，并在北京设有驻外办事处。

在总部的会谈中，徐校长就筹建中德法学院的情况向DAAD负责官员作了详细的介绍，双方对经费的筹措、德方伙伴的遴选以及法学院建设的规模及步骤进行了具体的磋商。在此方面，DAAD官员态度反映积极，表示将对项目予以鼎力支持。中德法学院一旦建成，其意义非同小可。它将为政法大学走向国际，办成有特色、外向型大学开创一个新的模式。

莱茵吟韵

2月5日下午，访问团返回科隆。科隆是德国第四大城市，公元50年罗马皇帝克劳狄之妹出生于此，故取名“科隆尼亚”。科隆临莱茵河，1388年建立大学。“二战”时，科隆整个城市遭到英美联军飞机毁灭性轰炸，惟有立于莱茵河西岸的科隆大教堂几乎完好无损，堪称奇迹。

但我们已经来不及去仔细观瞧科隆大教堂这个经过战争洗礼的“上帝之舍”了。按照约定，科隆大学法学院前院长诺伯特·霍恩教授（Norbert Horn）此时要会见并宴请访问团成员。霍恩教授在外地开会，来不及整理衣装，冒雨风火赶回科隆与我们见面，其神情虽显疲惫，但依然风度翩翩。霍恩先生多年来对科隆大学与政法大学之间的学术交往倾尽心力，其贡献无人可及。对我们此次来访，他亦表示出极大的热诚。双方就两校未来的合作深入交换意见。之后，霍恩驱车带我们游览科隆暮夜街景，于莱茵河东与大教堂隔岸相望的Hyatt Regency饭店设宴款待来宾。Hyatt Regency环境幽雅，我们透过玻璃窗墙能够欣赏莱茵河上美丽的雨夜景色及科隆大教堂在河水中的倒影。在座的每一个人无不为这浓浓的意境所感染，大家相互敬酒祝辞。一时有感，我拿过饭店的菜单信笔写下不甚切韵的旧体短句：

烛光一点映江水
扁舟无音过莱茵
暮夜烟雨教堂影
宾客坐定听钟声

我把小诗赠送给邻座的科隆大学现代中国研究中心教授何意志先生（Robert Heuser），他颇为兴奋，连连称赞其中意韵。2月18日，笔者在北京收到何意志先生回信，他把这四句译成德文：

Kerzenlicht spiegelt sich im Strom
Ein Schiff geraeuschlos streift vorueber schon

In tiefer Nacht schwebt Regen um den Dom

Die Gaeste sitzen，lauschen Glockenton.

何意志先生汉语造诣极高，所译德文用辞考究、声韵缓急和谐，较我之初作无论词韵意境更胜一筹。不过，此亦科隆之行一段佳话吧。

惜别剑桥

辞别欧陆，越英吉利海峡，2月7日晚访问团来到英国。我们此行的目的地是剑桥和牛津这两所王牌大学。它们像两颗耀眼的星座斜挂在伦敦的东北方（剑桥）和西北方（牛津），交相辉映。两校历史上孕育的超重量级科学家、哲人、历史学家、文学家、诗人、经济学家和法学家不计其数（只要其中哪怕一位在其他大学担任过教授，都会使那所大学立刻跻身世界一流），他们用自己辉煌的业绩不断续写着牛津与剑桥的神话。不知有多少青年学子为之梦断肝肠，不知有多少文人骚客为之穷尽辞章。任何一个来到这里的人（哪怕是帝王将相）都会被它们精神的光芒所遮蔽，被这思想帝国的威仪所折服。

8日上午10时，访问团一行3人（岳礼玲副教授留在德国）来到剑桥大学，前往剑桥西路10号的大学法学院拜会院长比特森教授（J. Beatson）。法学院主楼是掩映在绿树花木间的新式半圆体玻璃建筑，远远望去像是大学的花房。但在历史上，剑桥法学院可确实有些声震寰宇之辈，如梅特兰教授（F. W. Maitland，1850—1906），他与波洛克教授（F. Pollock）合著的两卷本《爱德华一世时代以前的英国法律史》（1895年）至今仍是研究中古英国法律史的必读经典。比特森先生在自己的办公室接待我们，并与徐校长就两校（院）合作事宜进行交谈。之后，他带我们参观梅特兰法律史阅览室。在梅特兰的半身铜像前，我一直静默地注视着其所透射出的睿智的眼神，渴望解读剑桥学术的奥秘。

然而，我们不能在剑桥停留太长的时间，按照计划必须在当天下午赶到牛津。带着遗憾和哀叹，我们不得不离开这有着醉人的剑河、“康桥”、格兰赛斯德草原以及美丽动人故事的地方。远望剑河这“世界上最秀丽的一条水”，也只能像徐志摩当年那样，“悄悄的我走了，正如我悄悄的来；我挥一挥衣袖，不带走一片云彩”（徐志摩:《再别康桥》)。

牛津教授晚宴上的菲尼斯

作别剑桥，我们乘坐面包车，经过 3 个小时的路程，于下午 4 时许缓缓进入牛津镇。这个先于剑桥而生的大学城（1167 年左右建校），街两边的屋宇显出与剑桥不同的风格：凝重而色呈金黄。如果说，剑桥多灵秀柔美，牛津则体现浑厚阳刚；剑桥素雅静谧，牛津则纵横昂扬，各有千秋。当然，我们还可以说，剑桥和牛津在学术传统上也还有些差异：剑桥重“自然知识”（理科），牛津偏“价值知识”（文科）；剑桥多大科学家（如牛顿、达尔文），牛津多大思想家（如霍布斯、洛克）。两者交相争胜，凡七百年不止。不过，从近代法学发展角度看，则牛津似乎更为强盛，才俊辈出，代代生辉；相形之下，则剑桥稍显暗淡。仅就法理学而言，牛津一直是该专业的世界重镇。其法理学讲座教授一席，晚近百余年香火不断：从 F. 波洛克起，其后有 C. K. 艾伦（Sir Carleton Kemp Allen），A. L. 古德哈特（Arthur Lehman Goodhart），赫伯特·哈特（Herbert L. A. Hart），罗纳德·德沃金（Ronald Dworkin）——这一脉相袭的牛津法理学教授，人人殊有创新，个个引领所处时代的法理学潮流。

在牛津接待我们的，是位于牛津著名的大街——高街（High Street）附近的奥里尔学院（Oriel College）。受帕特森基金会（Paterson Foundation）的资助，我校目前有三位本科生在这所学院就读。由于有这一层亲缘，奥里尔学院及大学对我们的到访极为重视，按照牛津最隆重的礼节予以接待。院长（Provost）于晚7点半在奥里尔学院资深教授共宴厅（Old Senior Common Room）设宴招待来宾。其菜肴制作精细，宴会程序礼数讲究，让我们这些远道而来者着实领略一回牛津的气派。宴会共15人参加，宾客13人分左右两排落座，主人各一陪座上下席两端。邀请参加宴席的牛津教授，个个来头不小，其中有著名汉学家、考古学家、人类学家，当然主要还是法学家。我最感兴趣的，是与我一席之隔的约翰·菲尼斯（John Finnis）。他所治之学与徐校长及笔者所学同属一门，相互间自然有更多的共同语言及亲和感。菲尼斯在目前英美法理学界在世的法学家中，声名不在罗纳德·德沃金、尼尔·麦考密克（Neil MacCormick）和约瑟夫·拉兹（Joseph Raz）等人之下。1980年，他出版《自然法与自然权利》一书，一时名满天下，评介如潮。中国法理学界也紧随其后，将其作为一派（新自然法学派）掌门重点推介。其正义与法治理论被学界同人频频征引，以至于凡初通西方法理学常识者，无不知晓其人的大名。

菲尼斯年过六旬，鬓角斑白，戴一副金丝眼镜，讲话低沉缓和，一派文质彬彬。据其学生称：菲尼斯平素独行特立，常常独自一人在其任教的大学院（University College）庭院内无目标地漫步。不过，牛津的思想者们大抵都是如此吧！

我们与菲尼斯的谈话是在宴会之后才真正开始的。当时已接近晚间11点，大部分客人告退回府，仅剩基金会的帕特森夫妇、我们访问团的3位成员以及菲尼斯本人。因为清华大学法学院的许章润教授和我主编的《西方法哲学文库》业已把菲尼斯的《自然法与自然权利》纳入翻译计划，所以我们之间的谈话就从这本书的移译开始，由此谈及其思想的特性及近年的著述，其业师哈特的理论及与马克斯·韦伯(Max Weber)学术思想之间的渊源关系，谈到他本人与约瑟夫·拉兹在牛津开设的法哲学Seminar，谈到德沃金的退休及其后继者的简况。尽管谈话的时间总共不到一个小时，但我本人能有此机会与这样的学术大师零距离晤谈，所获得的感受难以用一时的受益来加以简单衡量。告别菲尼斯已是深夜了，我们一行人将他送出奥里尔静静的庭院，一直看着其消瘦的身影消失于牛津高街的夜色里……

寻访马克思墓地

别离牛津，我们为等候归国而暂时住进位于伦敦西区一家由华人开办的小旅店。说它小，不仅因为它只是一幢仅有十几个房间的三层私家小楼，而且主要还是因为它规定要由旅客自我服务(如旅客自己埋锅造饭)。

10日清晨，我们决定在离开伦敦之前去看一看卡尔·马克思墓(这几乎是每一个来伦敦的中国人最朴素的愿望)。显明校长比我们起得早，为大家准备早餐(其实，他不过用黄油做了一盆鸡蛋汤，按他的话说算是“校长为教授服务一回”吧)。饭后，我们就准备上路。记得以前读过一本书，里面曾介绍说马克思墓在伦敦著名的海德公园。但一上车才知道根本不是那么回事，那本书的记载简直是张冠李戴：把马克思墓所在的一个私家管理的公墓——海格特公墓(Highgate Cemetery，直译为“高门墓地”)与海德公园愣是混为一谈了（或许是 Highgate 与 Hyde Park 读音相近而造成的误会吧？）。

“海格特公墓”位于伦敦北部的郊区。经过艰难的寻找，我们终于到达公墓的门口。是日到此处参观者寥寥，墓地出奇的安静。把守大门的，是一位上了年纪的老太太。她向我们每个人收 2 个英镑才予以放行。我们沿着坡道一直进入墓地深处，在杂树丛中看见马克思墓碑兀然屹立，硕大而熟悉的老人家头像逼人眼目，我们不由自主地为之肃然起敬。该大理石墓碑是 1956 年由英国共产党倡议竖立的。墓碑上方镌刻着马克思与恩格斯合著《共产党宣言》的结束语：“全世界的无产者联合起来！”在其下方，刻写着马克思著《关于费尔巴哈的提纲》第 11 段话：“哲学家们只是用不同的方式解释世界，而问题在于改变世界。”

我注意到：与马克思墓对面相距不足 3 米远的地方，是另一位伟人——英国 19 世纪哲学家、著名的进化论者赫伯特·斯宾塞（Herbert Spencer，1820—1903）的墓地。20 世纪初，斯宾塞的社会进化理论被严复等人译介到中国时，其声名的传播甚至比马克思还要更早一些。真没有想到，这两位同样影响过中国的思想家在逝世后竟然安葬在一起，难道这是冥冥上苍的有意安排？孰解其秘，解秘其谁？在要离开墓地时，我向两位伟人深鞠一躬，但愿两位伟人之理想信念永世长存，其奋斗形象为万世景仰。

当日下午 17 点 30 分，我们从伦敦希思罗机场登上返京的班机。次日上午 11 时进入中国的领空。俯瞰飞机下方茫茫的雪山、深邃的沟壑、莽原与森林交织的土地，我知道我们终于结束了短暂而紧张的云游，又回到了生于斯、长于斯的母土……

赫伯特·L.A. 哈特
——一代法哲学大师的陨落①

历史进入世纪之末，这是一个非同寻常的时期。这个世纪曾经独领风骚的一些国际上重要的法哲学家（卡尔·施米特、C. 佩雷尔曼、埃德加·博登海默、卡尔·拉伦茨……）在最近数年中相继谢世。1992 年 12 月，赫伯特·L.A. 哈特，这位当代英国乃至世界法哲学界名声显赫的人物，在度过 85 周年寿辰之后，也悄然离开了这个纷繁忙乱的世界。时值大师辞世四周年，特作此文以纪念。②

生平与背景

1907 年，哈特出生于英国的伦敦，童年在英国东北部的约克郡（Yorkshire）度过。其父乃一裁缝铺的店主。哈特早年受教于布拉

① 在撰写此文过程中，得知哈特教授的《法律的概念》一文已出中译本（张文显等译，中国大百科全书出版社 1996 年版），这是对其逝世的最好纪念。

② 原载《比较法研究》，1996 年第 4 期。

福特中学（Bradford Grammar School），系统学习拉丁文和希腊文，后入牛津大学新学院（New College）学习。他在转向法律研习之前已取得了古典语言、历史和哲学的博士学位。文史哲的训练，为他后来开展新分析法学的研究奠定了坚实的基础。1933 年至 1939 年，哈特在伦敦从事律师职业，取得了良好的声誉和实践经验。"二战"爆发后，他被征募从事军事情报工作，任务完成得非常出色。尽管哈特后来对此并不那么愿意畅快告人，但这一段异乎寻常的历史确实从根本上改变了他未来的生活。他在工作中与著名哲学家、"牛津学派"创始人 G. 赖尔（Gilbert Ryle，1900—1976）和后期代表人物 S. 汉普舍尔（Stuart Hampshire，1914—2004）的接触，使其真正有机会从事哲学事业。

战后，哈特回到牛津在新学院做哲学研究员，成为后来得势的"语言哲学"的领衔人物之一。1952 年他被任命为牛津大学法理学教授，接替前任教授 A.L. 古德哈特（Arthur Lehman Goodhart，1891—1978）主持法理学教席。尽管这一任命在当时使很多人感到震惊，但后来证明任命本身的确是大胆的、富有长远眼光的。哈特的就职演说题为《法理学中的定义与理论》（1953 年），它作为一个激奋人心的开端，开辟了法哲学研究的一个新的方向。这篇演说从 1954 年出版至今，一直成为学界争论的焦点。1957 年，哈特在美国哈佛大学作《实证主义和法律与道德之分》的学术报告，提出新分析法学的基本纲领。当时他与法理学研究员奥诺雷（A.M.Honore）合作研究，于 1959 年出版《法律中的因果论》。1961 年，哈特的名山之作《法律的概念》付梓，从而赋予"法律实证主义"以完全崭新的面貌，它的声音，与当时占统治地位的牛津哲学相互唱和。

牛津作为"二战"后英美法理学重镇，使哈特成为多次学术论战的中心人物。他在20世纪50年代末至60年代中期分别与美国哈佛大学法理学教授朗·L.富勒（Lon L.Fuller，1902—1978）、英国法官德夫林（P.Devlin，1905—1992）的论争，最终促成新分析法学作为一个强劲法学派得以形成。但令人疑惑不解的是，正当其名山事业如日中天之时，哈特却于1968年辞去了令人艳羡的牛津教席，而转向对J.边沁（Jeremy Bentham，1748—1832）著作的整理和研究。美国年轻的法学家罗纳德·德沃金（Ronald Myles Dworkin，1931—2013）接替了他的法理学教授的职位。1972年，哈特被选为Brasenose学院院长，至1978年退休。但他仍保留大学院（University College）名誉研究员一职，大部分时间参与研究活动。1990年的一次车祸，使哈特的身体健康受损严重，他被迫中止工作。尽管如此，他直到去世前还密切关注着所从事的法学事业和世界法哲学的发展。哈特的逝世，是英国乃至整个世界法哲学界的一大损失。

学术思想特征

哈特著述独辟蹊径，其学术思想精深，影响广远。

在哈特看来，法学是一门实用性的学科，法理学则是法律的理论研究。哈特的法理学研究交织着几条变异的线索，体现着多种方法的叠合与科际整合的特色。他的著作名为法学论著，但在讨论正义与社会的正当规制时，却与社会哲学、政治哲学、道德哲学相叠合；讨论法律在社会中的实际作用时，与社会学、历史学相叠合；而讨论法律的推理与所用概念的理解时，则又与逻辑学、修辞学、分析哲学相叠合。这样一种多学科叠合的理论研究，一开始与英国法学界的实用主义和经验主义传统并不怎么合拍。对于那些醉心于操作实用法律而不乐意寻根问底的人们来说，哈特的学说并没有太大的吸引力。

然而，哈特的确与众不同，改变了英国法学界的传统风气和形象，使其法学兼具实证分析与理性思辨双重特色。谈到哈特学说的哲学渊源，托尼·奥诺雷（Tony Honore）曾在《哈特纪念文集》（Harts Festschrift）中撰文回忆说："在50年代那些温和的日子里，哈特一直被称为语言哲学运动的中心人物，而我则不过是一个外围者。尽管这一运动已不再时兴，但从中法律人仍然可以学到更多的东西。"奥诺雷所言，道出了哈特与日常语言哲学牛津学派之间的亲密关系，这为我们阅读和理解哈特的著作提供了一种参照背景。的确，语言哲学运动已失却了往日的时尚，但是分析哲学本身并不是毫无价值的。正是基于分析哲学理论与方法，哈特撰写了《法律中的因果论》。这是一部精辟论述民事责任和刑事责任问题中因果关系的权威著作，它在哲学层面上陈述了许多重要的实践法学问题。而他在1968年出版的《惩罚与责任》一书，更是作为一个法哲学家对刑事法律问题所进行的最为精深的思考。

哈特的法学学术训练对语言哲学本身也做出了贡献，这主要表现在他对"言语行为"理论的发展。言语行为理论（theory of speech acts），是牛津学派主要代表J.奥斯汀（John Austin，1911—1960）所提出的。战后不久，奥斯汀与哈特共同主持一系列讲座（seminar）对此予以研讨，使该理论在整个英美世界得以广泛传播。自然，这一成就部分地归功于哈特的努力。他根据战前作为出庭律师（barrister）的实践经历，重点探讨了"施为性言辞"（performative utterances）与婚约、立遗嘱这样的要式法律行为（formal legal acts）之间的相似性，丰富了言语行为学说的理论方向。另外，奥斯汀哲学反过来对法学的发展也有所作为，它帮助哈特在法学中建立自己的行为理论。哈特根据行为分析首创关于“主要规则”与“次要规则”的学说，作为其法学理论概念的基础，对于后来的法学、政治学甚至哲学均产生了不同程度的影响。美国政治学家约翰·罗尔斯（John Rawls，1921—2002）有关“调整规则”与“构成规则”的言谈，分析哲学家塞尔（John R.Searle，1932—）关于“社会制度与言语行为”的学说，都从哈特那里寻取到部分的理论资源。

《法律的概念》

多数法理学的学生大致是通过《法律的概念》一书了解哈特的。在此部著作中，哈特试图回答法理学中三个循环相关的问题：“法律怎样与由威慑支撑的秩序相区别而又与之相联系？法律义务怎样与道德义务相区别又相联系？什么是规则以及在何种程度上法律是一种规则事务？”

哈特指出，法律区别于纯粹的威慑，因为它要求具有权威性。法律的强制形式并不是万能的，因为法律特别要求服从，并不在于它是否具有权力。相反，法律被遵从，是因为它有当局发布在一定意义上可以为人们接受的约束性命令。的确，法律可以凭借纯粹的权力（暴力）制定或实施。但真正重要的不是权力，而是人们接受法律以赋予其正统性（legitimacy）。例如，人们有义务服从枪手，并不是由于枪本身的缘故，而是人们接受了枪的权威。哈特依据上述观念区别“受约束”（being obliged）与“义务”（obligation）含义的不同，澄清了长期以来混乱模糊的法律观念。

哈特认为，法律和道德均设定义务。然而这并不意味着道德准则可以推导出法律准则，或者法律准则可以引申出道德准则。两者设定的义务始终是有区别的。他进一步指出，法律和道德都产生于设定行为标准的规则。这些规则并不是人们通常所理解的既定规范，而是一整套包含人的认知观点和意志观点在内的实践做法（practices）。它们具有某种约定俗成的惯常性（regularity），因此有些类似习惯，但又渗透着人的意志观点。这在哈特的理论中是一个很重要的观念，他称之为“内在的观点”，即人们对习惯或行为惯常模式所具有的批判和反省的标准。按照哈特的解释，这些内在的规则（标准）能够直接设定人们的义务，也能够承认人们的权力。设定义务的规则就是所谓的“主要规则”（primacy rules），承认（授予）权力的规则即“次要规则”（secondary rules）。在他看来，主要规则与次要规则的区别和结合，乃是认识法理学问题的关键，也是法律制约的核心。

《法律的概念》一书是否在理论上完全站得住脚，学界对此自然有不同的看法。但对某些人来说，哈特在《法律的概念》中以其清晰优美的风格所陈述的观点，对于开展他们各自的工作，确实开辟了一条相互连结的道路。也许，人们会说，英国爱丁堡大学教授麦考密克（Neil MacCormick，1941—2009）和奥地利格拉茨大学教授魏因伯格（Ota Weinberger，1919—2009）不谋而合共同倡导的“制度法论”，不过是一种幻想。然而细心的人们经过比较发现，“制度法论”确实继承和发展了哈特的学说。它用更为缜密的论证解决了从哈特的“施为性言辞”用语引申出来的若干理论问题。麦考密克和魏因伯格在20世纪70年代中后期发表的一系列文章，探讨了哈特关于设定义务的规则（主要规则）与承认权力的规则（次要规则）的区别以及哈特所描述过的各种不同规则之间的相互关系，从而使合特的理论更趋合理和完善。

哈特理论的最后一项重大贡献，表现在他对实质道德问题与社会问题的看法。哈特终生坚持自由主义、社会民主观点，向为学界注目。他在与德夫林法官就沃尔芬登（Wolfenden）报告所展开的论辩中，提出“最低限度内容的自然法”这一古典自由主义观点。坚持这一实质道德的立场，就使他的新分析法学与以约翰·奥斯丁（John Austin，1790—1859）为代表的分析法学和以汉斯·凯尔森（Hans Kelsen，1881—1973）为代表的纯粹法学之间有着理论上的重大分别。正是基于哈特的信念，当代的法学家们以“超越实证主义和自然法”的理论姿态，向着法学理论的合流与整合这一趋向做出实实在在的努力。

哈特的影响是世界性的。他的逝世，标志着一个时代——“哈特时代”的终结。然而，我们有理由相信，哈特所从事的法学事业不会终结，它将会由新一代更有锐气和世界视境的法学家们承继并予以发扬光大。

目标波伦亚："二十世纪末对法律的挑战"

——国际法哲学—社会哲学协会及其世界大会[①]

提起"国际法哲学—社会哲学协会"，国内法学界（尤其法理学界）的同行对此并不陌生。早在1987年，北京大学沈宗灵教授作为中国法理学界的代表，参加了在日本神户举行的国际法哲学—社会哲学协会第十三届世界大会，并在《中国法制报》上撰文对会议的议题作了报道。1990年，中国法学会法理学研究会，同保加利亚、南斯拉夫等国的相应机构，被同时接纳为该国际协会的国内分会。记得当时国内的教授们忙于填写各种表格、交纳会费，那情景多多少少给这一协会涂上了一层神秘的色彩。

笔者借在德国哥廷根大学进修的机会，通过搜集有关该协会的资料发现，国际法哲学—社会哲学协会在德国乃至整个世界法哲学界扮演着极为重要的角色。在一定意义上可以说，这个协会的发展史就是一部20世纪德国—世界法哲学发展史。了解和认识这一协会，实际

① 原载《中国法学》，1994年第4期。

上就等于把握住了整个世界法哲学跳动的脉搏，领略到世界各国的法学家们关注和思考的法学前沿课题。

IVR 的由来及构成

国际法哲学—社会哲学协会（下文简称国际法—社协会，德文全称 Internationale Vereinigung fuer Rechts und Sozialphilosophie，缩写为 IVR；英文全称 International Association for Philosophy of Law and Social Philosophy），其前身为“国际法哲学—经济哲学协会”，成立于 1909 年 10 月 1 日。当时的总部设在德国的柏林。其名誉主席为德国著名法学家、新黑格尔主义法学派主要代表、柏林大学法学教授约瑟夫·柯勒（Josef Kohler，1849—1919）。最早参加该协会的有 16 个国家，包括德国、美国、阿根廷、比利时、俄国、瑞典和瑞士等。在这些国家的个人成员中，著名的人物有法国社会学家迪尔凯姆（Emile Durkheim，一译“涂尔干”，1858—1917），意大利法哲学家德尔·韦基奥（Giorgio Del Vecchio，1878—1970）等。

按照成立时制定的国际协会《章程》规定，该协会的宗旨是“维护和促进一切文化国家的法—经济哲学”，对所有的哲学（科学）方向开放，特别维护发表新的理念哲学（neuidealistische Philiosophie）的观点和看法，利用一切学术手段和传播科学认识及其公开讨论的方式；协会不追求任何经济目的，任何人不允许从中获取不正当的报酬或收入。

二战以后，国际法—社协会将总部由柏林迁至德国黑森州首府威斯巴登（Wiesbaden），并分别于 1959 年、1979 年、1987 年修改通过新的协会章程。新的章程对协会的会员、组织机构、会员大会、执行委员会、主席、选举安排等事项均作了细目规定。按照这些规定，任何有志于法哲学或社会哲学研究的个人，都可以成为该协会会员。协会在各国成立分会，各国分会可以保留不同的名称。协会的管理机构是会员大会和执行委员会。会员大会（General Assembly）是国际法—社协会的最高权力机构，每4年召开一次会议，主席也可以临时召集特别会议。执行委员会（Executive Committee）是协会的最高管理机构，设主席1人、副主席4人，委员会成员15人，任期4年。目前（1994年），国际法—社协会在世界各国拥有45个国内分会（包括中国分会），现任主席是德国哥廷根大学法哲学教授拉尔夫·德莱尔（Ralf Dreier，1931—2018），其他4位副主席则分别来自芬兰、阿根廷、英国和日本。

《国际法哲学社会哲学档案》

国际法—社协会的理论刊物，就是协会的会刊——《法哲学社会哲学档案》（Archiv fuer Rechts und Sozialphilosophie，缩写为ARSP），1907年（早于协会两年）在柏林创刊。早期刊名为《法哲学经济哲学档案》（以下简称《档案》），由约瑟夫·柯勒和弗里兹·伯罗茨海默（Fritz Berolzheimer，1869—1920）担任主编，1936年以后刊名改用现称。每年出版1卷及若干副刊（专辑），每卷约600页。1945年由于战争缘故停刊，1949年又经R. 劳恩（Rudolf Laun）和德国美因兹大学法学院教授特奥多尔·菲韦格（Theodor Viehweg，1907—1988）复刊。至1994年已出版至第80卷。

《档案》是一份法哲学的国际权威杂志，从创刊至今详细记载着德国—世界法哲学发展的历程，具有较高的史料和理论价值（笔者初略翻阅各卷，发现20世纪初以来全世界几乎所有著名的法哲学家都在该杂志上发表过文章，或至少有关于他们的书评及生平资料）。1907年创刊号《卷首语》公开标榜此杂志是“半理论科学、半实践科学性的”刊物，它是一个“国际性舞台”，是对整个文化世界“展开法哲学经济哲学研究的中枢”。同时，它尽可能立足于整个“文化国家”，拓展立法问题，避免空泛的议论，尽可能与杰出的实践法律家合作，不断适应法律—经济生活的要求。根据此一宗旨，刊物的内容编排主要分为6个部分：法哲学、法学方法论、一般法律理论；国家哲学、一般国家理论；经济哲学；社会哲学；立法问题；文献（书评）；等等。约瑟夫·柯勒在创刊号以《法哲学的本质与目的》《尼采与法哲学》《法律学中的自然法》等5篇重头文章揭开了《档案》杂志近一个世纪发展历史的序幕。

不过，笔者现在见到的《档案》新杂志，在内容上与创刊初期已有所不同，绝大多数文章偏重于法哲学研究，协会消息（会讯）、书评、当代重要法哲学家的生平简介等均占有一定的分量。杂志仍由德国法—社会哲学分会编辑出版，当然德国法哲学界在该刊上发表的论文数量居多，但其他国家（如英国、美国、法国、意大利、日本、韩国等）法学家用英文、法文、意大利文、西班牙文发表的文章也占有相当的篇幅。

《档案》副刊现在每年出版4期，其专辑快速反映当今世界社会事变及理论动态，办得颇有声色。以1992年为例，其4期副刊（专辑）分别为《社会主义和法律》《法律思想中的一般化与个别化》《刑罚报应主义及其批判》《法律政策学的理论基础》，多为国内鲜见的内容。其中《社会主义与法律》是针对1990年苏联、东欧政治剧变情势而特辑的一期。法学家们面对全世界社会主义国家的命运，探讨了诸如《自由人、社会主义与法律》《社会主义、目的国家与法》《社会市场与契约法》等带有根本性的问题。可以看出，他们怀着同样迫切的心情，关注着社会主义的前途和命运，他们想知道："法律的长远目标到底是什么？""社会主义社会能够使法律消亡吗？"

毕竟，社会主义作为20世纪的伟大运动及社会制度，震撼了一个世纪学人的心魄。

世界大会的主旋律

国际法一社协会的主要学术活动是召开两年一届的协会世界大会，讨论当时世界各国法学界共同关心的重大法哲学—社会哲学问题。从协会成立到第二次世界大战爆发以前，在德国共召开过4次协会世界会议。第一次世界会议于1910年5月17日至20日在柏林召开。其后的3次会议分别在黑森州的达姆施塔特（Darmstadt，1911年）、法兰克福（Frankfurt，1914年）和柏林（1926年）举行。当时西方各主要国家的国际法—社会哲学界均派员参加了这几次会议。此后由于政治、经济和战争诸方面原因，国际法—社协会的学术会议中断。

直到1957年10月5日，国际法一社协会才又在德国萨尔州首府萨尔布吕肯（Saarbruecken）召开第一届正式的世界大会。其后世界大会基本上正常举行。第二届至第十五届会议召开的地点和时间分别是奥地利的维也纳（1959年）、土耳其的伊斯坦布尔（1963年）、意大利的加尔多涅—利维拉（1967年）、比利时的布鲁塞尔（1971年）、西班牙的马德里（1973年）、美国的圣路易斯（1975年）、澳大利亚的悉尼（1977年）、瑞士的巴塞尔（1979年）、墨西哥的墨西哥城（1981年）、芬兰的赫尔辛基（1983年）、希腊的雅典（1985

年)、日本的神户(1987年)、英国的爱丁堡(1989年)和德国的哥廷根(1991年)。

这一系列会议所探讨的主题包括:(1)人权哲学与公民权;(2)新型社会组织的有效性;(3)法的经验领域的实然与应然;(4)法律的论证;(5)法律的职能;(6)平等与自由:过去现在与未来;(7)法与社会的未来:变化着的社会及其新的法律观念;(8)当代的法律观念;(9)法律—社会科学的哲学基础(法与社会,法与道德,法律思想的模式,法律中的系统与系统化,法律中的认识与价值,法的理论与社会科学);(10)法律、人类和历史;(11)法律、文化、科学和技术;(12)在法律—社会思想中的启蒙、人权与革命;(13)法律制度与实践理性。

国际法—社协会的最近一届世界大会即第十六届世界大会是1993年5月26日至6月3日在冰岛首都雷克雅未克(Reykjavik)举行的,大会的中心议题是"法律、正义和国家"。会议就与主题相关的5个分课题展开讨论:(1)法律与国家:与民主、正义、权利相关的问题;(2)民族、法律与国家(民族认同、国家与超国家;民族国家:它的概念、历史和未来);(3)法律、正义与欧洲的重建;(4)法律、正义与失衡(国家大小的失衡;财富与地位的失衡);(5)社会哲学与社会科学:通往法律、正义与国家。与会的法学家们面对动荡不定的世界形势,急于寻求各国家—民族相互沟通、相互共存之途,找到解决各种政治、经济、社会、法律危机的良策,呼吁社会科学各学科要通力合作,对法律、正义与国家的大课题开展多学科的研究。

的确,我们当前所处的时代是一个"科际整合"(Interdisciplinary Integration)的时代,多学科的交叉与整合已成为今后及未来学术研究的一个必然走向。

面临世纪末的挑战

20 世纪即将过去，带着它一百年的沧桑变化与回忆。抚今追昔，瞻望未来，全世界的法学家们又开始思考关涉人类命运的新的法律—社会问题。他们注意到，在这 20 世纪的最后岁月，各个国家的政治、经济、法律将面临着新问题、新考验和新挑战。例如，法律将产生新的职能和作用，欧洲正在形成主权与公民权（资格）的新形式，新的国际秩序正占有主导的地位，民族、宗教、种族团体正以崭新的方式演化，科学技术与新闻媒体对法律和正义产生着巨大的影响，等等。法学家们焦急地等待着求解这些问题的答案。

国际法—社协会的下一届世界大会——第十七届世界大会，定于 1995 年 6 月 16 日至 21 日在意大利的波伦亚（Bologna）召开。波伦亚，这个世界上最古老大学的诞生地（波伦亚大学于公元 1088 年建立），13 世纪—16 世纪罗马法复兴的学术中心和中世纪注释学派活动的基地，将再度成为各国法哲学家们注目的焦点。波伦亚会议将要讨论的主题是："二十世纪末对法律的挑战"（Challenges to Law at the End of the 20th Century）。其分题包括：（1）权利与其他法律保护；（2）主权与公民权（资格）的新形式；（3）新的和古老的法律渊源；（4）法律与技术。

面对世纪末的挑战，我们的法学家们将做些什么呢？

在国外学习研究的这一段日子，笔者深切地感受到，我们国家的法学家与国外的同行们还存在着语言、学术传统、研究旨趣、研究方法、关注的问题诸方面差异，形成了互不沟通的两个封闭世界：我们不了解世界法学的发展，国外的法学界对新中国法学家们的理论成就也所知甚少。语言的障碍，这个已经形成哲学研究方向的文化现象，将本来能够相互并联的世界法学分割成不同的封闭区域，这是十分令人遗憾的。

西方观察家说，21 世纪将是“中国的世纪”。笔者和国内的同行们都怀有同样的一种心情，即希望在20世纪末21世纪初的某个时间，中国的法理学界有足够的影响和能力，在北京或者上海主办召开一次国际法哲学—社会哲学协会的世界大会。[①] 到那个时候，我们有理由说，我们中国的法学已经开始真正地走向世界，与世界法学的发展大势合流。

---

①2009 年 9 月 15 日，第 24 届国际法哲学与社会哲学大会在北京召开。——编者注。

柏拉图《国家篇》: 译名的困惑

柏拉图之《国家篇》，取希腊文“πολιτεια”（拉丁文音译 politeia，“波里德亚”），素有多义。其后世译名亦多种，以致造成混乱，引人困惑。兹事体大，关涉柏氏思想定位，故不可不察。关于此一概念，吴寿彭老先生在亚里士多德著《政治学》中译本的注释中曾作专考：

> “πολιτεια”（“波里德亚”）:（甲）公民和城邦间的关系，（乙）由这种关系形成全邦的“政治生活”，（丙）把这种关系和生活厘定为全邦的政治制度，即“宪法”，（丁）有时就径指该邦的“政府”。[①]

德国学者亚历山大·施泰因默茨博士（Dr.Alexander Steinmetz）编著之《德语—新希腊语小词典》（Deutsch Neugriechisch，1995），将 πολιτεια 释为二义:（1）国家（Staat）;（2）生活方式

---

①［古希腊］亚里士多德:《政治学》，吴寿彭译，商务印书馆 1965 年版，第 10 页。

（Lebensführung）。由此可见，认为 πολιτεια 含有“国家”“政制”（政体）“共和国”“政治生活”诸义，大抵是不会错误的。

但究竟如何移译柏拉图之著作篇名，却是颇费思酌的。在欧陆和英美各译本中，其书译名之差异明显，代表着西方学者对柏拉图著作的不同理解和诠释。在德国，有两个著名的译本：一本是卡尔·普莱森克朗茨（Karl Preisenclanz）的“Platons Staat”（《柏拉图国家篇》1920年版）；另一本是哥特弗里德·费泽（Gottfried Faehse）的“Republik”（《共和国》，1800年版）。在英语国家，A.D.Lindsay的译本名称为“The Republic”（《共和国》，1929年版）。此后，The Republic作为英文通译，影响颇大。

事实上，《国家篇》译作《共和国》，是颇成问题的，常为当代学人所诟病。这主要是因为，“共和国”一语乃“后柏拉图”之概念。柏氏在《国家篇》里，并未专门讨论所谓“共和（和）政制”（相反，此一思想乃亚里士多德《政治学》主题之一），其所拟制的“理想国”，为哲学王土治、以武士为本，“必须妇女公有、儿童公有、全部教育公有”的国家。用吴寿彭先生的话来说，这样的政制实在不是后世正宗的共和政体。[①] 针对此点，或许卡尔·波普（Karl Popper，1902—1994）的评论，足可以反映当代学人的疑问：

柏拉图的激烈言论不适合译者的看法……于是，在翻译这些言论时，往往不是降低调门就是加以曲解。这个倾向开始于对柏拉图的所谓“共和国”（Republic）这个标题的译名。当我们听到这个标题时，给我们思想的第一印象就是该书作者如果不是一个革命者就必定是一

① 见亚里士多德，前引书，第44页。

个自由主义者。但是“共和国”这个标题纯粹是一个希腊语词的拉丁译名的英语形式，与此毫无关系，而它的恰当的英语译名则是“政制”或“城邦国家”或“国家”。“共和国”（The Republic）这个传统译名无疑促使人们普遍相信柏拉图不会是一个反动分子。[①]

足见，纯粹由于语言的翻译问题，可能会使我们对一个伟人的思想的误读有多么大。一个译者在介译另一种文字文本时真正应该有一种“如履薄冰”的谨慎心情，才不至于使自己的译本贻误后学。

话说回来，在中国，1929年商务印书馆出版吴献书之译本，取名《理想国》。此汉译名称，沿袭至今，虽非柏氏书名之平义，但得其著作之精髓，不失为国人对柏拉图文本之创造性解读矣。较之《共和国》之称谓，《理想国》则更贴近柏老夫子思想之真谛，已属不争之事实。

---

① ［英］波普：《开放社会及其敌人》，杜汝楫、戴雅民译，山西高校联合出版社1992年版，第92—93页。

追寻真正公正和自由的社会制度

——评赫尔穆特·科般的《法哲学》

自历史法学派奠基人古斯塔夫·胡果（Gustav Hugo, 1764—1844）于1797年出版《作为实在法，特别是私法哲学的自然法教程》以降，德国的法哲学分两个阵营交替发展：一个是“哲学家的法哲学”（如康德1797年的《法的形而上学原理》和黑格尔1821年的《法哲学原理》，以及当代德国著名哲学家、法兰克福学派第二代领袖于尔根·哈贝马斯于1992年出版的《事实与价值》）；另一个就是“法学家的法哲学”。后者从19世纪中后期以来人才辈出、著述洋洋大观，逐渐形成强势。其中，萨维尼（Savigny）、普赫塔（Puchta）、耶林（Jhering）、柯勒（Kohler）、埃利希（Ehrlich）、赫克（Heck）等人相继独创法哲学体系，获得国际范围的学术影响力；1949年去世的古斯塔夫·拉德布鲁赫（Gustav Radbruch）是具有此种影响力的最后一位代表。其后，德国法哲学失去了昔日的辉煌，将强势地位拱手让位于英美法理学，以至于当代的法学者们普遍地不大重视，甚至根本不了解德国“二战”以后法哲学的进展。

我国大陆及台湾地区至20世纪90年代才开始陆续介译德国法哲学家们的作品。例如，米健教授主持的《当代德国法学名著译丛》（法律出版社）以及我与许章润教授主编的《西方法哲学文库》（法制出版社）已将数种德国战后的法哲学名著纳入翻译计划。在此方面，林荣远教授单人独骑，近年翻译多种人文社科及法学作品，功不可没。他于2002年12月又将赫尔穆特·科殷（Helmut Coing,1912—2000；一译“赫尔姆特·科因”）的《法哲学》译成汉本（华夏出版社出版），实属法学界的一件幸事，可喜可贺。

客观地说，科殷并非战后德国法哲学界的领军人物，其《法哲学》一书在学术上的贡献也不是最为突出的。这本书的价值乃在于它是一本优秀的、权威的法哲学教科书。若论权威的法哲学教材，除这本书外，德国在20世纪50年代以后出版的还有数种，如海因里希·亨克尔(Heinrich Henkel)的《法哲学导论》（1964年）、沃尔夫冈·瑙克(Wolfgang Naucke)的《法哲学的基本概念》（1986年2版）、莱因霍尔德·齐佩利乌斯(Reinhold Zippelius)的《法哲学》（1989年2版）以及阿图尔·考夫曼（Arthur Kaufmann）与温弗里德·哈斯默尔（Winfried Hassemer）主编的《当代法哲学和法律理论导论》（1994年版，该书由郑永流译为中文，法律出版社2002年版）等。比较而言，科殷的《法哲学》以高屋建瓴的理论概括、学说理路的清晰梳理、学术争论的敏锐辨析、翔实的材料论证和简洁平实的语言表述而独树一帜，故而长期享誉学界。

本书于1950年由柏林瓦尔特·德·格鲁伊特出版公司（Walter de Gruyter）出初版，至1993年已出第5版。1969年第2版大体确定了现行版本的内容框架，以后版次的修订多集中在材料的增补。本书共6章，分别讨论了历史上的主要法哲学学说、本书所持立场的基础、法律的文化考察、法的原理、实在法及其效力、法律思维方法等。这里不可能对该书的内容一一进行评点，故择其要端而述之，以与方家商榷。

1. 科殷法哲学思想的特征。美国法理学家埃德加·博登海默（Edgar Bodenheimer）在其名著《法理学》中将赫尔穆特·科殷的思想归为战后德国“价值定向的法理学”（Value-Oriented Jurisprudence），认为科殷的法哲学在方法论上明显地受到了哲学家埃德蒙·胡塞尔（Edmund Husserl）、马克斯·舍勒（Max Scheler）和尼科拉·哈特曼（Nicolai Hartmann）等人所倡导的现象学的影响。其内容乃是对古典的个人自由主义和经济自由主义哲学的一种重述与修正（见［美］博登海默：《法理学》，邓正来译，中国政法大学出版社1999年版，第194页）。

2. 科殷法哲学思想的出发点。像一切在传统上注重实体法哲学的学者一样，科殷也把自己理论的出发点限定在法的根本问题上。在主张实体法哲学的学者们看来，法哲学（Rechtsphilosophie）是哲学的一个分支，而不是法学的子学科。它应以哲学的方式去反映、讨论法的原理、法的基本问题，并尽可能给出答案。通俗地说，法哲学是法学家提问，哲学家回答。它关涉“究竟”（überhaupt）的问题。科殷在《法哲学》绪论中也开宗明义地指出：法哲学不应放弃法学在其他领域已经获得的认识，但却必然超出这些认识的界限；它把法的文化现象所提供的一些特殊的难题与哲学普遍的、原则的问题结合起来。其所探讨的根本问题在于：法应该是什么？什么是正义？正义的内容是否可以界定？（见科殷《法哲学》中文版，第2—3页）或者按照阿图尔·考夫曼的观点，法哲学的题目是“正确法”（richtiges Recht）和“正义”（Gerechtigkeit）。法哲学的任务就是要研究什么是正确法？我们如何认识及实现正确法？（[德]考夫曼：《法律哲学》，刘幸义等译，台湾地区五南图书出版公司2001年版，第9页）在这一点上，科殷与考夫曼的见解是完全一致的。

3. 科殷法哲学理论讨论的难点。通过对历史上各主要法哲学学说的梳理及对法哲学学科分支之认识价值的分析，科殷发现：法哲学的难题实际上是对不同的价值评判、不同的价值观的处理。在对法的认识上，价值观的差异和冲突难以找到某种正确评断的标准。尽管如此，科殷仍然对此提出了一些理性的“弱命题”：（1）各种价值判断与实际的相互关系的判断密切相关；（2）作为价值判断的道德学说应具有内在的一贯性；（3）作为价值判断的道德应具有普遍性；（4）法律制度不得违背人性（科殷《法哲学》，第98—99页）。基于此，科殷坚持哈特曼、舍勒、齐美尔等人的哲学人类学立场，确信人类既有客观求实接受和研究世界的能力，也有把握和实现精神价值的能力，人类能够把自己生机勃勃的毅力旨在针对这种价值的实现，并且既在主观上也在客观上找到其生活的意义（同上书，第104—105页）。同样，由人类所创造的法律尽管其形态多种多样，但并非是杂乱无章的，也绝不是某种僵化的东西，而是处于发展、适应生活的种种要求的持久过程之中（同上书，第141页）。根据这个立场，科殷主张把自然法与实在法结合起来。他指出：将自然法和实在法彻底分隔开来原则上是错误的。自然法恰恰存在于实在法之中。后者正是吸收了正义的原则而引申出自己内在的权威和效力，自然法成为评判实在法的尺度，实在法依赖自然法生存（同上书，第163、165页）。科殷在《法哲学》中以下列充满理想的句子作结：“法对社会道德的伟大王国怀着感激之情。建立真正的法，建立一种真正公正的和自由的社会制度，似乎表现为社会道德的义务。……如果制定得正确，法会为社会道德上人格的一种自由的、符合本性的发展创造社会的前提条件，因此，它是在社会的世界里社会道德的基础之一。”（同上书，第242页）我们在这个宣示的理想中读到了古典时期思想家们的信念，这个信念在当代学者的思想体系中已日见式微。

诚如博登海默所评论的那样，科殷在战后德国“复兴的自然法运动”中做出过独特的贡献，读者也可以基于上面引述的观点见其一斑。但我们不能将这种成就过分拔高。科殷的这本书总体上属于正统的德国法哲学教科书的路数：注重宏阔而疏于细节，精于原理而回避现实。相形之下，新近出版的一些法哲学著作弥补了这方面的缺憾。例如，阿图尔·考夫曼的法哲学关注制度人心、取精用弘，更富有时代气息。但我们不能因此而苛求科殷，因为每一个时代的学者有每一个时代的特殊使命：科殷热心参与战后自然法理论的重建，他完成了一个称职的学人的使命；更何况，科殷的理论及提出的问题至今仍值得我们深思呢！

最后，我就本书的翻译本身作些简要的评论。我个人认为，林荣远教授德文造诣很高，两种文字转换流畅自如。但语言的熟稔也可能会有负面的影响，即过分相信自己对文本的理解，而惰于查考自己不大熟悉的专业术语和人物，以至于造成本可避免的遗憾。本书所涉人物、著作和法学概念众多，其中有些已成通译。但林教授自创新的译法，反而令人困惑。比如，黑格尔《法哲学原理》被译成《法哲学的基本路线》（第75页），黑格尔哲学中的一个重要概念“扬弃”（Aufheben）被译作“保留”（第33页）；康德的“理论理性”(theoretische Vernunft)和“实践理性”(praktische Vernunft)分别被译为“理论的理智”和“实践的理智”（第104页）；萨维尼的“民族精神”（Volkesgeist）译成“人民精神”（第31页）；凯尔森的

"基础规范"(Grundnormen)译作"基本准则"(第 49 页);英美法官判决中的"判决依据"(ratio decidendi)译为"理性的决断"(第 205 页),判例法上的"遵循先例"原则(stare decisis)被译成"显然的决定"(第 206 页)。尤其是,译本第 17 页把中世纪经院哲学家托马斯·阿奎那(Thomas Aquinas)的名言"天恩不会取消本性而只会使本性完善"(Gratia naturam non tollit,sed perficit),译作"喜欢自然不必取消,但是必须改造"。见到这样的翻译,我只能扼腕叹息:误译并不是不可避免的,可谁人又能担保自己的译作百分之百的准确呢?译事之难,学人百年之痛。

保罗·利科的《论公正》

由于多年学术交流的中断，我国学界对战后法国法哲学－政治哲学的进展始终缺乏必要的了解，以至于我们的法学者在谈论当代法国法哲学—政治哲学时往往语焉不详或者言不及里。程春明教授独具慧眼，选择保罗·利科教授的这本《论公正》，其意义之重，自不待言：一则弥补当代法国法哲学引介之缺；一则作为洞开的门扉，让我们的学者开始关注法国法哲学的风景。不言而喻，由于春明这样一位译者不经意的“选择性移译”，让我们的法学者首先接触到“哲学家的法哲学”，而非“法学家的法哲学”。也许，我们的法学者更渴望阅读来自法学院的思想者的作品。但任何思想的接引均有其机缘的合理性，在此意义上，利科教授的这本书的翻译至少在我国法学界还是应当翘首以待的。

据悉，保罗·利科教授一生撰写过并出版过至少30本著作和500多篇论文。我们中国的读者较早读到他的中译作品是其所主编的《哲学主要趋向》(由李幼蒸、徐奕春译，1988年商务印书馆出版)。

随后，他的几部重要著作，如《诠释学与人文科学》《历史与真理》《活的隐喻》《恶的象征》，又相继译成中文出版。这些著作确立了利科教授作为当代西方最重要的哲学家之一的地位。正因为如此，2004 年 11 月，他 91 岁高龄时被美国国会图书馆授予有人文领域的诺贝尔奖之称的“克鲁格奖”（保罗 · 利科于 2005 年 5 月 20 日辞世，享年 92 岁）。

利科的哲学是兼容性的，融通现象学、解释学、结构主义和分析哲学，其思想兼跨哲学、神学、文学、史学、美学、政治法律理论等领域，被称为当代世界的“博学鸿儒”。准确地理解和把握这样一位学问驳杂的学者的思想具有较大的难度。坦白地说，本人对利科的思想亦没有作系统研究，难以评述其作品的思想风貌，深恐佛头著秽、辱没贤哲。但怎奈友命难违，勉强置喙。

从结构上看，正义、权利、责任、良知和法律构成了利科这本《论公正》所探讨的主题。也可以说，这是几千年来西方哲学上讨论的经典问题。利科深入这样一些法哲学 - 政治哲学问题的讨论，贡献之处在于其所选择的进路和方法。作为国际上著名的融通分析哲学的现象学解释学大师，其对上述问题做出了独特的论证，并且就“判断行为”“美学判断和政治判断”“解释和论证”这样一些多少带有方法论性质的问题进行了专门的讨论。正如利科在本书的导言中所谈到的，抱着抵御那些为我们的时代精神所强烈鼓舞的思想进路的态度，在过去的几年中，他一直致力于给“法”正法以及还“正义”之正义的研究工作。他相信：通过司法的各种表象得以体现的法律，能够为哲学家在其自身场域，在道德（或伦理学）与政治学之间的中间过程考量法的特征提供一种机会。正在两种哲学之间制造一种戏剧性表达方式：在政治哲学方面，法律问题为历史中不可避免的邪恶的存在这一长期萦绕的问题所涵盖；而在哲学方面，对于法律的认识则基于它的非暴力性特征，在此，他提出了战争是政治哲学无法挣脱的主题而和平是法哲学难以规避的主题这一命题。在本书中，利科教授研究的重心在于：两个在正义理论中被划分的、各自具有独立性的重大问题的概念——为寻求道德身份中的自我问题，以及使得人类行为获得道德确认的谓述问题。而这两个问题均可以在“论公正”（Le juste）这个题目下得以整合。利科的结论在于，从期望获得善的生活这一目的论视角而言，公正是和与其他事物相关的善的方面；而从责任这一伦理义务论视角而言，公正又是与合法相等同的。对公正的界定还要从实践智慧的视角进行，即在具体情形中得以发生的判断之视角。这样，公正不再是一种善或合法，而是公平。公平是处于不确定及冲突状态中的公正理念之中的一个式样；或者，换一种更好的表述方式：它是在行为的悲剧之普通或非常制度中公正理念的一个式样。

也许，李幼蒸教授对利科的综合判断是敏锐而公允的：“利科在不同的张力场中思考，遂为我们留下了有关新时代人类认知过程中存在的方方面面问题。利科是一个伟大的问题提出者，却不可能是其最终解答者。”（李幼蒸：《悼念保罗·利科》）但愿利科的法哲学－政治哲学思考能够开启我们生活在当下的人类的心智，让我们继续严肃地对待当政治哲学－法哲学的紧要问题，并寻找到求解的路径。

VI

人文札记

小月河边，有一所大学叫政法

我跨过此生的门槛之际，我并没有发觉。是什么力量使我像一朵嫩蕊深夜在这无边的神秘境界中开放。

——［印度］泰戈尔：《我的大学》

有一所大学，她临靠京城的小月河边。不知是小月河因她出名，还是她因有小月河而为外界所知——这就是我的母校，中国政法大学，1983 年之前名为北京政法学院，当时的通讯地址为“学院路 41 号”，后来改为“西土城 25 号”。年纪稍长的北京人至今依然不改前称“政法学院”，西南政法大学的同道大多简约地称之为“北政”，听起来多少有些异样，说不清他们内心对这所大学所抱持的感觉。

一晃 28 年过去了，我从考入这所学校起，就没有离开过她。也可以说我生命中的主体部分已经在小月河边的校园中平静度过。法大，无论其物象还是精神，均深深地镌刻在我的生命体中，成为生命过程的组成部分。我见证了她这 20 多年来的风雨历程，并作为其整体的一部分随同其一起感受四季的更替和环境的变迁。

这所学校创办于 1952 年，由北京大学、清华大学、燕京大学、辅仁大学的法学、政治学、社会学学科合并而成。当时学校云集了国内一批知名的法学、政治学和社会学的学者，如钱端升、吴恩裕、楼邦彦、费青、严景耀、雷洁琼、杜汝楫、曾炳钧、汪暄、朱奇武等。

钱端升先生任第一任院长，他在学校创办之初，曾雄心勃勃地说："只要有政府和人民的支持，在不久的将来，政法（学院）在教学上绝不会逊色于伦敦经济学院。"[①] 但历史与钱院长开了一个不大不小的玩笑：我们的学校由于历史的原因并没有按照他心中设想的轨迹发展。毋宁说，学校后来的历史完全不同于伦敦经济学院发展的模式。钱老的"伦敦经济学院"情结也许只能因他的去世而随风飘散了。

1979 年 10 月 19 日，当我怀揣着"大学录取通知书"，随同其他 403 位同学一起来到学校时，被眼前的景象所震惊：这是一个似乎经受过兵燹之灾的院落——政法学院这个传说中"小巧玲珑的校园"在 1970 年停办后的几年内已经面目全非——垂柳依依的"小滇池"，风声沙沙的"苹果林"，青春流动的"林间幽径"……一切一切都在眼前消逝，成了叙事者和听叙事者们偶尔提及的伤痛。我们作为学院复办后的第一批学生，所到之处看到的是破碎的瓦砾，坑洼不平的道路和路旁疯长的荒草。

当时学校被北京市的几个"文化单位"所侵占：北京市歌舞团占据 2 号楼、5 号楼和校礼堂，北京市曲艺团占用 6 号楼，北京市戏曲学校挤占 3 号楼、联合楼，174 中学在 4 号楼和教学楼办学。我们这些"北政一期"的学生每天只得在被"腾退的"1 号楼、饭厅和教学

---

① 姚杉尔：《中国百名大右派》，朝华出版社 1993 年版，第 320 页。

楼部分楼层之仄逼空间内游走，耳边充斥着戏校学生的“唱念坐打”、歌舞团演员的“引吭高歌”以及曲艺团演员的“京腔京韵”……“北京的声音”在学院路41号的这个狭小的院落里此起彼伏，交相轰鸣，整个将“神圣的法学”气息消解殆尽。当时，即使像江平教授那样洪亮的声音，也被淹没在嘈杂的锣鼓声中，其阵势真可谓鼓响如雷、其人声咽。

或许正是因为这并非清静的声音在四年中一直不曾停歇，我们这些“北政一期”的学生注定不会像曾经在“未名湖畔”“水木清华”“珞珈山麓”甚或“歌乐山下”念书的学子那样对“清静”有来自心底的体认。在大学的生活中，学生们记忆尤深的不是读书和思考的快乐，而是激越的与戏校、歌舞团和曲艺团的锣鼓响动一起构成“狂欢”的场景：黑夜篝火旁的“舞蹈”，运动场上的激动的呐喊，中国女排战胜日本获得“世界冠军”后彻夜的敲击洗脸盆的兴奋，对校方不满而组织的罢餐和罢课……躁动的心绪，像当时整个社会的情绪一样，在这一代学子心中弥漫，他们毕业之后大多选择了“火热的生活”，当20年后这些同学再相聚于“学院路41号”时，他们已经成为知名的律师、法官和检察官，但选择大学教师职业并坚守到底的却为数不多。

在我的记忆中，大学读书生活似乎真正开始于1983年。这一年，北京政法学院更名为“中国政法大学”，而我本人亦考取了本校法学理论专业的研究生。从我的感觉看，小月河边的政法校园并未因为校名的更换而有太大的变化，相反，在这一百多亩的逼仄空间上瞬间搭建起一座座类似“抗震棚”的平房，密密麻麻几乎排列在院落的每一寸土地上，外人所见的“中国法学教育的最高学府”其实不过是一个“抗震棚”林立的“大杂院”。

尽管如此，只有像我这样“北政一期”的政法人知道，从1983年开始，政法校园将注定经历一个巨大的变化。当时，“思想的喷涌”所生成的强劲风潮席卷至这个由于空间逼仄而变得越来越有热度的校园，来自天南地北的100多名研究生和几乎同样数量从各地分配而来的青年教师，汇集而成两股“热情的激流”，在这个校园内蔓延而成为具有广泛冲击势能的力量。

北大法律系毕业的青年诗人海子（查海生）斯年分配至校刊编辑部工作，创作长诗《亚洲铜》和《阿尔的太阳》，在政法学子中点燃“诗性的火种”，让许多法科的学子突破僵化呆板的法律之学的藩篱，迸溅出“渴望无限接近天空”的想象火花，幻想着作为“远方的忠诚的儿子”，一直在“太阳”里高飞。可以想见，当1989年3月26日海子在山海关卧轨自杀时，在政法校园曾经引起了怎样的惊愕和悲痛！

中国社会科学院哲学专业硕士毕业的王润生以其专业的声音引领着初来乍到的政法学子。这位才华横溢的青年学者在伦理学领域极富造诣，最早提出两种不同类型的道德，即“进取性道德”与“协调性道德”。前者是个人性外向性的，如“勇敢”“自由”等；后者是协调性、约束性的，如“仁义”等。他在人生哲学上回答了当时青年学生所普遍关注的有关“人生的路呵，怎么越走越窄……”[①]之问题。王润生的课堂总是被众多学生“粉丝”拥挤得水泄不通，他每每跳跃着踏过学生的课桌奔至仅容纳一人之身的讲台。无疑，正是王润生在政法校园唤醒了无数个懵懂而沉睡的心灵。

热烈的激情同样影响和感染着我们这一届研究生和随后而来的两

---

① 见1980年第5期《中国青年》发表的潘晓来信。

届学生（八四级和八五的研究生）。1985年，法理学研究生熊继宁等四人在《政法论坛》发表《新的探索——系统法学派的崛起》一文，随后又发起组织召开全国首次法制系统科学研讨会，著名科学家钱学森和法学耄耋张友渔以及司法部部长、中国法学会会长莅会。一时间，“系统法学”“法学的定量分析”“数量法学”“法的实证研究”等成为颇为风行的语汇。那个时期，在政法校园3号楼（研究生楼）的研究生们蕴藏着一股特有的朝气、想象力和冲击力，他们几乎把全部的能量挥洒在自由的论辩和学问的砥砺上，构成昂扬上升的氛围。记得一位1982级法律史研究生在其毕业前的《临别杂感》中写道：“我有个感觉，也许是一种希望：在不久的将来的中国法学界，我们这些曾在3号楼住过的老同学一定会汇成一股不可小视的力量，一定的。”[①]应该说，他的预言和期望是应验了的：从这个3号楼走出去的研究生目前在中国各大学做教授和博士生导师的人数不胜数，一些人已经成为某些学科的重镇（北京大学陈瑞华，清华大学的高鸿钧，厦门大学的徐国栋，中南财经政法大学的范忠信和陈景良，中山大学的刘星，政法大学的张桂林、赵旭东、李曙光、张中秋、马怀德和曲新久等）。

1987年之后，政法大学开始在军都山下的昌平新校招生。一校两址的空间分离，将大学的教学设施、图书资料、研究生与本科生之间的学缘联系切割成两半，政法的师生自此长年累月地在两个校园之间奔忙，连接昌平和市内的“345路”公共汽车一夜之间成了政法大学师生的专线，车内闪动着来自全国各地的青春的身影，演绎着一段又一段政法人的故事。而我和同时留校的同届60位同学则拥挤在学院路41号的“政法方舟”（一栋行将废弃的二层简易楼），感受夏天

① 中国政法大学《研究生通讯》1985年2期。

的酷热和冬天的寒冷（楼内暖气几乎无用），守候着小月河边的这个越来越显得陈旧破败的院落。我常常一个人在院子的林间散步，目送一批一批学生在这个院落里走进走出。每年的七月，学生们像小鸟一般飞进辽阔自由的天空，而我依然在这个院落里孤独地徘徊，留下一行行单调的足迹，偶尔回忆起在这个院里曾经发生的故事和故事里熟悉的人们。

——我看见，湛蓝，向天际无限伸展澄明的静寂……

思想的建筑学

——与何莫邪教授晤谈记述

何莫邪（Christoph Harbsmeier）的名字，中国法学界的学人也许知晓者寥寥无几，因为我们至今尚未读到过他的作品。不过，他的学生鲁纳（Rune Svarverud），在我国法学圈内应该说并不陌生，他于《中外法学》2000年第3期“西方法学在近代中国的引进与吸收研究专号”发表《万民法在中国：国际法的最初汉译，兼及〈海国图志〉的编纂》一文，考梳之勤、材料翔密，其治史功力即使我国法律史者也不得不为之惊叹。

事实上，鲁纳博士论文指导老师何莫邪先生亦堪称汉学的一位大家，其乃奥斯陆大学汉学系教授，在海外汉学界颇有声名，他精通多种文字，以学问广博、治学精深而受同行称道。2000年2月，本人随团访问挪威奥斯陆大学人权研究所，经该研究所中国项目负责人李莎女士（Lisa Stearns）的引介，与何莫邪有一面之谈，他的风趣、健谈、博识和睿智，给我留下了深刻的印象。

我与何莫邪先生的话题，是从他所治中国之学开始的。他介绍了自己近期的研究，特别提到由其参与撰写的《中国逻辑史》，该书属英国科学家李约瑟所编大著《中国科学技术史》中的一个分册。由此话题展开，我们在后来的时间里主要集中在以下三个方面的问题上进行着愉快地交谈。在谈话过程中，何莫邪先生的点拨，使我重新审视过去那些已成定论的“常识”的问题性。我感到这次纯属私人性质的交谈所涉及的内容，也许是可以进入公共交谈领域的。故此，将其中的某些论题记录下来，还是有些必要的。这里仅依凭记忆，勾画三方面话题内容之大意：

（一）中西思想－文化的差异何在？何莫邪先生指出：英国科学家李约瑟在《中国科学技术史》中过分夸赞中国科学技术的成就。实际上，中国只有技术，但科学较缺乏。因为科学是一种形式化的建构理论的体系，而技术却不一定是有科学根据或科学论证的（例如，古代的炼丹方术）。换言之，技术有可能完全是凭感性的、经验直觉的。判断中西文化、思想和科学的差异，最为重要的一点是看在它们的形成中有无逻辑的成分。逻辑是科学得以成立的支柱，没有逻辑的思想是不成体系的。何先生甚至指出：逻辑就是创造，没有逻辑就没有创造。逻辑理论不发达，这大概就是中国在近现代以来科学技术何以落后的原因。17 世纪之后，西方以逻辑为基础的科学为其技术提供了强力的支持，而技术的发展恰好改变了整个世界的进化格局：东西方力量出现失衡。对于此点，何先生在《中国逻辑史》中作了详细的分析。

（二）中国文学何以无缘获得诺贝尔奖？因为何莫邪属瑞典科学院诺贝尔文学奖中文作品评定专家之一，我们的话题自然也谈到诺贝尔文学奖的评选问题。但他对当代汉语文学作了不太乐观的估价。他指出，中国当代文坛缺乏在语言上有创造力的作者。一个好的作者应当是用一种类似复调（pluralphonatic）的语言来表达思想的，如古罗马的西塞罗，他的文字透现出一种醉人的芳香。在中国当代，只有丰子恺的散文具有这种复调的风格，但可惜仅凭散文还不足以有资格争取诺贝尔文学奖。在小说创作上，王朔的作品的文字有创造性，但其缺乏深度。而其他作家就谈不上有文字表达上的创造。国内有人指责汉语作品的翻译影响到汉语原作的语言文化魅力，这的确也是问题之一。但主要的问题还是原创作本身。有创造力的作品不仅有思想的深度，而且还表现在其表达的形式和方法上的独特性。两者均上佳的文学作品是很难寻求的。

（三）是否有一门思想的建筑学？何莫邪说，思想像建筑一样是一种构造。因此，研究思想，就要把思想创造当作一门建筑学来对待。这其中包括对思想的设计，方法的选择和作品出产的程序。没有一个合理构建的思想很难说是一种思想（或者像柏拉图在《理想国》中所讲的，这仅仅是“意见”，而不是知识）。循着他的思路，我提出了“思想硬度”的概念。我认为，在任何一个体系化的思想中必须有一部分是该思想坚实的内核，它支撑着思想的理路和逻辑。无此内核，一个表面上显得宏大的所谓“理论大厦”将会倾斜。寻找这样一个坚实的内核，对思想构建来说是十分重要的。何莫邪对此论点亦颇感兴趣，表示赞同。

这一次从晚九点持续到次日凌晨一点的晤谈是令人兴奋的。但给我感受最深、且在过后引为深思的，恐怕还是何莫邪先生关于逻辑之创造力与思想建筑学的观点。

在我们的学问传统中，不能说没有逻辑（中国的逻辑传统在先秦时期就已见端倪，而且在名家和墨家所治之学里就包含逻辑学），但逻辑学并不是思想的主流。形式逻辑的思想并未强势到构成学人的理论旨趣，以致我们的文化人重直觉（顿悟），而反思辩；重个人体验，而反论辩商谈；重经验知识，而反理论知识；重微言大义（甚至空谈玄远），而反推导论证。应当说，对我们这些进入“技术时代”的人们来讲，这样一种思考传统带来了令人非常痛楚的后果。可以说，在我们现在生活着的“意义的世界”里，到处充斥着逻辑的语言——哲学、文艺、经济学、语言学、法学等，莫不如此，以至于我们如果不懂得逻辑语言，我们就失去了与他人对话的媒介和谈话的机会，话语的沟通将在不久的将来变得越来越艰难。

更为可怕的是，由于过去没有确立对逻辑应有的尊重，现在的学问人养成了“胆大心粗”的心理习惯，丧失了对学问最起码的敬畏感，惰于小心的求辩和论证，而以大而化之、“总而言之”的轻松态度，化解各种空疏议论的死结，只求“我认为”的结论，不问“他人认为”的根据和推论。其结果，各种“论著”在数量上争多寡，但一旦较起真来，用逻辑这把尺子衡量，则皇皇之作立刻露出真形：我们竟然在作品中找不到任何一根可以支撑其庞大躯体的骨骼！细细想来，此等“瘫软的”作品怎能忍心让人卒读？

鉴此，何莫邪先生“思想建筑学”的议论是深刻而又具有警示意义的。凡把学问当回事的学人确实应该把思想创造本身当作一门建筑学来对待：如果没有合适的机会和条件，我们宁可花时间造准备用于建筑的一砖一瓦，但切不要忙于在流沙上构筑我们安身立命的屋宇，这样的建筑比“豆腐渣工程”更让我们不省心。

在当今的法律世界，我们到底还有怎样的想象？
——阿道夫·巴拉赫《法与想象》之随想

多年前，我曾在《从美学的观点看法律》中写道：由于工业化和商品化时代滥用理性和“计算”规则的缘故，我们现在已越来越丧失了黑格尔所称谓的“理念的感性显现”（审美）的能力。崇高物象的心灵激荡，“无利害感”的游戏冲动，诗歌语言引动的惊异与纯喜，无限想象的自由伸展的渴望，“风格”“趣味”的体验与追求，以及尼采在《悲剧的诞生》中所描绘的“酒神状态的迷狂”，似乎也渐渐远离了我们感性直观的视野。最近，当我读到奥地利王室法院律师、州政府顾问阿道夫·巴拉赫（Adolf Bachrach）的《法与想象》一文（1912 年 2 月 8 日在庆祝奥地利维也纳国民教育协会成立 25 周年纪念大会上的演讲稿），一种飞扬却又抑制的复杂感觉又油然而生。

巴拉赫说：“想象是轻快的、长着翅膀的婴儿……想象形成法的摇篮。”像其他法美学家一样，他也把想象的视点投向遥远的时代，通过“历史的距离所造成的朦胧感”来探寻悠远世纪的“法律”—— 朦胧的正义、神圣的规则及隐秘的秩序：弗里西亚法律（Lex

Frisionum），雷鸣电闪中宣谕的《摩西十诫》，穆罕默德的《古兰经》，不同民族的“诗体法”，以及文艺作品和戏剧中“舞台表演的法律”……这些“法律”来自超越世俗的本源：“……它们的肇始必然是晦暗不明的；只是因为它们长期以来栖居在我们人类之中，与人类一道降生，所以我们也切实且清晰地知道我们为何还偏爱它们，依然为之用心投力。”（雅科布·格林：《论法之诗》）

古老的法律诚若泉水流自隐秘的深层，源于我们的感情，源于我们至深的感觉。所以，德尔恩堡（Dernburg）说：“民族的想象构成一切法的根源。我们断言，它也是法生存和发展的滋养之源。”同样，德国18世纪浪漫诗人乌兰德（Uhland）唱道：

法，人类共同的善德
在每一个大地之子的身上栖息，
它流经我们的体内，
像心脏滚动的热血。

职是之故，巴拉赫指出，法的源头也是一切文化的源泉。它存在于我们每一个人身上栖息着的、源自人性本质的文化需求和文化感知。这种对文化和法的追寻在我们幻想和造型的秉性之中、在想象力之中获得支持。法律应当符合我们称之为法意识的东西，故此，那些与法意识相抵牾的法律会在一切法律领域的人们之中产生抵触。

所有的一切只在生活中再生，惟有想象保留永恒的青春。生活和生命成就了人类的想象，而人类的想象促动和见证了法律的诞生和法律之生动的发展。对法而言，想象总是不可或缺的。我们甚至可以说：无想象则无法律。历史上，正是那些伟大的立法家、司法家、法律著作家以及一批佚名的法律智者依靠他们卓越的想象力为我们这个世代的人类留下了大量“智若神明”的立法、“如诗如歌”的判决和“像闪电照亮大地一样”的法律原则，使我们沐浴在“法律的明灯”之光辉里，免于在幽暗的法律世界中漫无目标地孤独徘徊。

不可否认，现代的法律已经逐渐脱离原始法的直观、感性的想象，变得越来越抽象和晦暗不明，与工商时代的多种语境、关系和变数扭结在一起，形成了一个被多重意义、多种系统环境包裹着的系统。生活在当下的每一个人，哪怕是创造法律身形的立法者和专事研究的法学者亦难以窥览其复杂交织的全貌。不可否认，最优秀的法学者都会在这个利维坦面前显得局促和惶惑。我们似乎普遍具有前所未有的无力感。其实，这也是一种挑战，一种像埃德加·莫兰（Edgar Morin）所称“复杂性的挑战”。复杂而混沌的法律问题要求我们的法学者学会“与不确定性一起工作”，在无序的、非常规的社会事件、法律案件以及语义模糊的法律条文所构成的“意义漂移的世界”寻找到一种确定无疑的知识圭臬、商谈的规则和求解的答案。

然而，谁又能说得清楚，从人类生活的终极意义上讲，这到底是有幸还是悲哀？在当今的法律世界，我们人类到底还有怎样的想象？

如何看待知识生产者问题

学界开始对知识生产和再生产活动的知识生产机器进行反思和批判，这无疑是中国当代学人对中国情境下的知识生产本身进行“反身性”思考的积极努力。明眼的知识人越来越强烈感受到：一方面，我们已经没有了知识生产的检验标准，几乎所有的人，无论有无知识生产的能力和资质，均参与到这个未经合格检验的知识生产流程之中。另一方面，在“知识”产出的过程中几乎所有的人又变成了盲目的“知识消费者”，进而形成了一个巨大的知识交易市场。这个市场充斥着“看起来很美”的各种琳琅满目的“知识”产品，而实际上此种虚假繁荣的知识市场背后隐含着一眼难以洞穿的深层危机。

从表面上看，现下中国知识生产存在着如下三个方面的突出问题：第一，知识生产过程的无序性。现代技术（尤其是电脑技术和网络技术）手段的发展在减轻知识生产劳动强度的同时，也增大了其生产过程的无序性。在知识生产线上的“知识复制”挤压着真正的知识创造过程，各种以知识为名的出版物若爆发的洪水，冲毁掉那些持家守业者经年劳作建构的屋宇、道路和桥梁。第二，伪劣知识淘汰优良知识的逆增量趋势。“知识复制”必然增加知识检验和鉴别的难度，故而伪劣知识充斥知识市场，形成增量强势。第三，知识生产的利益趋同现象。在这个充满物欲和权势的时代，知识创造不再是一种纯粹的“智性活动”，它受到来自物质利益和权势的诱惑，最终沦为物欲和权势的婢女。最令人触目惊心的是，伪劣知识增量有愈演愈烈之势，其本身构成了某种知识（或思想）的形式和内容，深深地渗透到知识生产过程之中，我们有时难以将其从理想形态的知识生产中剥离出去，它们构成了一种惰性的积累力量，宰制知识人的知识认知、知识视野、知识沟通，甚至成为一些知识批判者之“知识批判”和“知识反思”依凭的资源。由此观之，我们似乎真正到了深陷泥淖而试图抓住自己的头发将自身拔脱出来的困境之中，现实所呈现出的是漫无边际的“知识生产大跃进”之喧嚣和轰鸣的声音，而真正的思考者却如挪威画家爱德华·蒙克（Edvard Munch）著名画作《呐喊》中的人物那般无助而惊恐。

客观地说，中国现下知识生产中所存在的大部分问题均集中体现在知识生产者身上，我称之为“知识生产者问题”。其具体表现为：（1）知识生产者的生产能力问题。知识生产者的知识生产能力处于委顿状态，知识创造之源陷入枯竭。（2）知识生产者的生产行为问题。这是由前一点衍生出的问题，即：知识生产者将知识兴趣和生产活动的重心投放在“知识复制”，满足于制造“泡沫学术”和“印刷文字崇拜”，甚至以贩制伪劣知识和垃圾知识为要务。（3）知识生产者的生产动力问题。诚如邓正来教授所指出的，现下的知识生产中存在着以某种“自上而下”的规划为根据的知识生产方式或者以其他各种需要（社会需要、经济需要和政治需要）为根据的知识生产方式以及与之相应的“类型知识”。其实，这两类知识均可视为“即时需求的知识”类型。应当注意到：“知识规划体制”和经济、政治等现实社会需求机制为知识生产者所提供的生产动力是单调的，它甚至构成了一种吞噬性的力量，粗暴地将知识生产者的才情、智慧、记忆力、想象力和创新力完全无情地吸纳，使之卷入“知识生产大跃进”的物化运动过程之中。在这里，我们看到了卡尔·曼海姆（Karl Mannheim）所描述过的一种现象：知识生产（或认识过程）实际上并不根据内在法则发展，不是跟随“事物的本质”或“纯粹逻辑的可能性”，它也不是受某种“内在的辩证法”的驱使。相反，这个知识的产出过程在许多关键方面受各种各样超理论因素的影响。

问题的关键不在于知识的产出过程受不受超理论因素的影响（无论承认与否，这种影响都是客观存在的，因为我们不可能想象有一种与知识兴趣完全无涉的知识生产机制，有知识兴趣主导的知识生产一定有其社会存在的诱导因素），而在于它是什么样的影响以及我们如何看待这种影响。依据经验观察，我们得知：尽管知识生产的形式可能有所差别，但均受到当下历史、文化实力、政治法律制度、智识环境等诸多因素的影响。也可以说，任何知识的产出都不可避免地带有它得以形塑的“历史气候”（historisches Klima）的印记；同样，处在‘意义之网’中的知识生产者们也是从一开始就被不知不觉地限制在历史可能性和规定性的界限之内的。谁也挣脱不了历史和现实情境条件对知识生产者之视域、问题意识、方法和论述能力的宰制。

在这里，我们可能更为关心现实情境条件到底如何宰制知识生产者以及它们的宰制到达了什么样的程度。事实上，我们从现下中国所存在的“知识规划体制”和经济、政治等现实社会需求机制的运行过程中所观察到的，并不是如 R. K. 默顿（Robert K. Merton）所言的知识的"优势积累"，毋宁是一种知识的"劣势积累"的激励机制。"知识规划体制"和经济、政治等现实社会需求机制所生成的"制度化的价值观"已经被知识生产者个人接受，内化为个人的价值判准、知识规范和积习心态。从另一方面讲，知识生产者只要认同这些价值判准、知识规范并且身体力行，就会自动获得"知识规划体制"和经济、政治等现实社会需求机制所给予的知识权力和控制力量，取得一种前所未有的巨大的能力感，进而积极主动地参与"知识生产大跃进"的物化运动过程，他们的活动和知识产出又与"知识规划体制"和经济、政治等现实社会需求机制扭结在一起，形成更为复杂的多重交织的关系结构，作为宰制力量来影响后来的知识生产者。这是知识生产者之心性、价值观和趣味被制度格式化的一种机制；它清除了残存于知识生产者身上的知识敬畏感，清除了知识生产者对我们人类所仰望的星空的惊奇与感动，清除了知识生产者于宁静的心灵深处追问生命意义的觉悟本能，清除了知识生产者对于人类苦难所具有的悲悯情怀，清除了知识生产者躲避利诱、回归纯真的道德良知，消抹了知识生产者的知识内敛力和持久创新的兴趣和动力。知识生产者被塑造成为知识生产线的熟练工人，他们不需要思想，不需要反思，不需要追问意义的问题，而只是一味地重复机械化的"知识复制"的动作，完成一个又一个纸质的或者电子的文字文本，简单地挪移这些文本的堆积物，将文本的堆积物作为材料进行剪贴拼接。知识生产者在这种复制、挪移和剪贴拼接的过程中获得某种"舒舒服服的"物益满足感和精神充溢感，而知识创新和担当的使命则被抛却在个人的内心关怀之外。确实，这样的知识生产者完全变成了赫伯特·马尔库塞（Herbert Marcuse）所称的"单向度的人"。

当然，我们绝不能指望这些自身存在严重问题的知识生产者去创造知识、遵循知识生产的规程、守成知识生成和演化的传统。在当下中国知识生产制度建构的过程中“如何拯救知识生产者”才是一个大问题，也是一个根本的问题。优良知识的生产和增量端依赖资质优良的知识生产者，这是一个浅显易懂的道理。如果没有优秀的知识生产者，无论规划者如何殚思竭虑地去规划学术、规划知识，到头来只能是一个接连一个的规划落空。轰轰烈烈的“知识生产大跃进”可能以优良知识积累的大倒退而告终。避免劣势知识的增量，也只能依靠资质、能力与品德合格的知识生产者队伍的增强。

将知识生产者从知识的“劣势积累”的激励机制中拯救出来，绝非轻而易举的事情。况且，若不明方向即以某种我们尚难料定其后果的手段将知识生产者拔脱出深陷的泥淖，则也可能连同拯救者一起带入更深的险地。用规划知识的方式去规划拯救的方式也绝非一个妙计良方。但无论如何，首先除去缠绕在知识生产者身体和心灵上的各种宰制或诱惑的“制度化荆棘”则是知识生产者能够自救的办法。剥去荆棘，知识生产者才可以自由地呼吸清新的空气，在相对宽松宁静的氛围中触摸自己心灵深处涌动的力量，捕捉住思想内层瞬间闪现的智慧之光，凝聚成各具形态的知识。这样的知识若能慢慢增多，集腋成裘，那么形成反映所谓“中国的理想图景”的知识范式和知识体系，也许就只是一个时间问题了。

精神的宿命

——《古斯塔夫·拉德布鲁赫传》译后记

我自己也说不清楚，近年为什么特别痴迷拉德布鲁赫：不仅是为了他的法学理论，而更主要的是为了拉德布鲁赫这个人。拉德布鲁赫是有待我们去揭开的一个谜：他创立了法学上的相对主义价值学说，但我们似乎看不透他的理论的体系性和前后一致的关联；他总是试图超越应然与实然、价值与现实、法律实证主义与自然法思想，但却又总在这个二元主义的矛盾中挣扎和游移，有时甚至陷入前后说法不一的尴尬和窘迫之中；他在具体的行文中处处展现对法律现象的深邃的洞见和超人的智慧，但却没有承袭德国人那种（特别以黑格尔、康德为代表的）独特的思辨传统，为其理论架构纯粹推论的概念（形式）体系；他天性反感法律学术，却偏偏首先选择需要教义学（释义学）天赋和兴趣的刑法研究作为志业，而且竟然在刑法研究和法哲学这两个法学领域均做出了骄人的成就；他渴望像歌德那样获得圆满的人生，但却生不逢时，在青年和中年的人生经历中接连遭受生活的不幸；他在西方国家受到很多人的批评，但在东亚（日本、韩国）却像神明一样被人信奉，以至于我们可以说，他的著作在日本的译介，重新铸造日本法学家的心灵和理论旨趣，从而改变了日本在“二战”以后法学发展的方向。

那么，拉德布鲁赫到底是一个什么样的人？带着这样的疑问，我试图从现有的汉语文献（研究和翻译作品）的阅读中找到一些答案。但很可惜，这种努力的结果却只能使疑问日益加深：我们的学人实在太缺乏对拉德布鲁赫哪怕是最基本的了解；一些有关拉德布鲁赫的介绍也不得要领。

恰逢其时，米健教授从德国带回阿图尔·考夫曼教授于1987年出版的《拉德布鲁赫传》，我从中借阅，如获至宝。阿图尔·考夫曼系“二战”以后德国最重要的法哲学家之一，曾师从拉德布鲁赫，属拉德布鲁赫去世前的关门弟子。应当说，他对拉德布鲁赫的生活、为人与为学了如指掌，另外他有高屋建瓴的视野、高超的概括与精到的评述能力（大家可以从考夫曼的其他作品中发现这一点），由他来为拉德布鲁赫撰写学术评传（事实上目前有关拉德布鲁赫的评传有几十种之多）最为适当。实际上，考夫曼确实不负众多学人的期望，他以灵动活泼的文笔对拉德布鲁赫之所思所想、所进所退做了客观全面而细致入微的描述：他在我们误入迷障处点拨前行的路径，在其本人亦心存疑窦处不过分强加评断，而只是提出问题、启人深思。可以说，考夫曼所展现给我们的是一位栩栩如生的拉德布鲁赫形象：一位把学问与人生圆融一体的智者。我们在阅读这本传记时，将随着考夫曼的引领，而一步一步接近这位大彻大悟的智者，走进他那鲜为人知的生活和心灵的世界。而这比我们仅仅通过教科书把握其若干的观点要重要得多。我总有一种看法，研究一个人的思想和学说，首先应熟悉他的人生，这样我们才能与研究对象本身达到心灵的沟通。在这个意义上，我始终把拉德布鲁赫看作自己心性养成上的导师之一，他的个人体验也总是我们这个年龄（所谓不惑之年）的人共同的体验。当然，这也是考夫曼教授晚年的心性体验，因为当他于去世前 10 天为我翻译的拉德布鲁赫著《法律智慧警句集》撰写出那篇饱含深情的中文版序言时，我就理解了：他的心灵中已经融进了某些拉德布鲁赫的精神气质。

考夫曼教授对我的翻译工作所给予的关注和支持是我能够顺利完成译事的保证。他于 1998 年 12 月 3 日的来信中表示："如果我能够为您提供任何一种形式的帮助，请都不要忘记来信告知。"考夫曼教授是一位言而必信之人，当我后来写信解释说先译拉德布鲁赫《法律智慧警句集》，后译他撰写的这本传记时，他不仅表示赞同，而且还积极为之联系版权事宜。但不幸的是 2001 年 4 月 11 日，病魔最终夺走了他的生命，我为他没有能够最终看到其著作中译本的出版，也为失去这样一位学问渊博的指导者而痛感惋惜。

正当由于悲切而情绪低落之时，2001 年 11 月我在北京有幸结识日本札幌学院大学法学部的铃木敬夫教授（Prof. Dr. Keifu Suzuki），他也是一位拉德布鲁赫学问的痴迷者。据介绍，其先师常盘敏太教授 (Prof. Dr.Toshita Tokiwa) 是拉德布鲁赫生前指教的惟一的日本学生。有这样一层学业渊源，铃木教授倾心拉德布鲁赫之学且颇得拉氏之真精神，则可想而知。其扛鼎之作《法哲学序说》（成文堂，1988 年版）之主要部分在于研究拉氏学说（方法二元论，价值相对主义，法的社会化与"事物的本性"等）。此外，铃木教授还翻译出版拉德布鲁赫著《法律智慧警句集》（日文译本《法思虑への箴言》）和《魔笛的刑法》等著作，足以表明其在日本实属学有专精的拉德布鲁赫研究专家。我很幸运能有机会亲自聆听铃木教授的教诲，他在较短的时间内为我讲述了拉德布鲁赫访学牛津大学的曲折过程及在日本、韩国有关拉氏研究的概况。更显弥足珍贵的是，铃木先生回日本后，给我提供了考夫曼所写的这本传记中所涉及的一些研究者的材料，如汉斯·海因里希·耶塞克（Hans-Heinrich Jescheck）等人编著的《郑钟勖教授追悼文集》，郑钟勖教授（Prof. Tjong Zong Uk）的博士论文《古斯塔夫·拉德布鲁赫相对主义法哲学之路》（1967年，德文），金智洙教授（Prof. Kim Jisu）的博士论文《古斯塔夫·拉德布鲁赫思想中的“方法三元论”和“事物的本性”》（1966年，德文），台湾大学林文雄教授的《法实证主义》，以及由中义胜和山中敬一两位教授翻译的日文版《古斯塔夫·拉德布鲁赫传》。2002年4月，铃木教授利用访德的机会，专程为我购得拉德布鲁赫《法哲学》[学生版，由德莱尔（Ralf Dreier）和鲍尔森（Stanley L.Paulson）教授编，1999年德文版]，并惠赠由田中耕太郎翻译的拉氏著作日文版。这些材料，对我校订本书重要概念、著作名称的翻译颇有参考价值。

由于考夫曼教授的文字言简意赅、平易近人，理解起来并无障碍，移译本身进行得较为顺利。从2001年9月起利用教学之余，着手译事，到2002年1月随团访问欧洲（意大利、德国、法国、荷兰、英国；这次出访收获颇多，其详见拙作：《访欧语丝——从罗马到牛津》，载《比较法研究》2002年第4期）前完成初译。回国后，根据中义胜和山中敬一的日译本对初译进行审校，至3月16日结束一校。然后将译稿封存至今，因为按照合同，我必须至少在2002年年底以前将另一部书（罗伯特·阿列克西的《法律论证理论》）的译稿交付中国法制出版社出版。稿债逼门，只能就其急者。于今急债清偿，缓得气力，再启阅旧稿，心情安闲了许多。

在本书整个翻译过程中，我还得到了许多友人和同事的无私襄助。费安玲教授、程春明博士、吴日焕、李居迁博士对该书所涉及的意大利文、法文和韩文译名一一进行译校，颇费心力。此外，在“当代德国法学名著”编委会组织的翻译研讨会上，德国波恩大学的克努特尔教授（Prof. Rolf Knütel）、弗莱堡大学胜雅律教授（Prof. Harro von Senger）、科隆大学的何意志教授（Prof. Robert Heuser）和帕骚大学的孟文理教授（Prof. Urlich Manthe）就德文翻译本身所做的精深分析，使我获益非浅，我的同事郑永流教授对译稿做了悉心的审读，使翻译的讹误尽可能减少。初稿完成后，张守东教授和周青峰女士帮助查对《圣经》资料，萧瀚先生寄来利伍兹博士（Heather Leawoods）的英文论文“Gustav Radbruch: An Extraordinary Legal Philosopher”，台湾大学社会学系林端教授惠赠拉德布鲁赫《法学导论》中译本（王怡苹、林宏涛译，中国台湾地区商业周刊出版社2000年版），这些对我校订译文亦颇有助益。在此一并表示谢意。

最后，我谨就翻译本身有关的问题再做一点必要的说明。常言道，译事惟难。翻译的过程，也是通过阅读和理解来不断贴近原作文义的过程。由于拉德布鲁赫的著作在我国译本稀少，我在翻译中总要花大量的时间斟酌译名，如Natur der Sache（事物的本性），Gestalten（人，人物），richtiges Recht（正确法），gezetzliches Unrecht（法律的不法），ü bergesetzliches Recht（超法律的法）等。这些名词的翻译，在“当代德国法学名著”编委会成员内部至今争议颇大，即使我本人对这些术语的翻译也前后有所变化，细心的读者可能在我所译的拉德布鲁赫《法律智慧警句集》和这本传记的比较中已经发现了这个问题。为了避免理解上的混乱，我尽可能在本书的移译中以脚注的方式把变化的部分做必要的说明。但愿不会因此而给读者带来阅读上的不便。学艺不精，笔译不力，悔之大焉。诚如履薄冰，惟尽心奉业，安有他途？

关于《人文札记》的札记

为校刊“人文札记”栏目撰稿，似乎成了逝去的一段历史的记忆。“札记”的作者们相继离校而各赴他途，一度形成的校园“札记热”也渐趋冷淡。

心智的开发，是相互激励的结果。我记得，1994 年刚从德国回国时，校刊园地呈现一派生机活力。几位同道知己交替在“札记”一栏刊稿，其文长短不一、风格各异，或清新自然，或精深邃远，或悲悯苍凉，或空明无执。一时间，校刊争相传读，洛阳纸贵。“札记”一孔虽小，却道不尽天之高远、地之广袤、心之无极。她绽现著作者们对阳光与苦难、桎梏与放逸、漂泊与安定、彷徨与希冀的漫长思索，绽现个人之理性与感性、灵魂与肉体、生存与死亡、无限与有限的深在矛盾和冲突。“札记”的每一篇章，无不是作者充满荆棘的思想历险——一段无以名状的心路历程。就其本质言，“札记”似乎是专为成年的类群洞开的门扉，其中透出秋天成熟明朗的色彩和温热醇馨的天地情味。没有经历春天的锦绣、夏季的繁盛和隆冬的严寒，难以体味个中的甘苦和蕴涵的玄思。

“札记”是作者心灵的记录，但绝不是个人跌荡不安、激愤断裂情绪的宣泄。在“札记”里，我们读不到硝烟弥漫的战场，读不到庸俗的谩骂和诋毁，读不到形象的扭曲和变形，读不到汹涌的激流、可怕的悬崖、无路的森林、大雷雨、海上风暴和一切“无益的、破坏性的、凶猛暴烈的东西”。[①]“札记”的语言所表达的，是这个时代的人们对中正平和趣味的追求，对流畅平缓运动节律与秩序的持守，对宽容平实文化精神的向往，对未知领域智识的景仰，以及对生命历程梦想的憧憬。“札记”所营造的对话游戏，既激活了读者对已失去的崇高的回忆，也塑造了作者自身淡泊的品格和性情。

“札记”注定不会成为结构严整的宏大叙事和理性求证的学说体系。毋宁说，她只是作者内心世界瞬间闪现的智慧的片段，是漫漫长夜若隐若现的一丝光明，是灿烂感性的自然喷涌。不要过高估量“札记”的学术性质，但也没有理由否认她在陶冶人之心智方面的意义。

“札记”文章形散意敛、氤氲朦胧，其自有动人心魄之处。上乘的札记，常行于所当行，常止于不可不止，所谓“情动于中而形于外”“含情而能达，会景而生心，体物而得神”。此等进境，不也正是人之终身所觅求的吗？

有关“札记”的话题是没有止境的。时逢校刊出三百期，爰缀数语以抒胸臆，惟愿在“札记”一栏读到更多更好的、受人激赏的文字。

---

①［英］罗素：《西方哲学史》（下卷），马元德译，商务印书馆 1982 年重印本，第 217 页。

律师之心性

律师乃时下时髦行业。君不见，律之师者一袭轻装、一纸文牍，奔走肆行街巷，出入堂皇高楼，雄辩于法庭公堂、媒体舞台之内，谈笑于灯红酒绿、杯光交筹之间。值此“凝视”年代，律师忽得春风杨柳，与体育、文娱明星、企业家、IT 精英交相争辉，构成时代之绚丽斑斓。律师通晓律条、明法穷理，且通达世事、问疑辨难，较之其他人等尤现事理情理、道德良心。但正因如此，律师一业规范自重，万民瞩视，自不待言。

日前读报，作家张炜尝言：“我惧怕自己对世界没有感情。”闻得此言，本人为之动容。于兹商事社会，物欲横行，德性式微。虽律师者，也概莫能却其熏染。盖因利得精神人人有之，而人心若水，得其下流而害身家黎民，得其上善而利万物苍生。物欲熏心，则水流不净，水流不净，则污染心灵，而治理心灵污染，恐怕仅有万贯家资则难以奏效。若千万律之师者循此污流，则国家民族哀莫大焉。

律典制度亦易使人只见律条、不见心性。执着于法律概念与逻辑，素为法律人基本训练之要旨。然此等训练颇有缺失：习律者只闻律令之声、无视芸芸众生之悲情。久而久之，通律者身为律奴、心为讼累，渐成“对世界没有感情”的“单向度的人”；其更有甚者，少数挑唆狱讼之徒浑水摸鱼、牟取暴利；长此以往，虽法典蔚然壮观，然民心失尽，律师若成就大业，恐怕亦殊艰难。

惟其如此，律之师者既为自由职业者，当有自由之性格，人文之精神，松柏之风骨，苦难之感情，见贵不低、见民不高，则我国民主法治昌盛有望，国泰民安矣。

《律师文摘》与堂吉诃德

本人远离律师界，其实对其实践行为和规则了解不多。但感佩国栋胸怀“更好地回报读者和社会”之大志，创办《律师文摘》，感念其为人心诚、为事勤谨，经有五年。乃忝列末座，略缀絮语。

毫不夸张地说，国栋如同一个堂吉诃德式的人，痴痴呆呆地阅读“骑士”之掌故，良心惶恐不安，走火入魔，沙里淘金，为“富裕起来的”律师群体编辑这样一本刊物，诚若手持“一支长矛”、“一面皮盾”，骑“一匹瘦马”，在旷野里踉跄地前行，偶尔甚至不忘向“风车”挥矛。

国栋的才气是显而易见的，国栋的良苦用心也体现在《律师文摘》每一期的编辑细节之中。“编后记”文字温润、轻灵，每每唤起我在阅读疲劳之后麻木的神经，我被牵引着去察看杂志的篇章以及其中的故事、道理。刊物的栏目设计及技术编辑亦十分讲究，透现编者细腻和精致的追求。

然而，我要说的是，《律师文摘》所面对的律师界并不一定是一个理想的读者群。

有人曾说，法治乃法律人之治。言下之意，当然包括律师之治。他们可能举证说，外国有多少总统、总理或者部长早年均从事律师职业，律师取代了工程师，成为国家的执政者。有人预测，用不了多久，中国将会有更多的律师参政，真正实现由“革命者执政”经“工程师执政”到“法律家（律师）执政”的转变。我本人不这么看，在现行的政治体制和法律制度框架内，法律家（律师）的作用仍然局限于技术层面，即使能够执掌某个国家机关的权力，其运作这些权力也未必比工程师出身的官员更加优越、更有实效，也未必更加合理适当。

问题的关键在于：我们的律师们离政治家和普通民众的期望（冀望其承担更高的使命）尚有一定的距离。史马迁在《史记·货殖列传》尝曰：“天下熙熙，皆为利来，天下攘攘，皆为利往。”如此形容当前的律师界，可能再形象不过。司马迁的这段话并没有贬斥逐利，律师挣钱谋生本无可厚非。令人心虑的是，律师群体的身上可能已经几乎褪去了任何神圣的法衣。无疑，他们有着同商人一样精明的计算能力，有着同大学法学教授一般不差的专业知识，有着在法庭上口若悬河的辩才，有着比一般人更强的周旋交涉的技能——他们是时代造就的“最聪明的一群”。但也许这个群体是令人生畏的，他们有时躲在高耸的大楼里盘算着谋利的机遇，有时会出入电视媒体谈论白纸黑字的法律，好像这些规则就操控在自己的手心。整体而言，律师界没有表现出让人托付命运的精神品质，他们可能更重视个人财富增长本身，一切其他事务可能均不入法眼。

应当说，如此“单向度的”律师是忙碌的，他们没有多少时间阅读“专业以外的”读物，他们仅仅需要能够增强“业务操作能力”的书籍。在这个意义上，《律师文摘》不一定能够满足某些律师的愿望，它可能把更多的“无用的知识”“强加给”了律师。于是，国栋不得不像堂吉诃德那样不断地向人们复述“骑士的小说”，义无反顾地行进在冒险的旅途。但我也深信：

“自古从无骑士，
幸如堂吉诃德。

纵然来自乡村，
佳丽侍奉左右。
夫人侍候英雄，
公主照料神骏。”

国栋当手持这一份杂志，骑上瘦削的“罗西南多”，“器宇轩昂地从自家院落的旁门来到田野”，继续赶路，信马而行。

地图的故事

我从小生长在桐柏山麓的东部，再往东，就是大别山的余脉。夹在两座大山之间，看惯了日沉桐柏的壮美和炊烟蔓延的乡景，也总免不了肋生双翅、飞越山外的想象。当时家里很穷，生活过得拮据，没有什么陈设，唯一引人注目的是房屋火塘旁的墙壁上张贴着一幅硕大的世界地图。感谢一字不识的母亲，不知从什么地方弄得这一件宝物，让我童年生活在这地图的世界。记得当时我每天端着饭碗一边吃饭一边查看地图，辨认亚马逊河的流向，感受西伯利亚的广袤，想像冈底斯山的雄姿和色彩，领略波罗的海沿岸的风土物产……地图，带给我别样的知识和心灵的慰藉。现在想来，假如没有地图，我将如何度过早期十几年贫乏、单调的生活？也许，正是因为有了这种阅读地图的经历，我对空间和时间有一种超乎一般的敏感性。

后来，我上了大学并在京城小月河边的一所大学院落里生存，20 余年不曾走出这个被许多人挂记的“学院路 41 号”，但我并未感到一丝的烦腻。我一如既往地保持着对地图和地图书籍的搜购、收藏与阅读，在书斋这个相对封闭的空间，通过地图去打量和感知外部的世界。或许，这注定就是学问人的一种生存方式：假如没有地图，我们所处的空间也许就变成了一个死寂的囚人之地。地图，使学问人保持着对世界的好奇心和开放性，保持着应有的想象力和自由的精神。10岁的女儿有一天突然对我说："爸爸，您想过没有：假如没有地图，无数的游子就找不到回家的道路。"也许，她天赋的敏感使她直观地捉住了地图内在的秘密。

再往后，我有机会到遥远的国度求学或者访问。每当我面对陌生的城市、乡村和陌生的人类，我最先想得到的就是一份所在地方的地图。有了这样一份地图，我立即对地图上所描述的地方有了一份久违的亲近感。接下来，我就顺着地图标示的方向，一个一个地去探访那等候我已久的未遇之地，沐浴那里的阳光，感受那里的风的式样。

《地图的力量》一书的作者丹尼斯·伍德（Denis Wood）曾说：每个人都可以制作自己的地图，每幅地图都有作者、主体和主题。地图呈现并再现我们人类过去积累的思想和劳动，以及我们生活其间、同时又共同努力维持其存在的环境。地图之所以有效，是因为它有选择地将过去带临到现在。在这样做的时候，它使得过去成为我们此时此刻生活的一部分。地图不再与世界混淆之后，它突然成为提出有关世界的陈述的有力方式。地图建构世界，而非复制世界。

我相信每一个人都有认识困顿和灵魂孤独的时刻，但只要有一本地图在身，一定会获得重新诠释世界的路径、足够的勇气和精神慰藉的力量。

原法之道

——《原法》卷首语

揆情、明理、原法乃法律人之本务。《原法》于斯问世，其志趣明鉴，自不待言。

斯世乃“表达时代”，几乎人人喜重表达，然其层叠累加，亦成灾难。君不见当今世界凡一孔之隙皆有言语文字横入，轰轰然迫人心绪、逼人魂魄。是故，欲撩开文字瘴幕，望江天色空、鱼游清溪几成断念。毋庸讳言，《原法》亦属表达载体及形式，参与其间，是非之辨势所难免。尽管如此，愿其不露横目、不伤人身、不失风雅、不乏善端，一心原法，勤谨为学。

法之学问，于我国行之有年，潮起潮落，声沸声歇，流经此时，但却不知风从何起，涌至何归。先进者动辄万言鸿篇、纵横捭阖，欲刺破青天、呐喊盖世，莘莘学子则默然凝视，无所适从，或静观其变。民生法治实属国之大端，人人于此生息，概莫能外。法学者使命尤重，三立之责担当不辞。然何为法学圭臬之点、视域之线，尚须同志沉潜相问、用力毕功寻求。

大道之物，不为人造，不为人使，自然而生，婷然而长，静如芝兰，动若细波。《原法》虽不离人为、不弃人携，但若编辑者有此心境，则渐成气象或许可期。

复杂性的挑战
——《法学方法论丛书》总序

无论我们怎样“重新发现了人的心灵”，但我们无疑早已进入了“分析的时代”。这个时代的学者被迫在各种话语、多重立场和意见杂陈的喧嚣中找到冷静、客观、理性辩论的基点，为“心的概念”、可以接受的表达、正确的理解和沟通、可靠的知识建立起一个商谈的平台。

这样一种精神气质亦渐渐蔓延至法学研究者的日常作业之中，我们在哈特、德沃金、拉兹、麦考密克和阿列克西的作品中已经感受到法学分析和论辩本身所透现的“精致的风格”，而这种风格恰恰是法学这样一门学问自始不可或缺的。

现代的法律已经逐渐脱离原始法的直观、感性的想象，变得越来越抽象和晦暗不明，与工商时代的多种语境、关系和变数扭结在一起，形成了一个被多重意义、多种系统环境包裹着的系统。生活在当下的每一个人，哪怕是创造法律身形的立法者和专事研究的法学者亦难以窥览其复杂交织的全貌。不可否认，最优秀的法学者都会在这个利维坦面前显得局促和惶惑。我们似乎普遍具有前所未有的无力感。

其实，这也是一种挑战，一种像埃德加·莫兰（Edgar Morin）所称“复杂性的挑战”。复杂而混沌的法律问题要求我们的法学者学会“与不确定性一起工作”，在无序的、非常规的社会事件、法律案件以及语义模糊的法律条文所构成的“意义漂移的世界”寻找到一种确定无疑的知识圭臬、商谈的规则和求解的答案。无论如何，在这个过程中我们一刻也离不开法学方法。尽管我们并非倡导“方法至上”（约翰·杜威语），但我们也惟有依靠方法才能使自己的信念逐渐通过证成转化为知识。

我们收录于“丛书”的作品并非是一眼即寻求到“法的目的地”的理论体系，它们大多只是尝试从某种方法、视域或立场出发探寻某个特殊法律问题的理论努力，它们所提供的或许只是一个可能的出发点、一种认识的可能性或者一个在众多理解中的一种理解。但我们希望有一份真诚的心情对待学术，并在法学方法论领域始终保持这一谨慎的态度。

走出权力与权利理论思辨的迷津

——《权力与权利的思辨》序

近年我所阅读的法理学硕士论文有多篇探讨权力与权利的问题，这引起了我的好奇：到底是什么样的问题意识促使学生们对这样一个抽象的理论倾注热情和精力？现在王莉君博士又将20万字的论著送到我面前，我再次对其研究工作本身的价值产生兴趣。

权利与权力是哲学、政治学、法学诸学科共享的论题，在历史上各个时代众多一流的思想者均在这个领域进行过学理的思考，其文献浩如烟海。我的意思是说，当代学人即使仅仅爬梳这些文献，恐怕费时日多，甚至终身不能穷尽。在传统的知识话语体系里，我们实际上已经没有多少知识添附的优势和剩余空间。

莉君情致当在田园之间，喜读轻松文字、童话或动画之类，其于1998年考入中国政法大学法理学专业，毕业后又投入人民大学孙国华教授门下，经年的专业训练，型塑了一定的理论思辨的气质。尽管如此，当我得知其选择权利与权力的论题，还是多少有些担心。原因很简单：所有的研究者必须在这个传统的问题上做出专业的诠释，接受理论家们的评判和论证的检验，那么她到底做了怎样的准备？她在此一论题上到底能够添附多少新的知识？应该说，这个基础性的论题是一个难以构架，难以创新的题目。许多才俊深入其间，方觉其宏阔无边、迷津纵横，终至望而却步，退归避之。

我对莉君这本论著之工作的欣赏，首先在于其诚恳的态度、清醒的意识和精进的决心。不可否认，她的论著仍然采取了宏大的叙事策略，其较大篇幅仍滞延于概念、词语及其相互间关系的辨析，在写法上突出规范分析与个案论证，意图在论题之平面维度上推进论述的线索和层次。这种写作的策略自然不能讨巧于当代人一杆见底的或惊鸿一瞥的理论志趣，但她明白："权力"与"权利"作为不同社会科学都经常使用的"大字眼"、元概念，它们本身承载着对于重大理论问题的基础性分析功能。因而，构建权力与权利的理论就面临着某种"宏大叙事"的风险。"在日益复杂的社会生活中，在越来越强调多样性与地方性、小型叙事的学术领域中，从整体上把握权力与权利现象的一般理论是否可能？"应当说，莉君对写作主题有此敏觉的问题意识和知难而进的勇气，这是我所认识的年轻学生中尚不多见的。

鉴于"国家——个人"二元对立的框架下的权力与权利理论建构的不足，莉君力图重构权力与权利问题的逻辑起点，指出：权力是指在一定的社会关系中，权力主体促使权力对象服从前者意志的能力。权利是被认为正当的权力。权力表征的是一种有效的约束力，权利融合了正当性和有效性的双重属性。权力与权利的重合是在二者的互动关系中形成的。莉君在论著中围绕这个复杂的关系展开论述，提出两者重合之典型例证的"规范性权力"概念，分析法律活动中的权力斗争现象，以及法律对于权力活动的规制和影响，论述法律关系是一种特殊的权利义务关系而非权力权利关系或所谓的"法权关系"，对"公权”与“私权”的划分提出质疑，探讨法治建构中的各种权力如何配置并转化为法律权利的问题，进而研究国际法治建设以及受法律制约的国际社会权力关系。

我个人相信，莉君所展现给我们的这个理论图景是繁复的、色彩斑斓的。她为此用尽了自己的心智和才情。其心向善，其音亦纯。读者自有公论，无须作序文者烦言期许。真正的沟通是在读者与文本之间进行的，那就让文本自己在静默中寻求知己者之诠释吧。

裁判的技术之惑

——《裁判的进路与方法》序

德国新生代的法学家德尔夫·布赫瓦尔德（Delf Buchwald）指出："法律理性（合理性）的三个领域是关键的：法律的获取，判决的证成，概念和体系的建构。"① 其中，判决的证成成为当代法律论证的理论家们关注的核心问题。因为任何法律的决定或决策（无论是立法决定还是司法决定）都必然涉及当事者的利益，故此作出决定者必须为自己的决定提出足够的理由，以增强其说服力或可接受性。任何法律决定（或主张）的说服力或可接受性均取决于证成的质量。譬如，法官在其判决中赋予立足点，其判决必须充分地证成才能使涉案的当事人、其他法官乃至整个法律共同体接受。在这里，法官判决的证成应当满足的法律合理性（legal soundness）标准就变成了一个重要问题。换言之，法官在判决中仅仅罗列案件的事实和法律规则是否就行了呢？他或她还要不要解释为什么一个法律规则可以适用于某个具

① Delf Buchwald, *Der Begriff der rationalen juristischen Begruendung: Zur Theorie der juridischen Vernunft*, Baden-Baden, Nomos Verlagsgesellschaft 1990, S. 21.

体的案件？法律规则的解释怎样才能以令人接受的方式加以证成？在法律证成的语境中，如何看待法律规则、法律原则和一般道德规范及价值之间的关系？与其他法律措施的证成相比，法官判决还有没有一些特殊的规范？这些问题都涉及法律判决应当满足的普遍和特殊的法律理性（合理性）标准①。当代的法律论证理论均以此作为思考或论说的重点。正是在此意义上，荷兰阿姆斯特丹大学语言交往、论证理论与修辞学系的埃维里那·T. 菲特里斯（Eveline T. Feteris）说，法律论证是法律方法论或法律裁决的理论②。我本人则将此称之为"司法定向的法学理论"③。

无疑，陈林林博士的论著《裁判的进路与方法——司法论证理论导论》亦属于此种理论兴趣所推进的一种基础性研究。诚如本书开篇所揭橥的，这本论著的主旨在于"通过对裁判进路和方法的描述性分析，来设定一些规范层面的要求和准则"。论著第一部分检讨、分析司法论证理论的问题背景，解说司法论证的二阶构造（"法律发现"和"判决论证"）的模式、进路和风格，提出在判决论证中必须遵循"合法性准则""合理性准则""客观性准则"和"融贯性准则"等四条标准。基于对司法论证之二元质料（规范与事实）的解析，论著在第二至第三部分重点对合法化的司法论证模式、合理化的司法论证模式和正当化的司法论证模式进行考察，分析它们各自的优势和局限，

① Eveline T. Feteris, *Fundamentals of Legal Argumentation: A Survey of Theories on the Justification of Judicial Decisions*, Kluwer Academic Publishers, Dordrecht/Boston/London 1999, pp. 1–2.

② Eveline T. Feteris, *Fundamentals of Legal Argumentation*, p. 13.

③ 见舒国滢：《从方法论看抽象法学理论的发展》，载《浙江社会科学》2004 年第 5 期。

在此基础上提出一种融形式的、实体的和程序的论证方法于一体的“综合性的动态论证模式”。陈林林博士确信，这种综合性的动态论证模式运用“形式－实体－程序”的方法构造，既照顾到了不同法律部门在法律适用上的个性和差异，也照顾到了法律作为一个总体，其内部所发生的形式化、实质化和程序化的发展动向。因而，这是一种“合乎理想而又贴近实际的司法论证模式”。

不难看出，陈林林博士的这本论著有较强的理论雄心，即通过司法论证模式的结构分析和重新构造，试图整体地解决司法维度之规范与事实论证中诸多重要的难题。这种努力在一定程度上体现出某种思维的“经济原则”，尽可能化繁为简、检索和勾勒出司法论证理论之问题、结构及关系域的概貌，以便发现问题的位序和关节点，捕捉论述切入的进口，选择论述的线路和策略。在结构化处理和论述问题方面，这本书有其明显的优势和贡献。其线条清晰，层次铺陈分明，分析论证或密或疏，腾挪自如。有此功夫，并非全凭用力，亦透现作者内在空灵之潜质。

《裁判的进路与方法》一书取精用宏，在材料搜集、问题和理论梳理以及方法等方面均有新解。可想而知，未来的同类研究均绕不过此书所揭橥的问题维度、材料和方法。然而，司法论证理论乃新兴研究领域，无论理论还是方法均有待改善。在接引西方的法律论证理论的过程中，我们中国的法律学人尚需有更谦谨的心情和困难准备，力争在未来出产能体现吾国“理想图景”、吾国深厚文化意蕴和话语阐释以及创新方法的学术作品。由此，我本人冀望陈林林博士这一代年轻学人有更高远的理论视野、更博大的胸怀以及更厚实的学术创造。这一天的到来，将使我们越来越接近于我们目力所能观测到的地平线。

失落的盛典

安静地度过这个年节，没有放逸和惊奇。深入寻常百姓家的传媒，编织密集而不可透视的火爆；千篇一律的影像，塑造出千万个表情漠然的受众；目不暇接的广告神话，勾画出小布尔乔亚式的温情和富足。节日的景象，呈现出喧嚣背后的“深度的消失”。城市文明在平面维度拼凑组合，生成铺天盖地的讯息风暴，瞬间席卷城市的每个角落，而又迅即若潮水般消退，留下一段空洞和静寂。

这是一个没有节日盛典的年代。古希腊人的理念、殉道者的苦难和哈姆雷特的悲怆，不能再唤醒人类对崇高与激情的记忆。节日盛典的庄严辉煌，代之以平淡而无节律的纵情、狂欢和消磨时日。“狂飙突进”（Sturm und Drang）的呐喊，已失去了昔日的震撼和冲击，在躁动嘈杂的人阵里显得苍白乏力。每一个人，都消融于往复运动的意义空洞的生活游戏之中，在游戏里失却自我，成为游戏的奴隶。

节日盛典的失落，标志着高度发达的技术文明已抛弃了幻想浪漫的青春情调。“生活世界”（Lebenswelt）的一切领域都遭受冰冷的技术话语的入侵，鲜活的、热血涌动的生命之流被技术符咒所宰制，经过精巧的数学语言的重新编排而蜕变为机械的运动节奏。面对无所不在的“技术殖民化”，人类第一次变得如此孤独和无可奈何。

于是，人类选择了财富和现世的物欲，陶醉于技术文明和财富膨胀：高速运转的工业流水线，将无以数计的产品，源源不断输送给每一个家庭；飞机、车舟穿梭飞奔于空中与地面的交通网，使庞大的“资源利维坦”在顷刻间分流或倾泻；城市的玻璃山竞相攀升，映衬现代世俗生活画面的繁荣色彩……

陶醉，使人类闭上了醒觉的双眼，体验眼帘遮罩的世界的温馨和舒适。布尔乔亚神话，尽展其无限迷人的魅力，给陶醉的幻觉嵌入神魂颠倒的背景。人，不愿再睁眼打量外部的冷暖变迁和世态炎凉，像佛罗伦萨美第奇墓地那尊沉睡的雕像面无表情：“只要世人还有苦难和羞辱，睡眠就是甜蜜的，要能成为顽石，那就更好。一无所见，一无所感。”

密纳发的猫头鹰，只有在黄昏的时候起飞。应当感谢那些有慧智的哲人，他们带着悲天悯人的情怀，沉潜于黑暗之中，体悟那只有“邪恶天才”（the evil genius）灵魂里才闪现的“黑色之光”。他们用诗和文字开启人类关闭的眼帘，让人窥见阳光沿地平线缓缓映射。柏拉图说：只有哲学家的心灵长着翅膀，像一只鸟似的，引首高瞻。

的确，节日的庆典，离不开诗人华美的礼赞，也不能没有哲人悲切的召唤。荷尔德林在诗中唱道：

“……那大胆的精灵，
像一只天鹰，
在风暴来临之前，展翅高飞，
预告他所引导的神的路径。”

他者的视境

人生唯短暂，而苦其久长。笃信人类演化之进步，又在“历时”与“共时”的时间结构中迷失此在（Dasein）。本真在现世绽露，却不得不与莫名其状的“烦”（Sorge）相遭际。此等裂变，在现代似乎已演绎成为人类的某种精神气质。

曾几何时，人类的梦呓醉倒了一代一代虔诚的朝觐者，他们迎着历史的夕阳的余晖，个体地或群体地上演一幕幕改天换地的悲剧。希腊阿布德拉人普罗塔哥拉（Protagoras）宣称：“人是万物的尺度，是存在者存在的尺度，也是不存在者不存在的尺度。”此言论一出，多少有些娇惯了人类的自恋与狂傲。希伯来人的神谕，先验地赋予人以权力“管理海里的鱼、空中的鸟和地上各种行动的活物”。世界一夜之间成了人类颐指气使的卑微奴仆。但智者与神并没有能够救治人的自践自毁。

自然的进化，必然地使人蜕变为大脑发达但身体易受天敌进击的“有病动物”。连那些受奴役的微不足视的小生物，也能够轻易地啃啮人的庞大躯体，吸吮体内滚动的鲜血。于是，人与动物间丧失了那份天赐的安详与和谐。另外，语言的变乱，造成人类种群沟通的困扰，也使人间的亲和变得陌生无识。物竞天择助长了人类无限攫取的贪欲，绵延无聊的战争成为征服者狂欢的盛典。

17 世纪的科学革命，清晰描述世界的数学秩序。一切理论与观念战战兢兢地被传唤至“科学”与“理性”的法庭面前接受审判。世界的图像真相大白，却丧失了昔日的神秘与魅力。“世界的祛魅”(“世界的解咒”)与理性的宰制，造就了社会生活的机械联系。人类在物质关系里不能再回想起复归神秘的“逻各斯”“道”与灵魂通约的道路。经过大工业熏染的人类，跌跌撞撞走进知识爆炸的信息时代，漂泊于苍茫无际的符号海洋，越来越远离安身立命的陆地。

人类沉湎于自我的角色，惯于充当“宇宙之镜”，在其中观照世界和自我表面的形象。千年的风尘过后，“宇宙之镜”已蒙上了历史的尘埃，失去了昔日的明澈。人在蒙尘的镜鉴里观照，模糊的形象消失在层层晦蔽的背景之中。

黑沉沉转动的精神宇宙，一旦没有了透着光点的轴心，也就同时没有了衡平与稳定。仰观晴朗如洗的天空，俯察大地万物的律动，人类需要站在自然的一边返视本身。或许有一天，人类的谦逊能使自己恢复视力，看到“一道生命水的河，明亮如水晶，从神和羔羊的宝座流出来”。

“边缘”之思

任何生命，似乎都有占有领地的本能。聪明的初民，在空阔无垠的土地上建造第一座简陋的房屋，于是混沌、无限连续的空间便有了清晰的分割。分割的空间形成“内部”与“外部”的分界。边界之内为“家”(“明”的世界)，边界之外仍属“混沌世界”(“暗”的世界)。徜徉于混沌世界而不得归家者，便沦落为“边缘人”(marginal man)。

边缘的风景，乃是透过“家”的门窗远望的：一孔的山水如画，间或有飞鸟掠过静止不动的画面，呈扇面状向边缘的尽头逝去……

这是在家者白天的印象，令人沉迷和向往。

夜幕降临，在外的山水蒙上神秘的黑幕，失去方位、远近和亲切。而在家之内的灯光，照亮厅堂每一个角落，呈现有序、温暖和安心。光亮在黑夜里隐现，标明城市、乡村和散落的居家。在外的人循着光亮，找寻在家的坐标。

空间内外的景观，其实不过是颜色的变幻。

内外的边缘又总是充满紧张和骚动。界外无明的入侵与界内布设的防御相会，生成规矩、禁忌和法度。于是，进出内外房门、道路和桥，则被赋予“神圣”的意蕴。如法国哲学家巴什拉（Gaston Bachelard，1884—1962）在《空间的诗学》中所言，门扉是司掌边界的祭司。这毋宁是说，跨越内外交接的门槛，无异于经历一次神圣的洗礼。直觉体悟的乡民，每逢忌节来临，都不会忘记在自家的门柱上撒血或净水，悬挂红红绿绿的忌物。而内外界限的冲决，常常伴随系统的坍塌、混乱和惊心动魄。

精神，本质上是没有空间的，或高度凝聚，或散漫无际。但与语言的契合，精神便有了场所（Hof）和空间的分割。内在精神（主观精神）与外在精神（客观精神）的交际，产生“心”的边缘。而这边缘同样地涌动变幻的景观、颜色、冲突和禁忌。

人，渴望在家之内，却又无时不在“边缘”之外——这，大概就是生命的性质吧。

悠然飘萍

吾平生无鸿图远谋，居京城二十八载，于今仍率由兴致，喜则读书，虞则漫步于街巷。在小月河畔、政法校园，尝拂荒地之草，亦看蝼蚁群经，日见车流涌动，却思飘萍浮水，悠然上观游云缓动，且感春江水暖，枫落秋寒。

年知天命，仍若无根之萍，哀哉幸哉？人生在世，烦苦甚深，羁绊无常，名山事业、万贯浮财亦难解其忧。然本乎其内，德行其外，虽不能为天地立心、为生民立命、为往圣继绝学、为万世开太平，但仍安贫乐道，不害斯世，亦可告慰父母，不枉生养。杏坛再有弟子六七伴读，或于田畴散走相咏，更不亦乐乎！

近年着力逐译之事，创作文字不多。怎诸友不弃，再三敦促，只好将就散文零集，成《思如浮萍》，不成模样，怍于示人。

文人的苦乐

时下，“休闲”一语颇流行，盖因世人于躁动社会欲寻一方清静闲适。然而，对于文人，休闲不啻是镜花水月，渴求之至。陈寅恪先生云：最是文人不自由。其实，古往今来，文人之苦难深重，犹如江水东去，滔滔不尽。文人披卷车载，但人缚于书，苦；殚精竭虑，趋名山事业，苦；身处乱世，忧国忧民，苦；囊中羞涩，为稻粱谋，苦；心为身累，素生挂碍，苦。苦之又苦，六根失稳，明且无明，无明偷生；出入惶然，身心二分，生死忧惧，挥之不去，欲罢不能。君不见，文人路遇，苦笑不得，相尝苦中滋味，面面相觑不语。

然天下极乐亦属文人。喜乐之事，常人各有心得。声色犬马，外肤滥淫，旁观人争，路拾横财，升官晋爵，或皆拍手称快之乐。文人之乐异乎此者，为大乐、极乐、天乐也。冯友兰先生谓人生有“自然”“功利”“道德”“天地”四境。天地境，乃天乐也，所谓乐学合一，“学是学此乐，乐是乐此学”，理寓于欲，欲归于理。此等大乐，非一般人力所能逮及。纵有家资万贯、良田千顷，然胸无点墨，不识经纬河汉，终不得其真乐。

文人致极乐，惟有破万卷书而已。读书至苦亦至乐。“书中自有黄金屋，书中自有颜如玉”，但书中也有阎罗府，书中也有鬼魔兽。良莠谷稗不辨，凶险诱陷不识，其苦大焉。然一卷好书在手赏识，书喜人喜、书悲人悲、人我两忘，或酣畅淋漓，或惊喜轻呼，或拍案击节。此万般喜乐之情绽现，笔墨难以传其神韵，尽其风流。

文人之于生活细节，也自寻其乐之情趣。掩卷之余，或外走田畴，登高望远，观大漠孤烟、长河落日，听鸟鸣蝉吟、空谷清音；或临沧海平湖，数点远近归舟、江枫渔火。适得闲来，邀朋友两三，散坐草庐，品茗呷茶，数黄论黑，嘻笑怒骂，尽展自由。情致骤至，或捋袖挥毫，随意涂鸦，情急之下成得意之作，也未可知。独处一隅，谙八音之韵，悉埙箫鼓瑟、管笛琴笙，偶有兴味，自弹自娱，虽不必然合于音律，但也逸解心智、和理气脉。缓步闲走街巷，见人博弈，心动不能自持，乃席地而坐，与人争棋较胜，或面红耳赤，或大汗淋漓，痛快之极，竟至不思归家。如此之乐，文人较之常人尤甚，不胜枚举。清儒金圣叹批《西厢记》凡举“不亦快哉”三十则，皆文人之乐，情态细致入微。读来捧腹不已，余味幽微无以穷尽。

苦也极致，乐也极致。此二者，文人专属也。

VII
编辑短札

淡然回首十年路[①]

大概细心的读者会留意,《比较法研究》自 1987 年创办以来,已经走过了整整十个年头,出版逾 10 卷 40 期。在商海大潮的喧嚣之声与万众盼迎香港回归的火爆气势映衬下,这份小小刊物的生日纪念自然显出几分寂寥。不过,它在一个侧面也反映了当代学术共同的冷清景象。学术研究作为精英文化的构造形式,正遭受来自市场之手的拆解和大众文化的冲击,已失却了昔日的光荣与梦想,悄然退守在社会主流文化的边缘。

或许,学术的冷清并不是人文事业的悲哀,反而可能蕴含某种潜势和希望。学术的品格注定是安静的:抱持理念、履霜饮冰、沉潜求证、身心无累——我们保守这一份品质和信念。这是本刊作者、读者和编者“立功、立德、立言”之命脉所系。

我们深知创业不易。一份杂志的成长,浸透着几任编校者的心血和汗水。当我们检视所走过的历程,无不为本刊创办者和前任编者们

① 原载《比较法研究》1997 年第 3 期“编后小记”。

的勉力操持、殚思积虑、敬业精神和超越情怀所感佩。从经费的筹措、稿件的征组，到封面和版式的设计，乃至刊名的英语翻译和注释体例的编排，每一细微之处，均几经思酌，耗费心力。似信亦札的“编后小记”，牵连作者—读者—编者的情感与志趣，其用心投力也清晰可辨。本刊“专号”的出版，乃国内法学刊物首创之举。十年间，先后推出“中国法律传统及其现代化专号”（1991年）、“英美法研究专号”（1991年）、“国际私法与经济法专号”（1993年）、“中国法律教育专号”（1996年）。其每一期，均凝结一种合作，体现一种追求，标识一段心路历程。

十年磨砺，铸就了本刊开放的品格：她立足本土、面向国际、着眼当代、反观历史，成为众多作者与读者共同参与的比较法学园。从刊物创办之日起，学界即寄予厚望，给予多方的支持和鼓励。1995年本刊不经意入选“中文法学类核心期刊”。无论如何，我们对于这一来自权威的册封，还是感受到一丝欣慰。

诚如人言，杂志有生以来便代表着一种智慧的活动。但我们知道，这种智慧首先应归属于杂志的作者。正是这些著作者们通过自己的手笔，向世界上黑暗的角落以及人类文化的若干隐处投以搜寻的光亮，像黄昏时起飞的密纳发的猫头鹰，给酣睡的人们报道天人的讯息，传达那些我们未知领域的思想和知识。

我们真诚感谢那些多年来为本刊撰稿的著作者们。在应受道谢的一长串名单中，要特别提及两位长者：龚祥瑞教授和陈安教授。龚老先生在古稀之年，不辍笔耕，连续为本刊撰赐长文，使刊物得以增色生润。其遗留之作《法律与正义——读丹宁法官的判决书和他的著作》寄至编辑部不久，即不幸溘然长逝。本刊为失去这样一位辛勤耕作而令人尊敬的老者而痛心不已。陈安教授身居厦门，对本刊垂爱有加，屡赐重量级文章。虽不曾谋面，但不时有音讯问候，至为感动。此外，吾校方流芳教授于杂志处境艰困之际，主动援手相扶，赠稿荐文，内外接应，评点编校得失，可谓本刊至诚之友矣。有这样一批作者、友人的关怀呵护和善意的凝视，本刊没有理由不奋袂前行。

1995年以来，编辑部人员频繁变动，这对于一份处于攀升阶段的杂志，无疑如悬中空，欲进不能，后退无绳。经过两年的重新组构、磨合，于今编辑队伍已趋稳定。新一任的编辑人员将保持杂志已经形成的规则、精神和风格，向本刊的新老作者、读者敞开门庭、躬迎临座品谈。刊物旧有的栏目不变，以“论文”为主体，兼“短文”“译文”“评论”“书评”。从1997年第1期起，增设“学人札记/信札”，刊登文字活泼、形散意敛的学术小品（随笔、读书笔记、学者书信）之类。我们还拟辟出专地，选载读者来信。但要求篇幅力求短精，或发表议论，或批评观点，或勘正讹误，悉从尊便。此外，学术专号也将继续筹谋出版，先行列入计划的有“澳大利亚法研究专号”“加拿大法研究专号”和“德国法研究专号”。当然，这是一项长期的工程，不可能在短期内立竿见影。而且，其成功与否，取决于多种机缘，也离不开学界同人的鼎力支持。欢迎朋友们为此项事业共献智识。

十年的历程匆匆，十年的苦乐与共。一切在时间中流逝，而又在时间中再现。但愿《比较法研究》一刊能够继续生存，留作比较法研习者们的朋友。

中国法学的“出土文物”①

对于新生代的法律学人而言，民国时期法学的发展几乎是一段没有留下印记的历史。在大学的“中国法律思想史”教程中，沈家本、孙中山、章太炎辈后的法学之演进语焉不详，成无文字说明的空洞的时间概念。年轻的法学家在著述或演说中动辄言称霍姆斯（Holmes）、庞德（Pound）、卢埃林（Llewellyn）诸泰西名流，而对大体处于同一时段的国人杨鸿烈、陈顾远、吴经熊等则不曾问津，以致法律思想史专业学生不知有杨、陈、吴者，也倒不是什么鲜见的怪事。民国法学著作被散乱堆放于图书馆地下室“特藏书库”，平日访寻者寥寥，或作废旧书刊处理，或受自然蚀损。职是之故，无论是在文化流传，还是在实存意义上，称它们是行将消逝的故纸旧物，实在不是夸大之词。

适成对照的是，倒是那些洋学者们似乎更为看重吾人法学之智识价值，在与西方法学家平等比较的意义上（而不是仅在讨论中国法文化领域内）论及我国晚近学人之个人法律思想贡献者亦不乏

① 原载《比较法研究》，1998年第2期“编后小记”。

其例。譬如吴经熊（英文名 John Ching Hsiung Wu），其在欧美法学界之学术地位和知名度，绝不在其他西方法学大家之下。以至于，当德国慕尼黑大学教授沃尔夫冈·菲肯切尔（Wolfgang Fikentscher, 1928—2015）在其1975年至1977年出版的五卷本《法的方法：一个比较的阐释》中将吴氏作为“综合法学”（Juristischer Synkretismus）的代表人物，与杰罗姆·霍尔（Jerome Hall）、朱利尤斯·斯通（Julius Stone, 1907—1985）相提并论时，我们本不该感到有丝毫的惊讶。毫无疑问，吴经熊辈之著作和思想，当为我们这些晚生后学所尊视和景仰，其犹未晚矣。

所幸的是，中国政法大学出版社推出“二十世纪中华法学文丛”，首批入选王世杰、钱端生、孙晓楼、胡长清、卢峻、梅仲协等人的作品，吴经熊、瞿同祖诸公的著作亦在搜集整理之中。显然，这不啻是善做功德之举。应当感谢几位年轻的编选者和出版社的编辑，他们怀着奉献学术的责任感和良心，通过密切的合作和勤谨的工作，推行此项事业，使20世纪初期所生成的法律智慧的薪火在晃然欲熄时得以保存和流传。

“二十世纪中华法学文丛”首批入选的著作者们大多已悄然谢世，我们这些后来者在他们还健留人世时根本未曾想到寻访其智慧的心灵和学术历程，甚至没有来得及道一声平安的祝福，这种遗憾恐怕是难以用愧疚的心情予以弥补的。不久前，又一位受人尊敬的老一辈法学家李浩培先生在即将卸任海牙国际法院法官归国之时，不幸染疾别世。李老先生生前表示欲翻译冯·萨维尼巨著《当代罗马法体系》，《比较法研究》编辑部也曾有意约请先生写稿，其初衷均不得实现，岂不令人扼腕叹息！于今，倪征噢、瞿同祖、卢峻、王铁崖、芮沐诸老先生均在耄耋之年，对他们一生学术活动的追访，已经不是可以待而等之的事情了。

有人尝言：马克斯·韦伯是德意志文化的“出土文物”，历经时间越久，越具有价值。我们认为，以同样的话来概括我们老一辈法律智者的著作和思想，也是颇为恰当的。珍惜他们的智慧、思想和品格，实际上就是珍惜我们生者的生命本身。

澳大利亚海风吹来的法的式样

澳大利亚偏居地球之南印度洋与太平洋间，与吾国地理气候正相反对。澳国直到1817年始得国名，与我五千年之“大历史”相比，它所经历的似乎不过是一个无法以“长时段”单位计量的历史时间。这些流俗的“前见”使得我们没有对其文物风土、社会政制引起应有的重视，不能透过二百年的“历史之幕”来窥见它生动形象而又多少有些惊心动魄的过程，未能在这样一个岁末的季节感受到南太平洋夏天温暖的海风吹送而至的法的式样及其独特的性格。凡此种种，都不能不说是我们身居地球之北的法律学人视野的一个盲点。

1997年，我们就开始筹办这一期澳大利亚法律和法学研究专号。当时确定此一选题，纯粹是由于某种机缘。1997年8月底，问学于墨尔本大学的许博士回京作短暂的停留，我们一起讨论澳大利亚的法律与法学，深感国人对这一太平洋岛洲法制的了解流于平浅，乃决定在本刊制作一期专号，将此一问题课题化，使我们的读者能够像关注欧陆和英美的“母法”模式一样关注它们“子法”的式样，以及这些子法所可能具有的“地方性知识”。

具体地说，作为一个中国的普通读者或法学研究者，我们可能更为关心澳大利亚法律发展模式之独特而又具有一般意义的问题：澳国最早作为英国的“罪犯流放之地”是怎样渐变为一个现代“法治国家”的？从法学的视角看，英国殖民地法与澳洲原住民习惯或习惯法之冲突对于考察和讨论一般法律文化冲突问题具有什么样的启示？澳国法作为移植法，它在脱胎于其母法——英国普通法之过程中可能会由于地域的规定性而产生哪些方面的变异？澳大利亚现行的法律制度（立法制度、司法制度）、法学教育及法学研究又有了哪些进展？如此等等。我们希望通过筹组完全由澳方法律学人撰写的文章，来解答或者至少部分地解答我们的问题。正是基于这一目的，我们强调专号的选题尽可能关及澳大利亚法律与法学发展的主要领域和历史阶段，以便为我们的读者描绘出一个可以从不同角度观看的全息图景。

墨尔本大学亚洲法律中心的马尔可姆·史密斯教授（Prof Malcolm Smith）始终对专号的编辑倾注热情，援手襄携，拨冗作序。陈建福、夏荣、柯穗华诸君虽不曾谋面，但亦为专号之事颇费心力。对于他们无私的帮助，我们很难仅以谢忱表达心情。尤其是，悉尼大学的郑汝纯教授（Prof Alice Tay）为专号赐稿，令人感动。郑教授曾担任过国际法哲学—社会哲学协会(IVR)的主席，在国际法哲学界享有盛誉。我们早在几年前就从国际法哲学—社会哲学协会年刊《法哲学—社会哲学档案》（Archiv fuer Rechts und Soziaphilosophie, ARSP）得知教授的声名，故此她对专号的关心无疑使我们领受到一种难得的心力资源的支撑。

编辑“学术专号”是本刊自创刊起即形成的一个传统。我们希望在未来适当的时候还能够推出一些具有特色的专号，期盼学界同道能够鼎力相助，提出设想和建议。我们深知，在前行的进程中，我们只有依凭读者和友人内心关注学术的那一盏盏不灭灯光的照亮，才能不断寻找到回归学术及其传统的漫漫长路。

再见，20 世纪[①]

时间会留存历史的辉煌片段，也将铭记不堪回首的痛心时刻。在20 世纪末的最后一年，我们民族的心灵接受了一次又一次自然和社会事件的考验。但我们看到，21 世纪的大门正在启开，21 世纪的曙光正沿着地平线和我们的视界缓缓地映射，照亮被历史的阴影遮蔽的心性和形象。

无疑，吾国法治与法学均面临着一种所谓“时间的叠合”的背景。“依法治国”方略的实现与中国法学智慧的成长都在世纪末的时间结构中寻求通往“理念王国”的路径。所有的社会建制连同其中的社会问题也似乎都选择在世纪之末呈现或爆发。但从整体上看，无论是悲观的历史主义者，还是持“线性进步观”的乐观主义者，都不会把世纪末的时间片段看作人类历史终极（“世界末日”或“世界大同”）来临的标志。

① 原载《比较法研究》1999 年第 3~4 期合刊“编后小记”。

从法学发展的角度讲，我们更愿意把世纪之末看作人类本源的时间意识觉醒的诱因，是法学智慧和思想伸展的契机。文化更新的苦痛，“数字化生存”的困惑，技术化和商品化的宰制，“道德的深度的消失”“生活世界的殖民地化”和“社会的碎片化”（die Fragmentierung der Gesellschaft，G. 图依布纳语）等，都要求我们的法学家从纯粹的“法教义学”的有限境阈中走出，把人文的关切注入我们求法问学的职业活动之中。

哲学界的学人提问：“我们在等待什么？”“什么是中国的学术？”法学界的同人当有同样的问题意识。我们说，一个国家的法学的实力也是这个国家文化整体实力的构成部分，在此方面法学家们应当做出自己的贡献，即形成我们自己的法学知识体系及传统，保持法学思想的活力与创造性，显扬中国法学的独特智慧及魅力。

黑格尔说：“每个人都是他那时代的产儿。哲学……是被把握在思想中的它的时代。妄想一种哲学可以超出它那个时代，这与妄想个人可以跳出他的时代，跳出罗陀斯岛，是同样愚蠢的。”[①] 我们注意到世纪末的思想氛围和精神处境对法学思考方式及论题领域的影响。现下报纸杂志频频以“跨世纪中国法学的回顾与展望”作为论列的选题，学者们亦以其鸿篇巨制纵谈法学研究的“经验、教训、问题和对策”，国内有影响力的法学刊物甚至辟出专地对一年一度法学研究之得失进行评点。世纪之末，让我们的法学家有了更多的话题和谈资，有了更多的交往机遇和更多的作品产出。我们可能会沉醉于法学的“繁荣”与“成就”，满足于法学论文和专著数量的增加，专注于法学新著的

---

① [德] 黑格尔：《法哲学原理》，范扬、张企泰译，商务印书馆 1982 年重印本，序言，第 12 页。

“讯息”“评介”和“征引”。

然而，陶醉也会腐蚀学人的治学精神和品性。这里有一个真正严肃的问题，就是：我们是否把过多的智慧滥用于那些“虚假的对话（争鸣）”或“虚构的法学热点”之上，而使我们的学术视点发生了不应有的偏移？倘若不对此问题有清楚的反思，那么我们就将在没有止尽的“反思”和“回顾”中丧失时间机遇，消解创造之内驱力。果真如此，那问题就变得严重了，而所谓创造法学智慧之说，不过一则笑谈罢了。

“法学薪火待传，同志尚须努力。”《比较法研究》编辑部全体同人愿将此言赠与学界同道共勉。我们希望中国法学研究后继有人，法学实力不断增强，法学智识环境更趋宽松，国家法治日益健全和完善。编完这第 12 卷三、四期合刊的稿件，我们似乎可以提前说一声：“再见，20 世纪。”

《法理学与法治之镜》编后记

本文集取名《法理学与法治之镜》，乃受雷普高（Eike von Repgow）著《萨克森之镜》（Sachenspiegel）和理查德·罗蒂著《哲学和自然之镜》的启发。镜者，关照形象之器物也。学人对森类万物、社会政制、风土人情之体贴，其实也是对自我心性之关照。故此，所谓心像，既指现象性事物映射于心而形成的“心之事物”，也指对心之纯粹意识的关照而显现的意向性图式。或者说，镜鉴的关照，既是主观－客观之本体论立场，也是主体际之解释学态度。镜鉴与法律之联想，盖出于初民的“诗性思维”，故“法鉴”一说，其源久矣。早期习惯法之汇编，多采用此一名称，深有寓意。诸如德国中世纪的《萨克森之镜》《施瓦本之镜》（Schwabenspiegel）、《德意志之镜》（Deutschenspiegel）等，均属其例。镜鉴之有多重意蕴，用来指称本文集作者们对当今法理学及法治问题之反思，应当说是比较贴切的。以人为鉴、以法为鉴、以己为鉴，此法理学之真谛也。

多年以来，法科学生对法理学教材内容之陈旧屡有批评，大学之讲授者们大体亦持相同立场。然无论集体还是个人的努力，至今尚未见各式新版教科书有突破的迹象。本文集编辑之初始期望，乃在于向学生们推介真正经过严肃思考而产出的法理（哲）学文论，以补救教材之不足。我们希望这些文论不仅仅是学生的“课外读物”，它们应当构成法理学教学内容（如法理学研讨班）不可分离之部分。法理学之生命贵在洞观和论辩，吾人当守此一分品质和精神。

风，总是要飘散的

本想静静地离别编辑部，不再留下一片文字。事实上，在这整个一年里，我们几乎没有在本刊反映编者自己的心声，“编后小记”一栏一直空缺言语。我们消隐自己的声音，意在让更优秀的作者文字尽可能占有更大的空间，因为诸多闪光的篇章尾后已不需要编者以无病呻吟的感叹来破坏其思想主题的严肃和内容结构的匀称。但看到手上这第十四卷最后一期待付梓的杂志，不由得有一种惜别之情。毕竟，自 1997 年接手《比较法研究》以来，我已部分地习惯了杂志人的生活，在编辑部不足十平方米的小屋里，也曾经历过季节变幻的不同感受：天南海北同行的“交换”杂志，雪片般的订单和信件，不能辨识所在方位和距离的读者 / 作者关询的来电……所有这一切都足以诱惑人去从事编辑杂志的工作。但世事终有变迁：虽所恋，亦有所不恋；舍却旧喜，归心书斋，不亦乐乎！

我始终认为，任何杂志均应独具其性格，没有性格的杂志就没有生命力。编者永远只是第一个迎接杂志的生命诞生的人，他 / 她总是微笑而喜悦地托护着这生命降世，并伴随着她一同成长。而作者在任何时候都是这独特生命的真正创造者。多年来，正是一批文才俱佳而各有性情的作者塑造了《比较法研究》的生命形象。这其中有学界的中青年才俊——吾校方流芳教授，北京大学朱苏力教授，清华大学江山教授，中山大学刘星教授，中南财经政法大学范忠信教授，湘潭大学胡旭晟教授，等等；也有学养充溢、渐趋上升的学界新锐——北京大学的强世功博士、王健博士，吾校王涌博士、龙卫球博士、易延友博士、朱庆育博士、肖建华博士等。我真诚地向他们表示谢意，感谢他们三年来对本刊及我本人工作的支援。此外，由于每期篇幅的限制或出版周期的延宕，一些优秀作品被延迟发表或未及发表，对此本人深感愧疚。应受道歉的名单，恕不一一列举。

同舟共济的编辑部同人，这些年来无论在具体工作还是在精神上均给予了我诸多无私的帮助。说实话，编一份不计报酬、不计工作量的杂志，是需要毅力和理念的支撑的。我的同事们没有在困难的时期弃而去之，而是“为一份信念”勤谨劳作，此等精神于此世实属罕有了。这里，我尤其要感谢刘彰君，他长年为杂志操持，倾注了全部的热情和才智，本刊每一期繁重的校勘和设计工作全由他一人承担。没有他的努力和奉献，杂志将举步维艰。

《比较法研究》已经度过了艰困的时日。从2001年起本刊开始通过邮局发行，我们多年的愿望终于实现。新的编辑部组成人员均属政法大学学科骨干，相信他们会把杂志推升至新的发展空间和生命境界。

微风，总是完全悄无声息的、隐然随意的，吾从之。

守望《比较法研究》的日子

离开《比较法研究》编辑部已经有七个年头了。现在拿到手中的杂志，从刊头题字、封面设计、栏目设置均与以前有较大的变化。总体上说，《比较法研究》已经成长为一份可以用直观的指标来衡量其真正价值的刊物：她有了一个由十几位专家组成的编委会和6位专职编辑组成的编辑部，有了很显贵气的封面和质地优良的用纸；有了稳定的发行量和一批成熟的作者队伍……这一切变化都是令人欣喜的。

相形之下，在我接手《比较法研究》的时候，却是她最为艰困的阶段。1995年，杂志的运转几乎处于瘫痪的状态。1996年夏，时任比较法研究所所长的朱维究教授找到我，敦请出任杂志副主编，主持编辑部的工作。我当时颇为犯难，主要原因是当时本人在法律系法理学教研室任主任，教学任务杂多，家务负担繁重（小女出生不久），若再揽上这样一项繁忙而不计工作量的工作，恐怕难以消受。况且，此前杂志办得有声有色，我这样一个新手承接，能否既坚持刊物原有风格和质量不变，又能够开发新意，确实心里无底。打个不恰当的比方，这杂志就像一个嗷嗷待哺的孩子，前期喂养的人突然走了，主人家又缺衣少食，把孩子交给你管，该如何是好？最后，怎奈恻隐心动，终于答应朱教授受托，贸然领命。实际上，我从 1996 年年底开始熟悉杂志事务，急速组成几乎全部由校内教授做兼职编辑的编委会。朱维究教授既任主编、又兼任宪法行政法学科的编辑，姚新华教授兼民法、商法、经济学、民诉法学科的编辑，阮齐林教授任刑法、刑诉法学科的编辑，丁玫教授任国际法、罗马法领域的编辑。刘彰老师是杂志唯一的专职编辑，兼版式设计、校对和编务，是当时通晓杂志技术业务的行家。

应当说，我们这样一个临时拼凑的编委会之合作是极其高效、和谐而愉快的。大家均不计时间，不计报酬，凭借着一股热情和拯救的心情为《比较法研究》勤谨地工作。记得编辑部第一次工作会议即呈现出别样的愉悦而活泼的景象。其时，仄逼的编辑部办公室里充满欢快的讨论和会心的交流。朱教授泼辣干练，行事紧促而有条不紊；新华教授谈锋甚健，幽默风趣；齐林教授敦厚老实，作风严谨；丁玫教授沉静似水，聪慧敏达；刘彰老师精通事理，掌故频出。这几个性格迥异的人聚在一起，或庄或谐，或急或缓，或张或敛，大家化繁重于轻松，高兴而来，尽兴而归。于今每念及此，则倍感温馨，怀叹聚之时短、别之日长。

编委会经过半年的共同努力，使杂志运行逐渐趋于正常。虽然学校每年对《比较法研究》投入的 4 万元不足以维持杂志的基本支出（为此，我们只得为作者支付每千字 15 元的国内最低稿酬），但杂志总算恢复了生存的能力和健康前行的元气，并且得到学界同道的支持和鼓励。最为重要的是，她有了一个主要由青年新锐（如强世功、王健、王涌、龙卫球、易延友、朱庆育、肖建华等）构成的作者群，他们中的一些人伴随着《比较法研究》而共同成长，如今成为各自学科领域的骨干。卫球本人担当我过去的角色，任副主编之职，亦可谓时光流转，新旧相替，必然之势也。

经营一份杂志实在不易，我和当时的编辑部同事作为《比较法研究》的守望者尽了应尽的职责，让她渡过了危困的时期。所以，2000 年年底，当我们把杂志转交给新一届的编委会时，我们可以告慰自己：我们已经把自我的灵魂注入她的生命体之中。

《比较法研究》有众多编者和作者的续造，将会继续绽开其生命的芬芳——我相信这一点。

后　记

这本拾遗补阙的小册子终归有了目前的模样，了却年少时的一桩心愿。不过，想想数十载守坐冷僻的书舍，也只有这样一些零星的“心路之痕”，确实是有愧于父母的养育之恩的。20年前母亲站在老家房后的高岗之上，目送我独自一人远赴千里之外的北方求学，这千古同此的“慈母送子”一幕，使我难以用一生的劳作来充实它所蕴涵的意义。

我的根永远属于桐柏山东麓的那一片在地图上几乎寻之不遇的土地。在这“四月的鲜花”的季节，静坐在夕阳下的余晖里，隔看偏远肃穆的玻璃山倒影，思绪散漫，至遥远的淮水之南，那一小山冲之梢的鄂北小村——八棵树。在这块母土上“诗意地栖居”的汉东父老，那村旁田角的一眼泉井，一方塘池，村后二亩茁长的翠竹松柏，春季坡地盛开的桃花，时常进入我这个飘落异乡的游子的梦中之境。也许遥远的距离，使我有些过分地留恋幼时的印象：我喜欢静静地观瞧在小村池塘里轻戏游弋的闲鸭，喜看西部祖师顶、玉皇顶二山之间沉落的夕阳及夕阳下一线蔓延的炊烟和曲绕阡陌的暮霭，喜听带有亦豫亦鄂乡音的呢喃软语和幼儿的低啼，喜品汉东寨山地的“(谷)雨前茶”……正是小村的水土养成我素喜安静、崇尚自然的心性：我愿意孤独地在故乡的林间小路上漫步，偶尔也会捡拾他人散落在路旁的几支谷穗；我愿意把求知问学看作是在故乡的田间耕作，顺应自然，日出而作，日落而息。即使没有收成，也不会怨天尤人。间或发现田地里有庄稼抽穗，也会徒生几丝恬淡的喜悦。

我同样深深地怀念我的母校——随县小林高中，一所乡村中学。她位于擂鼓台山脚下的一个名为“大善寺”的一片田畴之间。一条小溪静流，一架渡槽旁掠，几排泡桐树点缀，构成学校周围远观的背景。在中学求学的岁月里，我每周要翻越几座杳无人迹的山岗，来到这有着亮光和文字的地方，倾听操着南腔北调口音的老师们的授课。这些来自城里的大学毕业生，在“上山下乡的年代”集聚在与世隔绝的穷乡僻壤，给我们这些被大山围裹着的孩子讲述“山路那边的故事”。通过他们，我们了解到比熟悉的山村较为陌生而神秘的世界和世界中发生的事情。这里，要特别感谢我的语文教师李祖铭先生。在我的心智还处于沉睡懵懂的时候，李先生所写的诗歌和散文，让我第一次切身感受到灵感的力量和它徐徐展开的一幅幅充满幻象的美丽画卷。我知道，只有一颗自由安详的心灵，才会对大地无言的律动有如此的敏觉和体贴。同样要感谢的，还有我的长兄舒国伦先生。他在70年代末也来到这所中学任教，讲授哲学和政治。记得我们经常在大善寺的田间小径上漫步，一边听着小溪的潺潺流水，一边交谈“事物之偶然性和必然性”之类的辩证法玄理。长兄和缓道出的哲理见识，使我很早就期盼过一种探问形而上学的生活。因为，这是一种真正寻找自由之境的生存方式。

大学给我的记忆，同样是令人回味的。在小月河边的校园里，我结识了来自天南地北的同学，他们年龄有殊、秉性各异、才学充溢，令我感受到普遍的人类精神通过每个具体的鲜活的灵魂表现出来的细微差别。应当说，大学的法律课程，总体上给我的感觉是完全异样的。我始终认为，法律只属于高度发达的市镇文化，法律教育所训练的是人们的成熟的经验和理性，是妥帖地把握和判断生活现实之复杂矛盾的能力。可以想见，这种训练对于初来乍到城市而对法律智慧浑然不觉的乡下孩子，将是怎样的一种经历！感谢那些把枯燥的法律还原于生活的老师，将我这个本质上渴望灿烂的感性的人引入到自有其神圣庄严之美的法律的大门。这里，我要特别向多年来给我精神支持和学术指导的张浩教授致谢，正是张先生的耳提面命，我才会摆脱纯感性的羁绊，而选择需要理性思维的法哲（理）学研究作为志业。

至于北京，这个现代都市给我留下的感觉印记，已经沉淀在现实的生活时间之中，我每天都在这“空间化的时间”之中与她保持着一种多重繁复的生命联系，也在这时间的“绵延”（伯格森语）里把握生命之流的穿动不息。都市给了我熟悉和陌生的两个世界，像罗兰·巴特（R.Barthes）一样，我只记得都市生活中的“平面的现实”所带给的感受：漂浮着的混杂的气味，散漫着的远近高低不一的声音，在黑夜里一眼看不到边际的颤动的灯火……总之，我对都市总是怀有某种复杂而矛盾着的感情的。

应狄塞霍斯特教授（Prof Malte Dieβelhorst）的邀请，1993年的秋天，我终于能够到被童话幻化的国度和期待已久的哥廷根大学旅学。这一年的修行，也是一次永远难以忘怀的生命体验经历。哥廷根小城的几乎每一寸土地上都留下了我寻访的足迹：市政厅广场上的“牧鹅女铜像”、高斯天文台、席勒草坪、“俾斯麦小屋”、普列塞古堡、莱纳河、集思湖、海因伯格山的森林——这些地方的自然风光，都那样地接近鄂北家乡的山水草木，以至于我从中重新感受到一种精神生命的润养。因为我知道，只有当一个人升华了，才能理解和研究升华了的东西。当然，我拜谒次数最多的地方是位于哥廷根市民街（Bürgerstraβe）12号的“鲁道夫·冯·耶林故居”，这个被无意间发现的二层小楼有着磁石般的吸力，让我想一遍又一遍地了解耶林当年构思法律精神的情形。在哥廷根以外，给我心灵强烈震撼的地方还有莱茵河两岸的古堡和“在迷人的蓝天下吐艳”的教堂，魏玛的歌德、席勒故居和布痕瓦尔德（Buchenwald）纳粹集中营，波茨坦菲特烈大帝的行宫（Sanssouci）及与它一墙之隔等高并立的带有风车的磨房，慕尼黑啤酒节的狂欢和道路旁小乡村的宁静……这一切使我看到了忧郁的德意志民族的复杂的两面，我切身感到生活在这片土地上的，一个是“深深浸入哲学苦思的民族”，一个是被谜团笼罩着的、难以看得透的（nicht durchsichtig）民族。

要记述的感受太杂，要表达的谢意太多，在需要止言的时候就此沉默罢。然而，我相信一句话：Das allgemeine Weltdenken denkt in mir（我思维着普遍的世界思维），这一点信念使我对生命和情感的知觉永远不会停止。

图书在版编目（CIP）数据

在法律的边缘／舒国滢著．—3版．—北京：
中国法制出版社，2020.7
ISBN 978－7－5216－0925－7

Ⅰ．①在…　Ⅱ．①舒…　Ⅲ．①法律－文化
Ⅳ．①D909

中国版本图书馆CIP数据核字（2020）第034161号

责任编辑：胡　艺　　　　封面设计：蒋　怡

在法律的边缘
ZAI FALÜ DE BIANYUAN

著者／舒国滢
经销／新华书店
印刷／三河市紫恒印装有限公司
开本／880毫米×1230毫米　32开　　　　印张／11.25　字数／186千
版次／2020年7月第3版　　　　2020年7月第1次印刷

中国法制出版社出版
书号ISBN 978－7－5216－0925－7　　　　定价：69.80元

北京西单横二条2号　邮政编码100031　　　　传真：010－66031119
网址：http：//www.zgfzs.com　　　　**编辑部电话：010－66034985**
市场营销部电话：010－66033393　　　　**邮购部电话：010－66033288**

（如有印装质量问题，请与本社印务部联系调换。电话：010－66032926）